本书为国家社科基金青年项目"新型农村社会养老保险制度的可持续性评估研究"（11CSH067）的研究成果

社会政策丛书

SOCIAL POLICY SERIES

新型农村社会养老保险制度的
可持续性评估

SUSTAINABILITY ASSESSMENT ON
THE NEW SOCIAL ENDOWMENT
INSURANCE SYSTEM IN RURAL AREAS

王翠琴　著

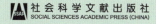

社会科学文献出版社
SOCIAL SCIENCES ACADEMIC PRESS (CHINA)

前　言

老有所养问题一直是农村居民最迫切需要解决的问题，2009年9月国务院出台《国务院关于开展新型农村社会养老保险试点的指导意见》，要求探索建立新型农村社会养老保险（简称新农保）制度。建立完善的新农保制度是一项复杂而又庞大的系统工程，制度的试点和推行将会遇到各种问题，如经济下行背景下新农保财政补贴的政府压力与可持续性问题；新农保保障水平过低，无法满足农村老年居民的基本生活的问题；城镇职工与新农保保障水平差距过大的问题；新农保缴费激励机制不足，农民普遍选择最低缴费档次以及"断保"的问题；新农保基础养老金正常调整机制尚未建立，与城镇职工基本养老金连年上调的矛盾的问题；新农保基层经办机构服务能力不足的问题；等等。为避免重蹈老农保的覆辙，有必要对新农保制度的可持续性问题进行系统深入的研究。本项目对新农保制度的可持续性进行评估，并给出可持续发展的建议，也是全面贯彻党的十八届三中、五中全会中建立"更加公平更可持续的社会保障制度"精神的具体体现。

当前国内学者主要是对城镇职工基本养老保险制度和老农保进行了可持续性评估，并取得了一些成果。尽管当前关于新农保的研究成果已经非常丰硕，但对新农保制度可持续性进行评估的文献很少，且已有的研究大都是针对新农保制度的某一方面，如对新农保制度的财政保障能力进行研究、对筹资机制进行研究、对基金平衡进行研究，研究视角也较为单一。本研究从管理学、社会学、政治学等多学科且系统的、动态的视角综合研究新农保制度的可持续性评估问题，主要运用人口预测、保险精算、制度评估、DID 模型、ELES 模型、层次分析法等相关理论和工具，注重定性研究和定量研究相结合，以定量研究为主，既对新农保制度的可持续性进行了短期静态的综合评估，又对主要的分项指标进行了长期的动态评估，评估结论客观全面。本研究构建的评估指标体系不仅可以丰富理论界的相关研究成果，而且可以为新农保实务部门提供绩效评价工具。

具体来讲，本书共分为六章。

第一章为"新农保制度可持续性评估的理论基础"。本章对新农保制度可持续性的内涵与特征进行了分析。第二章为"农村养老保险的国内发展历程与国际经验借鉴"。本章回顾了中国农村社会养老保险制度的发展历程，对老农保制度的特点及其不可持续性进行了分析，对新农保制度建立的背景、制度的实施现状进行了阐述，并介绍了国外典型国家农村社会养老保险制度，分析国外社会养老保险制度建设的特点和发展趋势，总结出对中国新农保制度建设的经验借鉴。第三章为"新农保制度可持续性评估的宏观因素分析"。本章运用政策评估理论，对新农保制度可持续性评估面临的宏观背景、新农保制度可持续性评估的要素进行分析，并在理论分析的基础上，明确新农保制度可持续性评估的标准、指标体系构建的原则。第四章为"新农保制度可持续性的综合评估"。本章依据新农保制度可持续性的内涵及特征选取恰当的评估指标，构建起新农保制度可持续性评估指标体系，运用层次分析法确定指标的权重，同时根据新农保制度可持续性的预期目标和实际情况，确定每项指标的评估标准，并运用构建起的新农保制度可持续性综合评估指标体系对全国各省区市的新农保制度进行综合评估。第五章为"新农保制度可持续性的分项评估"。鉴于新农保制度可持续性综合评估是依据全国各省 2014 年的数据进行的短期静态评估，该评估不能反映制度长期的可持续性，故本章进一步从新农保制度具备可持续性的四大特征方面分别选取部分具有代表性的指标，对新农保制度的可持续性进行长期动态的分项评估。具体包括对新农保制度的财务可持续性、功能的可持续性、基金管理和经办管理服务的可持续性、外部支持条件的可持续性进行评估。第六章为"促进新农保制度可持续发展的对策建议"。本章依据新农保制度可持续性的短期综合评估结果和分项指标长期动态评估的结果提出促进新农保制度可持续性的对策建议。

尽管新型农村社会养老保险制度已于 2014 年与城镇居民社会养老保险合并实施为城乡居民基本养老保险制度，但制度内容并未发生变化。本书对新农保制度可持续性进行评估的指标和方法对其他社会保障项目的评估具有一定借鉴意义。

目 录

绪　论

第一节　养老的迫切性与农村养老保险
制度的可持续性

老有所养问题一直是农村居民最迫切需要解决的问题，这不仅是整个农民问题的关键，也是可持续的科学发展观的内涵，更是中国全面建成小康社会的重要内容。随着城镇化进程的加速，很多农村年轻劳动力进城务工，使得农村人口老龄化程度高于城市，且这种状况会存在较长时间。为了应对农村地区日益严重的老龄化问题，完善社会保障体系的建设具有重要的战略性意义。

中国农村社会养老保险始建于 20 世纪 80 年代末，1992 年出台《县级农村社会养老保险基本方案（试行）》，要求建立以个人缴费为主、完全个人账户农村社会养老保险（以下简称老农保），但是由于制度设计缺乏合理的精算基础，农民参保积极性不高，老农保发展十分缓慢，并在 1998 年后遭到重创。21 世纪以来，党和政府高度重视农村社会养老保险制度的建立，多次发文鼓励各地探索建立农村社会养老保险制度。2009 年国务院正式发布《国务院关于开展新型农村社会养老保险试点的指导意见》（国发〔2009〕32 号文件），要求在"保基本、广覆盖、有弹性、可持续"的基本原则基础上，强调政府补贴，探索建立新型农村社会养老保险（以下简称新农保）制度。该文件的出台，标志着新农保制度建设和试点推广工作的开始。

任何一项制度的建设都不可能是一蹴而就的,新农保也不例外,在制度试点和推行过程中将会遇到很多问题。例如,经济下行背景下新农保财政补贴的政府压力与可持续性问题;新农保保障水平过低,无法满足农村老年居民的基本生活的问题;城镇职工与新农保保障水平差距过大的问题;新农保缴费激励机制不足,农民普遍选择最低缴费档次以及"断保"的问题;新农保基础养老金正常调整机制尚未建立,与城镇职工基本养老金连年上调的矛盾的问题;新农保基层机构经办服务能力不足的问题;等等。为避免重蹈老农保的覆辙,在新农保制度试点和实施的过程中,有必要对其可持续性问题进行系统深入的研究。中共十八届三中、五中全会均提出了"更加公平更可持续的社会保障制度",因此,全面评估新农保制度的可持续性,并提出相关建议,是全面贯彻党的十八届三中、五中全会精神的具体体现。本书基于此背景进行研究,目的是讨论建立可持续发展的新农保制度,推动农村经济社会快速、健康与持续地发展。

第二节 新农保制度可持续性评估的
相关研究成果

下面主要从新农保制度研究、养老保险制度可持续性的内涵、养老保险制度可持续性评估三个方面来对国内外的相关研究进行梳理,并进行简要评析。

(一) 对新农保制度的研究

当前对新农保制度的研究主要集中在五个方面:一是对建立新农保制度的必要性、可行性和制度设计的研究;二是对新农保制度运行现状和存在问题的研究;三是对完善新农保制度对策建议的研究;四是对新农保制度社会经济影响的研究;五是对农民参加新农保的影响因素的研究。

1. 对建立新农保制度的必要性、可行性和制度设计的研究

在建立新农保制度的必要性问题上专家和学者已经达成共识，都认为应该尽快建立新农保制度。学者们从多个角度对建立新农保制度的必要性进行了论述。有学者从经济发展、社会稳定的角度进行阐述。如戴军（2001）认为构建新农保制度是经济和社会发展的客观要求，可以为国家建设积累资金；尹良春（2006）认为建立新农保是推进中国农村城市化、农业产业化的重要条件，是促进经济发展的重要保证。也有很多学者从应对人口老龄化的角度进行论述，如王章华（2009）认为建立新农保制度是应对农村人口老龄化、老年人口贫困化的客观需要。还有学者从统筹城乡发展的角度进行论述，如李祖平（2006）认为建立新农保制度是加快城乡融合、推动城镇化进程的重要途径。

学者们也普遍认为建立新农保制度的条件已经成熟，这些条件包括：党中央、国务院高度重视农村社会养老保险工作，建立新农保制度的政治条件已经具备（卢海元，2008）；经济发展迅速，财政收入大幅提高，为建立新农保制度提供了有力的经济支持（王国军，2002；张为民，2009）；中国的人口、经济结构及城镇化条件已达到或超过多数发达国家建立农村居民养老保险制度时的水平（杨翠迎，2003；赵殿国，2008）；新农保的试点探索工作取得了初步成效，积累了丰富的试点经验（青连斌，2009；卢海元，2008）。

部分学者对新农保制度进行了大胆的设想和设计。在新农保制度设计的时候，大部分学者认为应当强调财政责任，加大财政投入，建立一种财政补贴型的新农保制度（陈淑君，2009；刘昌平、谢婷，2009）。部分学者对新农保的制度模式进行了大胆的设想和设计，如郑功成（2002）、陈志国（2005）认为，应根据不同的人群，分层次、分类别建立农村社会养老保险制度；廖煜娟、潘怀明（2006）认为应当借鉴国外农业保险发展经验，建立包括非缴费型基础养老金、个人自愿缴费型基本养老金、个人储蓄型

或商业保险在内的全国统一的多层次养老保险体系；刘昌平（2008a）提出中国新农保制度应该采取"最低养老金＋个人账户养老金"的制度模式。

2. 对新农保制度运行现状和存在问题的研究

对新农保制度运行现状和存在问题的研究主要包括两大视角：一个是整体视角，即从总体上来分析；另一个是单因素视角，即从某一个方面入手来分析。

从整体视角来研究新农保制度运行现状和存在问题的文献非常多。张士斌、梁宏志（2012）分析了民族地区建立新农保制度遇到的困难，包括政府财政能力不足、农民缴费能力不足、农民社会养老意识薄弱、社会养老保险专门人才缺乏等。许建苏（2012）分析了河北省新农保制度试点中存在的问题，包括捆绑缴费导致 60 周岁以上老人领取基础养老金存在困难、个人缴费标准动态调整难以落实、政府补贴偏低导致缴费激励机制不明显、基础养老金动态调整机制不明确、政府缴费补贴能否到位具有不确定性、基金的监管与增值存在问题、制度上具有不稳定性。李伟（2011）对河南省长葛市古桥乡的调查发现，逆向激励问题突出、待遇支付不规范、弄虚作假情况较严重、养老金水平偏低、政策宣传不到位是新农保试点中存在的突出问题。覃双凌、邓文勇（2012）发现，乡（镇）级、村级新农保经办机构普遍存在工作人员数量不足、人员流动性大、文化程度偏低、专业知识缺乏、办公经费不足、超负荷运转等问题，农民有参保能力但参保欲望不强。杨潇、张思锋（2012）总结了江苏省高淳县新农保试点的问题，包括缴费标准调整过于频繁、缴费档次单一、养老金水平偏低、基层经办机构经费不足、镇级财政补贴压力较大等。全爱华、姜丽丽（2012）对江苏省宿迁市新农保试点情况进行调查后发现，存在城乡养老保险制度缺乏衔接机制、农民存在重复参保现象、地方财政负担总体偏重、基金保值增值困难、捆绑条件不合理、经办管理服务能力不足等问题。张军、付君梅（2013）对西部经济发达县四川省双流县的新农保试点情况进行了调研,发现存在农民参保积极性不高、养老金整体待遇水平偏低、集体补助落实不到位、基金保值增值困难等问题。

另一些学者分别从某一个方面入手对新农保制度运行现状和存在问题进行研究。薛惠元、曹立前(2012)用 2011 年在湖北省团风县和宜都市进行调研的 605 份问卷数据,从农户视角对当地新农保试点的政策效果进行分析,结果发现,对于大多数农民来说,新政策已经取得了良好的效果,但是由于待遇水平较低进而影响新农保政策效果的问题仍然存在。何晖、周素芬(2011)对湖北省 12 个新农保试点县的县级财政补贴进行风险识别,发现县级财政补贴力度普遍较小,相应的参保缴费激励效果不明显。吴永求、冉光和(2012)对农民参保的收益率进行分析,在此基础上,对现行农村养老保险政策对不同参保人群的吸引力与公平性进行研究,发现现行制度设计对年轻参保人和选择较高缴费标准的参保人不利。

3. 对完善新农保制度对策建议的研究

大多数学者通过描述新农保制度推行的整体状况,分析存在的问题,从总体层面上提出了笼统的对策建议。例如,武萍、沈毅(2013)提出应建立统一的农村养老保险体系框架、规范基础养老金的发放标准和方法、提高个人账户管理层次与水平等建议。桂世勋(2012)提出对选择较高档次缴费者应提高补贴标准;对累计缴费超过 15 年的基础养老金再加发 2%;个人账户基金可以委托给省级社保经办机构投资运营;适当下调新农保个人账户计发月数;等等。张思锋、张文学(2012)提出通过加强宣传引导农民参保、逐步取消"捆绑"政策、增加缴费档次、实现基金的保值增值等建议。苏东海、周庆(2010)提出加大宣传力度,提高农民对新农保政策的认识水平;加强组织领导,将新农保工作做深、做细、做扎实;提高政策透明度,使参保农民明明白白缴费;建立农民异地参加新农保的转移接续政策;等等。丁煜

（2011）通过分析实施方案中的政策缺陷，提出中央财政应根据地区农村养老负担能力指数对各地区予以分档补助；缴费基数应随着农民人均纯收入的增长而上调，并按年龄构建分档补贴标准；个人账户基金实行省级管理，并借鉴各地的保险证质押贷款等基金运营方式；基础养老金可以通过缴费基数和缴费年限挂钩来体现激励机制；个人账户养老金也应设立弹性领取机制；等等。

另一些学者针对新农保制度某一方面的问题进行深入研究，提出了有针对性的、具体的建议。一是有不少学者对新农保的筹资机制提出一些政策建议。如薛惠元、张德明（2010）在测算和分析新农保财政补助数额的基础上，提出有必要重构中央政府与地方政府之间的财政关系，并合理划分地方各级财政间的责任，增强政策的执行力，落实各级财政的补贴资金。刘昌平、殷宝明（2010）研究了新农保财政补贴机制的可行性，提出中国应建立基于现收现付制的财政补贴平衡模型作为新的农业保险的财政补贴机制。李冬研（2011）对中央与各省对新农保的财政补贴进行分析，提出政府应加快全覆盖的进度，完善财政投入的补贴机制，进一步完善筹资机制和待遇调整机制。华黎、李中付（2011）建议中央财政和地方财政分别按上年度农民年人均纯收入的15%和5%来补贴基础养老金；个人按上年度农民人均纯收入的8%缴费。二是有部分学者对新农保的保障水平提出了政策建议。如薛惠元、仙蜜花（2014b）提出建议适时提高缴费标准的下限和上限，落实好多缴多补、长缴多补政策，建立基础养老金正常调整机制等政策建议。

4. 对新农保制度社会经济影响的研究

一是部分学者研究了新农保对农民消费的影响，他们基于不同的样本数据和估计模型，得出了不同的研究结论。如刘远风（2012）基于2009年和2010年湖北省50个县（市、区）的基本经济数据，通过构建消费的倍差法模型，认为新农保具有显著的扩大内需效果，但是它对整个消费的影响还没有显现出来是由于制度覆盖面的限制。李慧、孙东升（2014）使用结构方程模型来探索新农保对农民消费的影响，发现新农保对农民消费有积极和消极两方面影响，并认为在不同的经济发展阶段社会保障对消费有不同的作用。于建华、魏欣芝（2014）通过建立面板数据模型，研究发现：制度的建立与否对农民消费水平没有显著影响。范辰辰、李文（2015）以山东省为例，运用双重差分法来分析新农保对农民消费的影响，发现新农保对农民消费有显著的刺激效应，但对农民的消费能力并无显著影响。黄睿（2016）基于2012～2013年CHARLS数据研究了新农保对高龄家庭消费的影响，发现：45～60岁参保农民的家庭消费因缴费受到一定程度的挤占；60岁以上领取养老金农民的家庭各项消费并没有显著增加。

二是部分学者研究了新农保对老年人劳动供给的影响。如张川川、John Giles等（2014）利用CHARLS数据采用断点回归和双重差分识别策略，估计了新农保对农村老年人劳动力供给的影响，发现新农保减少了老年人劳动供给。解垩（2015）根据CHARLS两期面板数据，利用差分－断点方法发现：新农保政策对农村老年人劳动供给决策和劳动供给时间无影响。

三是部分学者研究了新农保对老年人生活水平和主观福利的影响。如薛惠元（2012d）通过测算和比较新农保供给替代率和需求替代率两个指标对新农保是否可以满足农民的基本生活需要进行分析，结果发现现行的新农保制度提供的养老金目前无法满足"老人"、"中人"和大部分"新人"的基本生活需要。陈华帅、曾毅（2013）认为新农保并没有明显改善老年福利状况，参保老人对子女的依赖程度仍然很高，在生活的收入来源方面认为完全够用的概率甚至还有所下降。许明、刘长庚等（2014）利用2008年和2011/2012年CLHLS两期的面板数据，使用PSM方法分析发现，新农保影响了老年人的经济来源、代际转移支付、居住模式及照料模式几个方面，不但提高了参保老人的经济以及居住的独立性，也提高了老人生活的自我照料能力。张晔、程令国等

（2016）使用 PSM 基础上的 DID 方法分析了 2008～2011 年 CLHLS 两期面板数据，发现新农保在一定程度上提高了农村参保老人的养老质量，但加剧了不同收入组别农村老年人的养老质量不平等，也并没有缩小现有农村老年人之间的养老质量差距。张川川、John Giles 等（2014）和解垩（2015）同样运用 CHARLS 数据和差分 - 断点回归方法来研究新农保对农民主观福利的影响，却得出了不同的结论，前者发现新农保提高了其主观福利，后者发现新农保对反映心理健康的抑郁指数没有任何作用。

5. 对农民参加新农保的影响因素的研究

有部分学者对影响农民参加新农保的因素进行了分析。石绍宾等（2009）利用山东省入户调查数据和 Probit 模型研究发现，农民的身体健康状况和子女是否具有养老能力等个人特征、家庭中有几个儿子以及是否有党员等家庭特征、社区的区位特征、农民对未来的预期和周围邻居的行为等是影响农民参加新农保的重要因素。罗遐（2012）利用二元 Logistic 回归模型分析新农保试点中的农民参保选择和政府行为的关系，发现各级政府补贴程度、农民对新农保政策了解程度、个体的年龄与性别等均是影响农民参加新农保的重要因素。柳清瑞、闫琳琳（2012）通过利用全国20个省区市农户的问卷调查数据，认为新农保的满意度主要受三个变量的影响——政策信任程度、政策理解程度和给付水平，且它们的影响有一定的次序性。穆怀中、闫琳琳（2012）基于彰武县的样本问卷调查结果，综合运用了描述统计、交叉列联表和 Logistic 回归分析方法，从三个层面进行分析——个体特征、政策信任以及政策推广实施，结果发现户口类别、性别、年龄组、健康状况以及文化程度等个人特征因素和政策了解程度、经办人员服务态度、办理手续便捷程度等政策推广的实施因素在农民参保决策模型中影响显著。常芳等（2014）通过描述分析和多水平随机效应 Logistic 回归模型对5省2025个农户的调查数据进行分析发现，农民对新农保政策的了解情况、家庭人均非农收入、政府补贴等是影响农民参加新农保的重要因素。

（二）对养老保险制度可持续性内涵的研究

1. 可持续性的定义

从马尔萨斯 1789 年出版的《人口原理》中最早提出可持续发展的思想开始，可持续性理论已从自然领域应用到社会、经济、科技、政治等诸多方面的研究，研究者所站的角度不同，对可持续性所做的定义也就不同，有侧重于自然、社会、经济和科技等各方面的定义，还有综合性的定义，如"既满足当代人的需求，又不对后代人满足其自身需求的能力构成危害的发展"（World Commission on Environment and Development，1987）。

对于社会保险的可持续性，不同学者给出了不同的观点。林毓铭（2004）提出实现社会保障财务或基金的可持续发展是社会保障可持续发展的核心；社会保障的可持续发展应以社会保障资源的长期有效供给、社会公正和人民积极参与为基础，要结合社会、经济的发展变化，满足当代人与子孙后代的基本生存权。王小春、苑帅民（2013）界定了"社会养老保险制度可持续发展"的概念，认为在社会养老保险制度的设计和运行中，要注重制度的长期发展，可通过有效的监督和适当的动态调整，并在社会各部门的支持下确保制度目标的顺利实现，达到人与人之间的均衡发展；社会养老保险的可持续性不仅可以理解为一种制度发展的理想目标状态，又可以将其理解为制度可持续发展的程度或能力水平的相对高低，并且可以进行相对定量的度量。

2. 养老保险制度可持续性的判断标准

国内外的大多数学者认为制度的经济可持续性是最重要的。欧盟委员会（European Commission，2010）提出保证养老金系统长期可持续的三大原则：待遇充足性、财务可持续性和对变化的适应性；世界银行的报告（Holzmann & Hinz，2005）指出，能够提供充足、可负担、可持续和稳健的退休收入是养老金制度的基本目标，其中"可持续"是持续的财务支付能力；王晓军、任文东

（2013）从养老保险覆盖面、养老金支出占 GDP 的比例、养老金替代率、养老金年度结余率等指标来分析中国基本养老保险财务上的可持续性。

也有学者提出了可持续性的综合判断标准。周志凯（2005）提出了可持续性发展的原则，其一是动态发展上的可持续性原则，包括制度可持续性、经济可持续性、社会可持续性；其二是公平性原则，包括代内的横向公平、代际的纵向公平。刘向红（2011）分析了影响新农保可持续发展的三个制约因素：制度性的制约因素，包括自愿参保机制诱发逆向选择、筹资机制不完善；主体性的制约因素，包括地方政府职能作用发挥不充分，农民长期参保意愿不足；环境性的制约因素，包括收入水平和传统的养老观念。陈仰东（2012）认为实现新农保的可持续性发展要从以下六个方面着手，分别是优化筹资机制、提高保障水平、基础养老金调整制度化、个人账户基金保值保增、金融服务提供的稳定有效性以及建设乡村基层公共服务平台。陈晓安、张彦（2012）从法律、财政资金、经办机构与人员、监督体系、投资渠道、信息化经办条件、尊老敬老的孝文化七个方面构建了新农保可持续发展的保障体系。

（三）对养老保险制度可持续性评估的研究

当前，国内外学者对养老保险制度可持续性评估的研究主要集中在对城镇职工基本养老保险制度和老农保的评估上。

1. 对城镇职工基本养老保险制度可持续性评估的研究

目前关于城镇职工基本养老保险制度可持续性评估的研究成果比较丰硕。有学者从基金保值保增、历史欠账问题、老龄化方面对影响制度可持续性发展的因素进行了定性分析（李绍光，2008）。也有学者对养老保险制度可持续发展的人口、政治、经济、社会、法律等外部环境进行了分析（郭士征、曹艳春，2006）。邱长溶等（2004）运用因子分析法和模糊综合评价法建立了关于中国社会养老保险可持续综合评价的指标体系。

也有不少学者通过分析养老保险的收支和财务状况，来评估城镇职工基本养老保险制度的可持续性。姬便便等（2003）分析了养老保险制度在实施中面临着收不抵支、隐性债务加大、覆盖面小、养老保险基金收缴困难等困境。郭永芳（2011）构建了养老保险收支精算模型，并对未来20年的安徽省城职保基金的收支状况进行预测，认为从2026年起将出现缺口并逐年扩大。艾慧等（2012）采用保险精算的个体成本法，针对不同类型的职工构建精算模型，认为年度支付危机将会在2018～2036年出现，2023～2050年会出现内源性基金累积不足，从长期看，如果缺乏外源性融资，仅仅只靠制度本身的资金支持，那么统筹账户的财务可持续性将难以为继。杨勇刚、姜泽许（2010）构建了城镇职工基本养老保险支出的一般测量模型，分析了内生模型的内生变量以及城镇基本养老保险支出水平的适度界限和制约因素。王晓军、任文东（2013）构建出养老保险长期收支预测模型，测算分析养老金调整指数及退休年龄变动对未来收支的影响，认为如果不对现行制度实施改革，未来将会面临支付赤字的情况。

还有部分学者从不同的理论、方法角度分析影响城镇职工基本养老保险制度可持续性的因素。如封铁英、贾继开（2009）应用系统工程的理论方法，通过构建状态转移矩阵模型，分析了人口"城乡－年龄"结构联动对城职保可持续性的影响机理，认为城职保的可持续性受到"农村人口、农民工和城镇人口"数量及其结构变动、"未成年人口、劳动年龄人口、老年人口"数量及其结构变动的双重影响。张静（2009）认为城镇职工养老保险制度运行及可持续发展受到人口、宏观经济以及就业等多方面因素影响。雷晓康等（2014）对影响养老保险制度可持续性的内、外部因素进行分析，认为养老保险应该克服制度上、财务上和管理上的这些制约因素进而实现养老保险制度的可持续发展。席恒、翟绍果（2014）提出统一的养老保险制度、合理的养老保险项目、科学的费基费率是实现公平可持续养老保险制度的三条重要路径。

2. 对老农保制度可持续性评估的研究

老农保依据 1992 年民政部发布的《县级农村社会养老保险基本方案（试行）》（民办发〔1992〕2 号，以下简称《基本方案》）建立，实行以个人缴费为主的完全个人账户模式。在老农保制度建立初期，无论是政界还是学术界，各方都给予了积极的评价。其中，学者刘翠霄（2001）认为，《基本方案》基于中国农村人口多、底子薄、区域发展不平衡的国情，是一个适应中国农村的经济发展水平，可以促进农村经济发展与社会稳定，极具中国特色的社会主义初级阶段的农村社会养老保险；史伯年（1999）提出《基本方案》的出台与推行，标志着中国农村养老保险从无到有，初步形成了具有中国特色的社会养老保险制度体系。

1999 年，在老农保制度被清理整顿以后，学术界纷纷对老农保制度进行评估和反思。王国军（2000）认为老农保问题的关键在于，这种完全由农民自己缴费的保险显然已经不符合社会保险的含义，反而走向了商业保险的道路。刘子兰（2003）对老农保制度进行反思，指出老农保制度存在政府不承担财政责任、基金保值增值风险完全由个人承担、保障水平偏低等缺陷，该缺陷是导致中国农村社会养老保险事业的发展基本处于停滞状态的原因之一。赵庆国（2004）指出老农保制度存在制度稳定性差、机构设置不明确、基金保值增值亟待解决、费率制定不科学、城镇职工和农民社会养老保险的不平等、农村人口流动性增大造成农民养老保险缴纳和领取中断等问题，使得老农保的可持续性差。刘昌平、谢婷（2009b）对老农保制度做出了系统的评估，指出老农保的制度设计存在未能充分体现社会保险的本质特征、预期基金增值率过高、未对转移接续做出具体安排、月标准计发系数不合理、大龄和低龄参保者待遇差距较大、制度不稳定、没有建立养老金调整机制等问题，制度推行中存在保障水平过低、保大不保小、征收管理和账户管理不规范、强制推行等问题，这些问题直接导致老农保制度不具备财务上的可持续性。张守玉（2009）运用建立的农村社会养老保险可持续发展指标体系对老农保制度做出评估，发现老农保在制度稳定、保险效果、资金供给、组织管理、监督机制及代际平衡方面都存在很多问题，已经无法适应当前农村经济社会的发展，应尽快摒弃。

3. 对新农保制度可持续性评估的研究

当前对新农保制度的可持续性进行系统性评估的文献并不是很多。部分学者对新农保的政策绩效以及面临的风险进行评估，如王翠琴、薛惠元（2011b）从制度建立和运行程序上识别出五大类新农保风险，即制度设计风险、筹资风险、基金投资风险、操作风险和给付风险，并从这五个方面选取合适的指标构建出新农保风险评估指标体系。王翠琴等（2014）从新农保政策运行的经济功能、社会功能、基金管理和经办服务四大方面设计新农保政策绩效评估指标体系，并对运用该指标体系对湖北省团风县和宜都市新农保制度的运行情况进行绩效评估。

有部分学者对新农保财政保障能力的可持续性做出评估。如程杰（2011）在2013年、2015年、2020年实现全覆盖的三种方案的基础上对新农保财政负担进行测算；封进、郭瑜（2011）模拟了2010～2050年农村人口的数量和结构，并对新农保财政补贴数额进行测算；薛惠元（2012e）基于政策仿真学的视角，对2010～2053年新农保财政保障能力做出模拟预测，认为从整体来看，若中国经济能实现持续稳定增长，中央及地方财政将都能负担得起新农保的财政补助，但贫困地区的地方财政特别是县级财政的保障能力可能会存在不足；李琼、姚文龙（2013）从公共财政的角度对西部新农保制度可持续发展做出研究，指出财政在支持西部新农保制度中存在基础养老金偏低、"一刀切"的财政负担结构拉大了西部农民之间的收入差距以及地方财政"补入口"造成西部农民养老不公平等问题。

也有部分学者通过模拟测算新农保基金的收入和支出，对新农保基金收支平衡的可持续性做出评估。如薛惠元（2014a）构建了基金收支平衡精算模型，运用整体法对中国新农保个人账户基金在2010～2054年的收支情况进行模拟和预测，结果认为2049年新农保个人账户会出现收不抵支的情况；薛惠元、仙蜜花（2014a）构建了预测城乡居民基本养老保险个人养老基金收支平衡的精算模型，运用个体法发现个人账户基金存在收支缺口；米红等（2016）从保障水平和基金收支平衡两个因素考察新农保制度能否可持续发展，通过人口预测、构建新农保收支精算模型和农村老人基本生活支出预测，系统地研究了新农保的运行情况和趋势，发现新农保基金将会在2051年耗尽。

还有部分学者基于农民个人的缴费行为和缴费能力来探讨新农保的可持续发展。聂建亮、钟涨宝（2014）从农民参保缴费档次选择的视角出发，提出提高农民参保的缴费档次是实现新农保的可持续发展的关键。薛惠元（2012c）认为新农保制度的可持续发展的一个重要影响因素是新农保个人筹资能力的可持续性，从我国整体来看，农民基本上都具备新农保的个人筹资能力，但是新农保缴费对于少数贫困地区的农村居民来说仍是无力承担的，建议通过提高农民收入等措施来实现新农保个人筹资的可持续性。薛惠元（2014b）选取农民参保缴费的机会成本、养老金净转入额等指标来分析农民缴费意愿的可持续性，发现新农保是一项纯受益赚钱的制度，在综合考虑安全性、稳健性和收益性等方面，认为一个理性的农民是不会随意弃保的。

（四）对已有研究的评析

在国发〔2009〕32号文件出台以前，学者们主要针对新农保制度建立的必要性、可行性以及新农保的制度设计展开研究。国发〔2009〕32号文件出台后，确定新农保制度为"基础养老金＋个人账户"的模式。因此，该文件出台后，前期关于新农保制度建立的必要性、可行性、制度设计的研究已经过时，并成为历史。

在国发〔2009〕32号文件出台后的新农保试点阶段，学者们研究的重点是新农保试点方案以及新农保在试点推进过程中存在的问题，并提出了相应的对策建议。目前，随着新农保制度的全覆盖和走向成熟，学者们提出的新农保制度存在的问题也部分得到解决，当初的部分问题目前也已不复存在。例如，国发〔2014〕8号文件出台后，广受争议的"捆绑式"缴费被取消；"参保人死亡，个人账户资金余额可以依法继承"，个人账户中政府补贴产权不明晰的问题已解决。又如，《关于做好新型农村社会养老保险制度与人口和计划生育政策衔接的通知》（国人口发〔2009〕101号）、《关于做好新型农村和城镇居民社会养老保险制度与城乡居民最低生活保障农村五保供养优抚制度衔接工作的意见》（人社部发〔2012〕15号）、《城乡养老保险制度衔接暂行办法》（人社部发〔2014〕17号）等一系列规章的出台，基本解决了新农保与其他制度衔接不畅的问题。再如，2015年国务院出台了《基本养老保险基金投资管理办法》（国发〔2015〕48号），新农保基金保值增值难的问题也将得到解决。

在新农保实现制度全覆盖后，学者们关注的焦点转移到影响农民参加新农保的因素、新农保的社会经济影响等方面。研究方法侧重于利用实地调研数据做实证分析，或者通过人口预测和构建精算模型做出精算分析。

纵观国内外关于养老保险可持续性评估的研究，可以看出，当前对养老保险可持续性评估的成果主要针对城镇职工基本养老保险和老农保。尽管当前国内外关于新农保的研究成果已经非常丰硕，但对新农保制度可持续性评估的文献比较少，已有的研究大都是针对新农保制度的某一方面，如新农保制度的财政保障能力、基金收支平衡、个人筹资行为和个人筹资能力的可持续性进行的研究，而从整体层面对新农保制度的可持续性进行系统性评估的文献非常少。基于此，本研究作为创新尝试，探讨新农保制度可持续性的内涵及特征、构建制度可持续性评估的指标体系，对新农保制度的可持续性进行短期静态综合评估及分项目的长期动态评估，总结影响其可持续性的原因，并尝试提出促进新农保制度可持续发展的政策建议，丰富和完善农村社会养老保险理论体系，为最终建立全国城乡一体化的社会养老保险制度提供理论参考。在实践层面，对新农保制度的可持续性进行评估，并分析影响可持续性的因素，可以为相关部门解决试点过程中出现的问题提供决策依据，不仅有助于新农保制度的可持续发展，而且能有效发挥其在构建和谐社会中的积极作用。

第一章　新农保制度可持续性评估的理论基础

第一节　养老保险制度可持续发展理论

一　社会保障制度可持续发展理论

（一）社会保障制度可持续发展的内涵

社会保障制度是集人口、经济与社会于一体的综合制度，是一个需要长期规划与发展的制度，并通过自身的改革和创新实现可持续发展。

目前，中国社会保障资源匮乏，还面临着诸多阻碍因素，如转制成本高、人口老龄化与高龄化以及社会保障发展层次不平衡等。若不能在社会保障制度发展的过程中，很好地应对这些因素的影响，并保证制度设计的连续性与长期有效性，则会影响制度的可持续发展（林毓铭，2004）。当前阶段，中国社会保障制度要实现可持续发展需重点考虑的是因社会保障政策实施带来的债务风险。社会保障制度的可持续发展应建立在社会保障资源能长期有效供给的基础上，社会保障制度的实施要能极大地促进社会公平、公正，为社会公民提供基本的生活保障，对其保持长久的制度吸引力，故应重点从社会保障制度的设计、社会功能、经济功能三个方面来衡量社会保障制度的可持续发展。

（二） 社会保障制度的公平性与可持续发展

1. 社会保障制度公平性的含义

社会保障从非正式制度到正式制度的安排，其追求的目标也随着社会的发展进步而不断发展变化。社会保障制度早期主要是维护统治阶级的利益，如今社会保障的目标日益融入了人道主义和社会公平的理念。

社会保障的公平性主要表现在：首先是保障范围具有公平性，它通常不会限制受保障对象的身份，覆盖全体国民；其次是保障待遇具有公平性，一般只提供基本的生活保障待遇；最后是保障过程具有公平性，社会保障制度为社会成员消除了很多后顾之忧，维护社会成员参与社会竞争的起点和过程的公平性，同时通过筹集社会保障资金和给付待遇，缩小了社会成员间发展结果的不公平。所以，社会保障制度自然地具有追求社会公平的特征。

2. 社会保障制度公平性对可持续发展的影响

社会保障的公平性特征，并非以不讲效率为基础。从宏观角度来看，社会保障制度是整个社会结构中的一个子系统，其公平性必须以社会产品按生产要素分配为基础，不是要取代或损害按劳分配的原则，而是要通过再分配的方式促使收入分配更加合理化；从微观层面上讲，社会保障要实现社会公平，其本身也是要讲究效率的，只有使社会保障资源的使用效率达到最大化，才能更好地实现社会公平，促进社会进步。

社会保障的公平原则最充分的体现是建立覆盖全体国民的社会保障制度，使全体国民享受普惠性的社会保障。但是，由于各个社会保障项目都需要以相应的资金支持作为基础，在物质财富还没达到一个非常丰富的阶段时，公平原则仅可循序渐进地加以推进。在社会保障制度的建设和发展过程中，公平原则一般表现为保障项目建设的日益健全、覆盖面的不断扩大、保障水平的不断提高等一些规律。保障项目的增长能够促使社会保障体系形成无漏洞的社会安全保护网，覆盖面扩大最终将使全体国民普遍享受到社会保障。此外，保障水平提高也就意味着国民福利不断提高，社会公平程度也会进一步提高。

当一个国家仅有少数国民有机会享受到社会保障的时候，社会保障公平性的原则仅在享受者中得到了体现；只有当全体国民都享受到社会保障，并且通过社会保障制度使生活水平和质量都得到提升时，社会保障制度的公平原则才能够真正完全实现。

（三）社会保障制度的效率与可持续发展

尼古拉斯·巴尔提出：效率是在人们的偏好与当前的技术条件下，充分利用有限的资源。（巴尔，2003：106）一个关键性的概念就是资源的稀缺性，如果资源被用于某一目标，那么它们便不能被用于另外的目标，正因为这些资源是有限的，它不能满足每一个人的需求，所以政府应该寻求方法来尽可能地满足人们的需求，也就是说尽可能有效地利用有限的资源。

效率与公平有时不可兼得，在追求公平的同时，不可避免地会损失部分效率。一方面，政府选择公平，也就是选择了税收和转移支付，在税收和转移支付过程中的不当行为会损失效率，当税收过高以至于损害资本和劳动的供给时，配置效率就会受损失；当税收和转移支付的制度设计是反再分配（穷人负担较重的税负获得较小的转移支付而富人的情况相反）时，则既损害公平又损失效率；当转移支付制度不能激励人们努力工作时，既损失效率对纳税人也不公平。但是，另一方面，市场失灵导致其结果具有不公平性，社会保障制度正是通过修正市场失灵及其结果，发挥公平与效率的作用。在许多情况下，公平和效率是一致的或者公平可以转化为效率：当纠正市场分配失灵，向穷人提供受教育的机会、基本的生活条件及基本的健康时，保证机会的公平，既是公平的也是有效率的；纠正保险市场的失灵，提供医疗保险、失业保险等道理也是相通的；当收入和财富差距过大，以至于影响有效需求时，通过税收和转移支付提高有效需求，既是公平的也是有效率的；当收入和财富差距拉大，与社会公平偏好发生强烈冲突时，通过税收与转移支付缩小贫富差距，也是既有利于公平也有利于效率提高的。

（四）人口老龄化与社会保障制度的可持续发展

人口老龄化指的是由于年轻人口数量的减少和老年人口数量的增加，总人口中老年人口比例相应增长的动态。人口老龄化会对经济和社会发展产生诸多影响，主要体现在人口老龄化使得抚养比和老年负担系数上升，增加适龄人口的赡养负担，整个社会的养老金及社会保障费用支出不断增加。抚养比是指非劳动年龄人口与劳动年龄人口之比，老年负担系数是指总人口中老年人口与劳动年龄人口之比。从人口抚养比来看，该比值增加意味着相同数量的劳动人口将要支持更多的老年人，而分摊给各老年人的养老金数额将不断减少。另外，随着人口的年龄结构由年轻型转变为老年型，人们的思想观念也逐渐趋于保守，在一定程度上使得人口总体的科技创新能力下降。劳动力是一国经济发展的源泉与动力，人口老龄化将不仅直接降低就业人口比重，降低经济发展速度，而且将导致一国的技术创造力降低，科技是第一生产力，科技水平的停滞不前将最终影响经济发展。发达国家人口老龄化事实经验证明，人口老龄化的确已经给经济发展带来了阻碍。而一国的经济发展水平是社会保障基金重要的来源保障，经济发展水平降低将导致社会保障基金的供给减少。

现行的社会养老保险制度由城镇职工基本养老保险、机关事业单位基本养老保险与城乡居民基本养老保险组成。其中，城镇职工的基本养老金由统筹账户养老金和个人账户养老金组成，"统账结合"模式被认为是现收现付制向完全积累制过渡的一种有效模式。但问题是政府尚未对城镇职工基本养老保险的历史债务建立补偿机制，目前主要以企业缴纳的社会统筹部分来支付"转制成本"，但因为社会统筹基金同旧制度的隐性债务间存在很大的差额，这势必造成通过透支在职职工的个人账户基金，来支付退休人的养老金，造成个人账户"空账"运行，人口老龄化会扩大社会统筹账户的养老金缺口，增加转制成本，给名义上部分积累实际上现收现付的城镇职工基本养老保险制度带来巨大挑战。机关事业单位养老保险制度从 2014 年 10 月 1 日起开始建立，与企业相比，机关事业单位的老年人口抚养比更高，达到 1∶2，同时机关事业单位养老保险在并轨的过程中同样存在转制成本，但政府同样没有明确转制成本的化解办法，而是采取制度内化解的方法，在人口老龄化的背景下会加剧社会统筹基金的收不抵支。城乡居民基本养老金由基础养老金和个人账户养老金组成，个人账户养老金实行完全积累制，基础养老金由财政支付，基础养老金部分同样也是一种现收现付制，人口老龄化的加剧将会增加财政补贴的压力，给制度的可持续发展带来挑战。

（五）城镇化与社会保障制度的可持续发展

城镇化指的是农村居民向城镇居民转变的过程。随着城镇化进程的加快，大量农村居民迁移到城市中，传统的家庭保障、土地保障等功能正逐渐减弱或丧失，同时，这些迁移居民大都面临着各种风险，如养老、医疗、工伤、失业等。若这些问题得不到很好的解决，不仅影响城镇化的进程，还会产生社会危机，影响社会安定，故城镇化对社会保障制度提出了高要求，要求解决好进城务工人员的社会保障问题，促进城镇化的顺利实施。虽然中国社会保障制度自建立以来一直在完善，但仍存在很严重的制度割裂现象，具体表现在城乡分割、区域分割、行业分割等方面。其中城乡分割是城镇化进程中社会保障制度面临的最大问题，中国城镇社会保障制度建立的时间要远远早于农村，并且城镇社会保障待遇水平也普遍高于农村，这一现状既不利于城镇化的推进，也会因为太多的民众诟病影响到社会保障制度自身的可持续发展。

受城乡分割、区域分割的影响，当前进城务工人员还远没有融入城市社会保障制度中。虽然国家已出台乡养老保险、医疗保险制度的衔接办法，但是相较于农民工群体极高的流动性，衔接还显不畅，且农民工参加城镇社会保障制度的成本高昂，2010

年1月《城镇企业职工基本养老保险关系转移接续暂行办法》实施以前，很多农民工选择退保或不参加养老保险。与此同时，传统的家庭保障、土地保障的功能在不断减弱，农村居民及进城农民工对享受更高层次社会保障的诉求却不断增强。被征地农民群体更是在城镇化进程中丧失了最后的土地保障，在失业失地的现实中成为弱势群体，当他们遇到年老、疾病等问题陷入困境后，容易自暴自弃，甚至报复社会，若不能很好地解决这部分人群的社会保障问题，将不利于社会的稳定，这就要求中国社会保障制度能妥善地解决城镇化进程中相关人员的社会保障诉求问题，以保证制度的可持续性。

（六）制度创新与社会保障制度的可持续发展

社会保障制度可持续发展的含义指的是在有限的资源条件下，在充分保证当代人享受应有的福利权益的同时，又不损害后代人的福利权益，从而发挥社会保障制度在社会经济发展中基本的经济功能和社会功能。而中国社会保障制度目前还存在很多不足之处，这是限制社会保障制度可持续发展的重要因素。所以，制度创新被认为是中国社会保障制度可持续发展的根本需要和保障。创新是一个民族进步的灵魂，也是一个国家兴旺发达的不竭动力。社会保障制度的创新，既需要借鉴国外先进的社会保障理念和制度模式，又需要结合具体的中国国情，以解决社会保障制度在可持续发展过程中面临的各种问题，从而促进社会经济的可持续发展。

制度创新需要解决基金短期和长期的平衡问题，这也是社会保障制度可持续发展的核心问题，如果社会保障制度不能持续地使基金的收入与支出及管理成本相平衡，则制度很难长期合理地维持下去。制度创新要求社会保障制度更好地发挥经济效益和社会效益，起到社会"安全网"和"减震阀"的作用。制度创新还要求社会保障部门在科技迅猛发展的今天不断运用新技术，提高工作效率和管理水平，促进社会保障制度的可持续发展。

二　新农保制度可持续发展的内涵及特征

(一) 新农保制度可持续发展的内涵

借鉴可持续发展相关理论，新型农村养老保险制度具备可持续性意味着它既可以满足当代农村居民的需求，又不损害后代人的发展。从福利经济学的角度来看，新农保制度的可持续发展指的是使当代农民的养老福利增多的同时，确保不使后代农民的养老福利有所减少。新农保制度的可持续性是各方面因素长期、动态作用的综合结果。在人口老龄化、城镇化等背景下，新农保制度的可持续发展需要在有限的资源供给条件下，较好地应对外部环境风险，为农村居民提供基本的养老保障，维护社会稳定，发挥制度应有的社会经济效应。

具体来讲，新农保制度具备可持续性指的是新农保制度能够适应经济社会发展，提供科学有效的农村养老保险服务，同时制度自身的主要参数能够及时、适当地进行调整，并同其他社会保障制度逐步衔接与融合，最终成为农民能够长期信任和依赖的养老保险制度。

新农保制度可持续发展的核心是财务的可持续性，所以新农保基金的筹集应该兼顾中央财政、地方财政、农民个人三方的承受能力，新农保制度也应该根据中国实际的社会经济发展状况制定出合适的待遇水平，不仅要保证农民的养老保障水平能够适时提高，同时又不能"寅吃卯粮"，透支养老金未来支付能力。新农保制度的可持续性是受诸多因素影响的，也可以用一套科学合理的指标体系来评估。

(二) 新农保制度具备可持续性的特征

1. 新农保制度的财务是可持续的

财务的可持续对于整个新农保制度的可持续性而言至关重要，若财务无法在一段时间内保持收支平衡而导致制度无法运行下去，则其他的一切都是空谈。新农保制度财务具备可持续性是指新农保在保证农村老年居民基本生活水平的前提下，可以实现基金收支的短期和长期平衡。新农保的基金收入与整个社会对新农保养老资源供给有关，与经济增长相协调，不超出经济参与体的承受能力。新农保的支出取决于老年人的数量及合理的养老金水平，合理的新农保待遇水平既要满足参保农民的养老需求，又要实现资源供给与需求之间的平衡。

当然，基金的短期和长期收支平衡又是由制度设计、基金的筹集、基金的投资管理以及基金的发放这几个阶段决定的。在制度设计阶段，需要通过精算技术，在充分考虑物价水平变动、经济发展水平变动、利率变动、人口变动等因素的影响下，合理地设计个人账户养老金计发月数及保障水平，使得新农保制度既能保障老年人的基本生活，又能实现精算平衡。在基金的筹集阶段，农民个人的缴费应设置多个档次，不同档次的缴费标准应随着农村居民收入的变化而变化，不同经济能力的农民可以选择不同的缴费档次；对于地方财政和中央财政而言，也需要对新农保的补助数额做长期的财政保障能力预测，要确保地方财政和中央财政有足够的新农保资金投入能力。在基金的投资管理方面，目前《基本养老保险基金投资管理办法》（国发〔2015〕48号）已经出台，相应的管理部门应在政策允许范围内，积极进行养老基金的投资运营，确保基金的不贬值，且不能因管理失误被侵蚀。在基金的发放阶段，经办管理人员需要定期核对养老金领取者的信息，防止养老金被冒领；同时根据物价上涨和经济增长情况制定新农保基础养老基金正常调整机制，确保农村老年居民的基本生活不因物价上涨而降低，同时让农村老年居民分享到经济发展成果。

总之，新农保制度的财务可持续受众多因素影响，并涉及制度的每一个环节。新农保基金收支平衡的可持续需要政策制定者和管理执行者利用精算技术，随时监控预测财务的平衡趋势，并随着形势的变化适时对新农保制度参数做出调整。

2. 新农保制度经办服务和基金运营管理是可持续的

除财务可持续外，新农保制度的可持续还主要表现在制度的运行上。新农保制度的运行主要包括经办服务和基金运营管理。

新农保制度经办服务的可持续，是指新农保的经办机构能够持续地依照法律授权筹集养老保险费，管理好养老保险基金，为参保农民提供优质高效的养老保险事务办理和养老保险服务。这要求新农保经办机构一方面能做到勤政廉政，另一方面要注意行政效率的提高。"勤政廉政"要求新农保经办机构工作人员不贪污腐败、按照法律规定管理好养老保险基金，并保证养老金的按时足额发放。"提高行政效率"要求经办机构工作人员爱岗敬业，运用现代科学管理手段积极高效地完成工作，减少工作过程中的失误，杜绝养老金的冒领、错领状况，保证参保人员都能享受到优质的养老保险经办服务。新农保的经办服务绩效越好，农民的参保积极性越高，越有利于制度的可持续性发展。

新农保基金运营管理的可持续意味着一方面要有一个合理的基金统筹层次，合理的统筹层次不仅有利于新农保基金的安全完整，还有利于养老保险关系的转移续接；另一方面要对基金进行良好的投资运营，良好的投资运营使得基金能保值增值，有利于提高个人账户的给付能力，新农保制度的可持续性也就越强。

3. 新农保制度的功能是可持续的

新农保制度功能的可持续包括制度的社会功能和经济功能的可持续。新农保制度只有在确保财务可持续的前提下，方能持续地发挥制度的社会经济功能。作为一项社会制度，新农保的社会功能是其重要功能之一，主要包括通过收入再分配的方式，缩小收入差距，更好地促进社会公平；通过实现与其他保障制度的衔接更好地促进人口流动，从而更好地应对城镇化，更好地促进城乡社会保障的一体化。

新农保制度经济功能的可持续，是指新农保制度能可持续地发挥保障农民基本生活需要的作用，从而减少农村老年贫困人口；

而农民在领取了养老金之后会增加生活消费，从而拉动内需，促进整个社会的经济发展；政府的财政资金也起到了蓄水池的作用，在经济过热的时候，政府可以增加税收、减少养老金投入，在经济不景气时，减少税收，加大对养老金的投入，刺激内需，拉动经济。新农保制度只要能保证稳定的养老金水平，发挥其应有的养老功能，则可以持续地实现制度的社会经济功能。另外，新农保个人账户能很好地应对人口老龄化，降低未来农村的养老压力，个人账户的基金若能很好地进行投资运营，还能对经济发展起到促进作用。

4. 新农保制度获得的社会支持可持续

新农保制度要获得可持续发展，除了要得到政府的可持续性资金支持外，还需要来自社会的可持续性支持。新农保的可持续发展需要社会对其的认可与支持。新农保的可持续发展要坚持以法为据、以人为本。首先，广大农民享受养老保障的权利应该受到法律的保护，法律必须保障制度的稳定性、可靠性与可持续性；其次，新农保制度的出发点与归宿必须是真心实意为农民服务。要求新农保管理工作重视制度宣传和立法保障，最大范围、最牢固地保障所有农民的养老权益。此外，社会支持可持续还需加大对新农保制度的宣传，使农民的"养儿防老"依靠家庭养老的观念发生改变，依靠社会养老保险养老的意识加强，使新农保制度深入民心，真正成为农民心中可以信赖的制度，这样农民的参保意愿才会保持长久。

5. 制度自身能不断适应外部环境的变化

新农保制度具备可持续性要求新农保制度设计合理，政策具有延续性，可以长期运行下去，这就要求新农保制度在运行过程中，能及时对一些外部环境的变化做出应对。如随着城镇化进程的加快，越来越多的农村居民移居到城镇，新农保制度应妥善解决与城镇职工基本养老保险的衔接及异地转移问题；又如，被征地农民的数量也越来越多，新农保政策应考虑被征地农民的权益，针对这部分特殊人群，设计不同的缴费及待遇给付办法；再如，《基本养老保险基金投资管理办法》（国发〔2015〕48 号）出台后，地方要大胆地进行新农保基金的投资运营，以提高基金的收益率。

（三）　新农保制度可持续发展的重要意义

1. 新农保制度可持续发展可以促进社会公平

在过去很长一段时间内，中国农村社会养老保险制度是缺失的，农村居民未能享受到与城镇居民同等的养老保障权益。新农保制度的建立使得农村居民也能享受到养老保险权益，这极大地促进了社会公平。但是新农保制度不能重蹈老农保的覆辙，新农保只有实现可持续发展，才能更好地发挥其社会功能，即促进城乡公平和社会公平。

2. 新农保制度可持续发展可以有效地应对农村人口老龄化

在未建立新农保制度之前，农村老年人主要依赖于家庭养老和土地保障，随着人口老龄化的加剧，农村老年人数量越来越多，而在城镇化的背景下，大多数农村青年涌入城市，只剩下老年人留在农村，指望家庭养老越来越不现实，而新农保制度的建立有效地解决了农村老年人的养老问题。新农保制度设计主要采取"基础养老金＋个人账户"的模式，缴费由个人、村集体和财政三方负担，当农民达到领取养老金的年龄时，可以每月按时足额领取养老金，这对保障农村老年人的基本生活发挥了重要的作用，而新农保制度的可持续发展可以保证该功能的持续性，从而有效地应对人口老龄化。

3. 新农保制度可持续发展有利于加快城镇化的进程

在城镇化进程中，大批农村居民长期流连于农村与多个城市之间，一方面，新农保制度的建立让其没有养老后顾之忧，可以安心地放下农村的农活从而投身于城市的建设中。另一方面，农民工在地区间流动时，其身份会在农村居民与城镇居民之间互换，其养老保险关系也需要在农村与城镇以及多个城市地区之间转移，这就对新农保制度与其他制度的衔接以及在地区间的转移接续提出了较高的要求，新农保制度在可持续发展过程中，若能很好地解决新农保制度与其他制度的转移接续问题，就能很好地促进劳动力的自由流动，从而加速城镇化的进程。

4. 新农保制度可持续发展有利于社会保障城乡统筹的实现

新农保制度的建立是建立城乡统一的养老保险制度的重要步骤，目前，国家已经提出将新农保与城居保合并实施，统称为城乡居民基本养老保险，不久的将来，城乡居民基本养老保险还会进一步与城镇职工基本养老保险合并实施，进一步地缩小城乡居民与城镇职工之间的养老金差距，从而实现养老保险制度的城乡统筹。而养老保险制度的城乡统筹经验将会对医疗保险、最低生活保障制度等其他社会保障制度的城乡统筹提供重要的经验。

第二节　政策评估理论

论及政策评估，必然涉及这样几个基础性问题，即什么是政策评估，政策评估是否能解决政策分析所面临的问题，政策评估的效果怎么样，政策评估的有效性条件是什么，等等。本节将主要讨论这些基本问题。

一　政策评估的定义

政策评估是公共政策系统的重要环节。公共政策被当代政策科学定义为包括政策制定、执行、评估和调整在内的系统。公共政策重视研究含有政策评估在内的政策科学所有环节。虽然有些学者使用"政策评价"一词而非"政策评估"，但是根据字典中评价和评估的概念，"评价：（1）议论价格；还价。如市物不评价，市人知而不欺。（2）衡量评定人或事物的价值，也指评定的价值。如正确评价人物的历史功过；众人给予他很高的评价。评估：评价和估量。估量：估计，即根据一些情况，对事物的数量、性质、变化等做出大概的推断"，评价和评估都是结论性的判断，但评估还包含如何做出判断的过程。因此，本研究使用"政策评估"一词。

对于政策评估的含义，不同的学者看法不同，主要有四种观点：（1）政策评估主要是评估政策效果；（2）政策评估主要是评估政策方案；（3）政策评估是评估政策的全过程，包括评估政策方案及其结果；（4）政策评估是找到错误、修正错误。尽管这些定义各有千秋，但从本质上讲，公共政策评估是通过一系列科学的评估活动来衡量政策的价值，决定政策的延续、革新或终结，并从对政策过程各阶段进行的评估中总结经验，为以后的政策实践提供借鉴。

二　政策评估的作用

政策评估是政策运行链条中十分重要的一环，负杰（2003）认为其作用主要有以下方面。（1）是检验政策效果、效益和效率的基本途径。实施了一项政策之后，如果没有人继续进行有关的评估与反馈工作，那它的效果怎么样我们就无从知晓。因此，我们可以通过政策评估了解其运行是否实现了预期目标，出现了哪些非预期效果。（2）是决定政策去向的重要依据。政策去向主要有三种情况。一是政策继续，即通过科学的评估活动，发现该政策指向的问题没有得到有效解决，而政策实施的环境也没有发生明显变化。面对这种情况，既有政策能够继续指导解决这个问题。二是政策调整，或称政策创新。若一项政策在实施过程中，出现了新情况、新变化，原有政策已经明显不能适应新的政策形势，那么就必须根据新变化进行调整或革新，确保实现政策目标。三是政策终结。政策终结有两种情况：一种情况是政策目标已经实现，无继续存在的意义，政策自然终结；另一种情况是政策环境或问题本身发生了巨变，原政策已应对无力，甚至可能使问题恶化，并且即便调整也无法应对，这就需要出台新政策。为了避免因为终结旧政策而带来的混乱，终结旧政策最好能与新政策同时出台。因此，不管是政策的延续、调整还是终结，都以系统、科学、全面的政策评估为基础。（3）是合理配置资源的有效手段。通常情况下，政府需要同时执行多种政策，比如经济、政治、教育、环境政策等。所以，每项政策究竟应当投放多少资源，即政策资源如何实现合理配置？这就需要通过政策评估来衡量每项政策的价值，使整体资源配置效果达到最佳。（4）是公共决策科学化、民主化的必由之路。政府通过政策来调整、组织社会生产和生活已经成为国家管理活动中重要的一环。随着时代的发展，各种新情况与新变化层出不穷，单纯依靠原有的经验已无法解决愈加复杂的决策问题，经验决策应向科学决策转变，政策评估正是推进这一转变的有效举措。

三 政策评估的局限性和影响因素

贠杰（2003）曾对中国政策评估存在的缺陷与不足进行了归纳，本研究认为对新农保制度的可持续性进行评估也同样存在类似的局限性，并会影响最终的政策评估效力。

（一）评估体制与机制的限制

从中国政策实践的历程来看，政策评估的制度和机制的不完善已经成为制约政府公共政策质量与水平继续提高的关键因素。如今，科学规范的政策评估体制还没有完全建立，现存的政策评估往往根据政府部门、行政首脑和行政层级的不同而千差万别。一般而言，中央政府对政策评估比地方政府更为重视，专业化行政首长比非专业化行政首长更为重视。而某些部门或地方政府，从未设置过政策评估组织，更不用说系统的评估公共政策。这些都是导致一些公共政策质量和水平低下的重要原因，从根本上说，还是由于一些决策者不重视政策评估。此外，因制度不完善导致无法保障评估的经费及人员，评估机制也无从建立，从而使很多必要的评估工作难以开展，影响了政策评估效力的发挥。

（二）价值观分歧的局限

教育背景、文化传统、意识形态、利益以及立场等因素的不同决定了价值观的不同，这使得不同的组织、不同的群体、不同的个体间一定存在一些价值观上的差异甚至冲突。另外，由于科技发展水平的限制，人类对客观世界认识的广度与深度也都受到了不同程度的限制，所以人们对于事物的理解存在差异，并由此造成了世界观与价值观的差异，这也是很自然、很正常的事情。同理，在对政策进行评估时，人们在评判标准、认识角度等方面出现不同的现象也就容易理解了。但是，一致性是确定政策评估的目的以及标准的基本要求。若不存在一致性，那政策评估就失去了本身存在的价值与意义。因此，对一致性产生决定性影响的价值观的相对统一，一直是影响政策评估效果的关键因素，有时候甚至是决定性因素。在政策实践中，因为价值观的不同常导致在许多情况下无法达成一致的政策评估结果，这往往导致政策评估的效力受到质疑。事实上，因价值观因素所引起的政策评估的分歧一般是最难消除的。

（三）政策不确定性的局限

政策评估的不确定性可以体现在许多方面。第一，可体现为政策目标的不确定。因为许多政策目标不能被量化或者具有多重目标，而且有些目标间还可能有冲突，有些政策目标在政策的实施过程中还可能会发生变更或修正；有时，政策制定者与执行者还会有意用含糊的不确定的方式来表达及说明政策目标，增加了政策执行的灵活性。这些情况都给衡量和评估政策目标带来较大的困难。第二，体现为政策的因果关系不确定。因果关系是公共政策实施过程中的一种基本关系形态，同时也是政策评估的主要对象和内容。不过在政策实施的过程中，人们可能无法直接确定政策的原因和结果间的相关性程度。而且，在所有的因素中，到底是哪个因素发挥了主导性作用，而哪些因素只发挥了一般性的作用，以及各种作用的程度究竟如何，这些都是政策评估面对的困难。第三，这种不确定性也体现在政策效果的多样性与广泛性方面。一般来说，政策效果既有长期效果，也有短期效果；既有预期效果，也有非预期效果；既有主要效果，也有次要效果；既有明示效果，也有潜存效果；等等。由于政策效果存在这些多样性，加之公共政策本身所具有的影响范围的广泛性特点，一般性的政策评估无法全面、准确地完成分析任务，也限制了政策评估的效力水平。

（四）方法和技术的局限

方法和技术的局限，包括学科自身方法、技术的局限以及专业人员方法、技术的局限两方面。就学科而言，现行的方法和技术并不能解决政策评价面临的所有问题，特别是那些需要量化分析解决的问题更是如此。一方面，本学科的方法、技术需要政策分析人员不断地总结、提炼，而这往往需要一个较长的过程；另一方面，政策评估方法、技术会受到现有的科学技术总体发展水平的制约，在短期内难以有重大突破。这两方面决定了政策评估方法、技术的进步和完善是一个长期的过程，因此，政策评估在特定时期内必然存在一定的局限性。另外，即使现有的方法和技术，也会因评估人员掌握程度和运用水平的不同，而难以充分发挥作用。所以，方法和技术的局限性也被看作现阶段政策评估面临的重要问题。

四　政策评估有效性的条件分析

（一）评估对象的相对稳定和成熟

对于任何评估来说，评估对象直接影响评估活动能否正常进行以及评估结果是否有效。并非所有的政策都能成为评估的对象。如果评估对象经常变化，具有很大的不确定性，那么短期内对其的评估是没有意义的，因为可能评估还赶不上政策的变化快。另外，如果政策很不稳定、经常变化，那么政策效果在短时期内也很难体现出来，对其的相关统计也将是缺乏的，这样不利于对该项政策进行评估，因为无法搜集到政策效果因素的相关统计数据。

（二）要有独立、专业的政策评估组织

若要使政策评估有效，确保政策评估的结论客观、公正，还必须有相对独立的政策评估组织，这也是政策评估体系走向成熟的标志之一。在政策评估开展相对较好的西方国家，都有比较完善的评估组织体系。虽然各个国家特点不同，如英国、加拿大、日本比较重视政府组织内部的评估组织建设，美国的非政府独立政策评估机构则很发达，韩国注重于两方面的结合。这些国家都有一些共同的特点，即评估组织体系完善、工作的相对独立性强，并且还存在大批以此作为职业的专业的政策评估人员。

（三）选取科学合理的评估方法

首先根据评估的目的制定科学合理的评估标准，在确定了评估标准之后，选取合适的评估方法就成为核心问题。常用的有主成分分析法、层次分析法、数据包络分析法、对比分析法、统计抽样分析法、成本效益分析法、定性分析法，还有问卷调查、电话采访、同行评估、当面访谈以及案例研究等。每种分析方法都有各自的优缺点，每种不同方法之间也存在互补性，所以，在不同的场合需要使用不同的评估方法，若仅选取一种方法进行评估，得出的结论可能不准确。评估者在实践中应根据具体情况选取某种主要的分析方法，并结合其他方法的分析结果得到最后的结论。

（四）建立政策信息系统

如果缺乏充分的、高质量的信息，便无法进行科学的评估与决策。因为政策资源的丰富性、政策的重叠性与政策影响的广泛性，全面搜集政策的相关信息可能是一件复杂且困难的事情。所以，应该重视建设政策信息系统，更加注重对政策信息的收集、加工、交流与使用，以便于完善和改进评估系统，使评估活动能够更加科学有效。建立政策信息系统的关键任务是要系统地收集有关政策问题、政策投入产出以及外部环境的变化等方面的信息。政策信息系统具体包括以下几个方面：政策问题与目标、某项政策的资源投入及其分配情况、政策的执行情况、政策实施所造成的社会与经济变化、政策实施对目标群体产生的影响、社会公众对政策的反应等。信息系统中的资料要求客观且全面。此外，还要在信息系统的现代化建设方面做出努力，利用电子计算机与现代通信技术，使政策信息的传播网络化。

（五）须具备一些宏观的社会条件

首先，政府部门要认识到政策评估的重要性，重视政策评估。如上文所述，政策评估的意义重大，政府在思想上重视并采取相应的行动，可以帮助政府部门了解政策的优缺点与成效，监督政策的执行，进一步补充和完善政策。其次，明确政策评估的目的，认识到政策评估是要找到问题并解决问题，以提高政府决策的质量。最后，加强政策评估的制度化建设。建立政策评估的制度法规，以提高其规范性。要使政策评估程序化，各项政策在运行过程中都要进行不同程度的评估；建立起政策评估基金，以更好地保障政策评估工作的开展；及时反馈评估信息、消化与吸收评估结论，使得政策评估能够真正促进决策科学化与合理化。

第三节　新农保政策评估理论

一　新农保政策评估的有效性条件分析

从上述政策评估有效性的各项条件来看，对新农保政策进行评估是具备这些条件的。首先，新农保从2009年开始探索试点到现在有7年多了，从2012年7月起实现制度的全覆盖至今也已有4年多时间了，全国各地都已经建立起并实行了新农保制度，虽然各地的政策在某些细节上存在些许差异，但整体上差异不大，制度的基本模式是统一的，也就是说评估对象较为稳定，而且对新农保政策评估的意义很大，可以进一步促进政策的完善。其次，评估主体多数为社会保障部门或大学研究机构，具有较强的独立性，都是本着发现问题、解决实际问题的目的进行评估的，因此，能保证评估的结果客观公正。再次，在评估方法方面，大学研究机构通常能够采用合适的定性与定量研究相结合的方式来进行政策评估。此外，大学研究机构一般依托于自己的研究课题评估新农保政策，有一定的课题调研经费，这样可以保证对新农保制度的可持续性评估获得必要的指标数据资料。最后，在政府重视方面，目前越来越多的地方政府已经开始关注农村的社会保障制度建设，并且针对已经实行的新农保政策进行评估。这些都是保证最后评估结果有效的必要条件。

二　新农保政策评估的特殊性分析

（一）评估对象的特殊性

评估对象的特殊性主要体现在新农保制度的不完善性。中国新农保制度从试点到全覆盖只用了短短 3 年时间，有些地方（如缴费激励机制、基础养老金调整机制）还不健全，尚处于政策探索阶段，政策的实施效果并未完全体现出来；而且，不同地区的新农保政策存在不同，基础养老金标准、政府缴费补贴的标准也存在较大差异，并与当地社会经济发展水平以及政府的重视程度高度相关，这使得评估标准难以统一，增大了评估难度。

（二）评估所需的信息数据难以获得

对新农保制度进行评估需要相关部门和机构的统计数据，部分数据来源于地方的统计报表，但由于各地统计信息的报表不同，新农保经办管理的信息不流通，一些地区缺少能够反映出新农保制度运行现状的基础信息，又或者缺少对新农保制度运行进行有效监测与评估所需的信息，有些地方虽然能够提供部分数据信息，但不能够提供评估所需的全部数据，从而影响了评估结果的真实及有效性。

（三）评估的价值取向更偏重于公平

新农保制度属于社会保障的范畴，社会保障评估的主要价值取向便是公平，新农保制度的评估当然也应如此，更何况，国家之所以要为农民这个群体建立社会养老保险制度，就是要保证该群体公平地享受社会保障权益。长期以来，由于城乡二元经济结构，中国农民的正当权益长期被剥夺，在城镇化进程中大批没有任何保障的农民进入城市会给整个社会造成很大的隐患，也不利于城镇化进程，所以，保障农民的社会保障权益非常迫切，公平毫无疑问地成为评估新农保制度的首要标准。

三　新农保政策评估的目标和意义

通过评析中国各地新农保制度的运行情况，能够发现新农保制度整体的可持续情况及各地新农保实施中存在的具体问题，分析出现问题的原因并找到对应的解决方法，可以提升制度运行的可持续性。所以，评估活动对促进新农保制度的完善和可持续发展发挥着重要的作用。

（一）衡量当前各地新农保制度的可持续性

通过全面评估中国新农保制度的运行状况，发现制度实际运行的效果与制度预期目标是相符合还是相背离，若是相背离，则需深入分析其背后的原因，可以从制度的设计、运行等环节进行分析，从而形成关于中国新农保制度设计是否合理、运行是否有效的科学认识。

（二）预测并减小新农保制度风险

目前，中国新农保制度还面临一些问题，如保障水平过低、断保率较高、中青年参保积极性不高、经办管理手段落后、信息化程度不高、基金保值增值难等，这些大大影响了农民参保的积极性和新农保制度的可持续性。另外，新农保制度的保障水平必须与经济发展水平、老百姓的基本生活水平相适应，多高的保障水平可以既能保障基本生活水平，又能享受经济发展的成果？因此，对新农保制度进行评估，可以预测新农保制度存在的风险，在解决这些问题的同时，也降低了整个新农保制度的风险。

（三）为新农保制度的进一步完善提供科学依据

根据对新农保制度的评估结果，有关部门可以了解到制度的实际运行状况是否偏离政策目标，找到偏离政策目标的原因并采取相应的对策可以进一步地完善新农保制度。同时，评估体系的指标及其权重具有动态可调整性，使得评估体系能更加准确地测量和分析制度的运行状况，依此提出更有针对性的政策建议。

第二章 农村养老保险的国内发展
历程与国际经验借鉴

第一节 中国农村社会养老保险制度的
发展历史及评价

一 农村社会养老保险制度的发展历程

新中国成立后，中国农村的养老保障制度出现了长足的发展，党和国家先后制定和实施了包括社会救济、"五保户"制度、合作医疗制度等在内的多种社会保障政策，初步建立了中国农村社会保障制度的基本框架。但在一段时间内，中国农村社会养老保险制度建设仍然十分滞后，农民养老主要依靠传统家庭养老、土地养老以及集体扶助。这是由于在计划经济体制下，集体经济模式占据主导地位，社会化的养老保险制度建设缺少相应的制度基础和经济基础。改革开放后，随着家庭联产承包责任制的推行，以及市场经济逐步发展，农村社会养老保险制度建设也开始逐渐起步。从1986年至今，中国农村社会养老保险制度的发展历程可划分为以下几个阶段。

（一）民政部主管的老农保阶段（1986～1998年）

国家"七五"计划提出抓紧研究建立农村社会保险制度的总体要求。1986年，民政部和国务院有关部委在江苏省沙洲县召开会议，决定在部分发达地区进行农村社会养老保险制度试点。随后，民政部决定选择江苏省张家港市等地区作为制度试点地区。从 1991 年起，民政部开始具体负责农村社会养老保险制度改革工作。[①]

1992 年 1 月，民政部决定以县级为单位建立农村社会养老保险制度，并对农村社会养老保险的指导思想、基本原则和制度运行模式等方面提出了制度规范；同时要求各地结合实际开展农村社会养老保险制度试点工作。民政部开始把农村社会养老保险工作当作一项主要工作来抓，并下发了有关农村养老保险开展的规范性文件。

到 1997 年，全国有 26 个省份颁布了关于农村社会养老保险制度建设的法规和文件。全国有 2900 多个县级行政单位，其中有 2123 个县（市、区）进行了制度推广和实施，参保农民人数超过了 8200 万人（参保率约为 9.47%）。中国农村社会养老保险制度的覆盖范围和参加人数均达到顶峰（卢海元，2009）。

（二）农村社会养老保险的整顿规范阶段（1998～2002 年）

由于外部环境的变化以及制度设计缺陷逐渐显现，农村社会养老保险制度出现了参保人数下降、基金运行困难等问题。1999 年 7 月，国务院提出我国农村尚不具备普遍实行社会保险的条件，决定停止接受新业务，对农村社会养老保险制度进行清理和整顿。经过十多年时间的试点和推广，老农保制度对保障农民生活，推动农村各项事业改革，促进农村经济发展具有重要意义。但由于存在制度不完善、管理缺乏规范等问题，制度推广和运行出现了困难。由于国家对制度建设的政策和资金扶持不到位，进入 20 世纪 90 年代后，农村集体经济以及乡镇企业在多数地区逐渐衰落，同时农村社会养老保险制度所依靠的高利率等社会环境条件也出现了重大变化。制度所依赖的经济和社会基础逐步消失，使得老

---

① 1991 年 6 月，《国务院关于企业职工养老保险制度改革的决定》（国发〔1991〕33 号）提出，"民政部具体负责农村地区（含乡镇企业）的养老保险制度改革工作"。

农保制度在大部分农村地区难以继续推广运行。农村社会养老保险在国务院做出停止接受新业务，并进行规范整顿的决定后，进入一个短暂的发展停滞时期。

（三）新农保的探索阶段（2002～2008 年）

2002 年，十六大报告提出在有条件的地方探索建立农村社会养老保险制度。农村社会养老保险制度建设进入又一个新的发展阶段。此后，党和中央政府先后多次提出要探索建立与农村经济发展水平相适应的农村社会养老保险制度。到 2006 年，劳动和社会保障部在全国选取 8 个县（市、区）①进行新农保制度试点工作，新农保从地方自主探索进入了国家试点的新阶段。此后，十七大报告和十七届三中全会均对新型农村养老保险制度的建设提出了要求。

此阶段，在中央政策支持下，各地区结合自身实际自主探索建设农村社会养老保险制度。这些探索工作在制度模式、政府补贴方式等方面进行了有益探索，为新农保制度建设提供了丰富经验。其中部分地区，如宝鸡、嘉兴、成都等，探索出的制度模式最后还被新农保制度所吸收借鉴。

（四）新农保的试点推广阶段（2009 年至今）

2009 年，国发〔2009〕32 号文件发布，提出"2009 年在全国选择 10% 的县（市、区、旗）开展新型农村社会养老保险试点"，之后逐步推广，"2020 年之前基本实现对农村适龄居民的全覆盖"。至此，正式结束了不同主体分散试点的历史，新农保开始进入在全国范围内正式的试点推广阶段。随着新农保制度的不断推广，农村参保人数出现了快速增长。

2011 年，国务院提出"十二五"期间要实现新农保制度全覆盖。2012 年 7 月 1 日，新农保的全覆盖工作启动，当时尚未开展

---

① 具体包括北京市大兴区、山东省招远市、山东省菏泽市牡丹区、福建省南平市延平区、安徽省霍邱县、山西省柳林县、四川省通江县和云南省南华县。

试点的地区全部被纳入制度覆盖范围。从 2009 年开始试点到 2012 年，仅用 3 年时间就实现了新农保制度全覆盖。

2014 年 2 月，国发〔2014〕8 号文件出台，提出"将新型农村社会养老保险制度与城镇居民社会养老保险制度合并实施，实行统一的城乡居民基本养老保险制度"。至此，中国养老保险制度在城乡整合方面取得了实质进展。

二　老农保制度的内容及其不可持续性分析

（一）老农保制度的内容

依据相关政策文件，可对老农保制度的内容总结如下。

1. 保险对象和领取年龄

参保群体包括市城镇户口、没有商品粮的农村人口，具体包括个体户、私营企业、乡镇招聘干部及职工、村办和乡镇企业职工、民办教师、外出务工人员等。参保对象可以村、乡镇或企业为单位进行参保缴费。参保者不分性别、职业，缴费初始年龄统一为 20 周岁，年满 60 周岁后开始领取养老金。

2. 筹资模式

老农保基金筹集以参保者个人缴费为主，集体从乡镇企业利润和集体积累中提供一定补助，国家则对乡镇企业养老保险补助支出进行税前列支。基金实行完全积累的个人账户制，个人缴费和集体补助统归个人账户，并按一定的记账利率计息。养老保险月缴费标准设 2～20 元共十个档次供参保者自由选择。根据个人或集体收入变化，经社会保险管理部门批准，缴纳档次进行适当调整。缴费标准范围以及缴费周期均由县级政府决定。个人或集体受自然灾害等原因影响，无能力缴纳养老保险费的，在经养老保险管理部门同意后，可在规定时间内暂停养老保险缴费；缴费恢复后，未缴保费可自愿补齐。

3. 养老金计发办法

参保者年满 60 周岁开始领取养老金，每月能领取的养老金数额由其所选缴费标准和缴费年限决定，并支付终身。同时，国家为参保者提供十年保证期，领取养老金不满十年身亡者，保证期内个人账户余额可依法继承，若无继承人或指定受益人，由管理机构按规定支付其丧葬费用。

4. 基金管理

养老保险基金实行县级管理，基金全部存入保险机构设立的专门账户，专款专用。基金的保值增值措施主要是购买国家发行的债券和存入银行。国家对基金和提取的管理费以及个人养老金免征税费。

5. 实施机构和经费

农村社会养老保险管理办法由本地区县级政府负责制定，并依法建立农村社会养老保险制度。制度建设的管理和监督职能由县级以上政府组织设立的农村养老保险基金管理委员会承担。各县级行政单位内成立事业性质的农村社会养老事业管理处（隶属于民政局），具体负责养老保险的业务经办和基金管理。制度建设初期的开办费由地方财政一次性划拨，制度建立后逐步过渡到由管理服务费负责全部费用。农村社会养老保险管理服务费用按照各年度保费总额的 3% 提取并分级使用。

（二）老农保制度不可持续性分析

老农保制度的失败不是由一个原因造成的，是多种因素共同作用的结果。老农保制度存在以下问题，导致其不可能持续运行下去。

1. 政府财政职责缺位，集体补助没有落实到位

政府是社会保险制度的制定者和管理者，同时也是社会保险制度的最终承保者。政府在承担着制度运行和管理的职责外，还承担着对制度运行财政补贴和"兜底"的责任。从各国社会养老保险计划实施的经验来看，政府都承担着不同程度的财政责任，包括私有化程度较高的智利养老金制度在内，政府都承担着最低投资收益率担保、最低养老金给付担保等责任，目的是保证受益

人的退休金不低于某一约定水平（刘子兰，2005）。

但是，1992 年民政部发布的《基本方案》中规定国家对资金筹集给予政策扶持，实际上，除税收减免这项政策扶持外，各级政府对制度运行承担的财政责任并不明确，经办机构的管理服务费也需从各年收取的保费中提取。与城镇职工基本养老保险制度相比，老农保的财政投入明显不足。虽然《基本方案》提出集体和乡镇企业提供补助，但随着市场化改革的深入，集体和乡镇企业发展出现衰落，集体补助并没得到充分落实。从宏观层面来看，在农村整体经济水平低下的情况下，仅依靠农民缴费来建立养老保险制度存在现实性挑战。此外，缺少政府财政支持加剧了城乡之间社会福利制度的不平等，使得城乡二元结构继续深化。

2. 实行个人账户积累制，缺乏制度互济性

在实际运行过程中，由于集体补助和财政支持的缺失，老农保制度建设中所期待的三方共同参与的模式并没有实现，最终老农保制度建成了完全的个人积累制。老农保参保农民通过在个人生命历程中的养老保险缴费积累为自己养老，虽然具备个人的跨时收入分配的功能，但难以发挥代际和代内收入再分配功能，最终朝向商业养老保险模式发展，无法体现社会保险互济的本质特征。这也导致广大农民对老农保的参保积极性不高。

3. 保障水平低

按照老农保制度实施时民政部向农民承诺的 8.8% 的利率计算，一个 45 岁参保的农民，若选取 2 元/月的缴费标准，在连续缴费 15 年达到 60 岁后，每月领取的养老金仅为 6.3 元；若选取 20 元/月的缴费标准，在连续缴费 15 年达到 60 岁后，每月领取的养老金为 63.2 元。而一个 20 岁参保的农民，若选取 2 元/月的缴费标准，在连续缴费 40 年达到 60 岁后，每月可以领取 70.0 元养老金；若选取 20 元/月的缴费标准，在连续缴费 40 年达到 60 岁后，每月可以领取 700.2 元养老金。

而实际的情况是，在制度实施初期，由于农村地区社会经济

发展水平整体较低，大部分农民并未能够参加老农保，而参保者也往往按照最低档次缴费标准。中国社会科学院"农村社会保障制度研究"课题组调查结果显示，1998 年共有 59.8 万名老年农民领取了老农保社会养老金，人均养老金仅为每人每月 3.5 元（中国社会科学院"农村社会保障制度研究"课题组，2000）。如此低的待遇水平无法保障农民的基本生活需要。若按照分段计息的方法计算个人账户积累的基金，1998 年以后银行利率持续下调，基金分段计息的年复利由原来的 6.8% 调整为 5%，1999 年 7 月 1 日起，进一步调整为 2.5%，农民每月领取的养老金还会大幅下降。

4. 基金保值增值难，且基金流失严重

由于《基本方案》规定基金实行县级统筹，统筹层次较低，县级单位内缺乏基金管理的专门的人才和技术，养老保险基金资金较多选择存入银行。但受银行存款利率持续下调、通货膨胀水平上升等因素影响，基金的保值增值压力巨大。

同时，由于基金使用监管相对缺失，基金被挤占、挪用以及非法占用等现象时有发生。部分地区还出现将农保基金出借给企业，或违反《基本方案》等有关规定将基金用于投资、炒股票、盖办公大楼等，更有甚者利用职权贪污挥霍养老基金，导致养老保险基金流失十分严重。对江苏省 7 个城市的有关调查结果显示，流失资金占比达 35%，多是因为地方政府挪用、违规投资和违规使用等（刘晓梅，2010）。此外，过高额度的提取养老保险管理服务费也是基金流失的重要原因，《基本方案》提出养老保险管理服务费按照当年收入总额的 3% 提取，但实际上部分地区老农保的管理费用已经占到保费总额的 30% 以上。基金管理混乱，导致养老保险基金安全得不到保障，影响养老金支付，同时也降低了农民群体对养老保险制度的信任和投保积极性。

5. 立法层次和效力低，缺乏稳定性

从老农保制度设计有关的法律法规来看，《基本方案》的立法层次相对较低。依据《中华人民共和国立法法》有关规定，地方政府所制定的养老保险法规在适用性上要优于《基本方案》。由此可以看出,《基本方案》并不具备在全国范围统一实施和强制实行的能力,也很难成为在全国范围内普遍适用的法律规范(刘昌平、谢婷,2009b)。另外,《基本方案》只对老农保一些重大内容做了统一规定,但制度规定仍然不够具体、政策实施的弹性较大,制度的具体实施均由县级政府制定专门法规来具体规定。不同地区的立法水平和政策取向不同,这导致政策在具体执行中缺少稳定性和持续性。同时,中央政府对于农村社会养老保险制度建设的态度也时常变化,这进一步加剧了农民对老农保参保的疑虑,这也是缺乏法律保障的结果(刘晓梅,2010)。

6. 参保率低,且存在"保小不保老、保富不保贫"等现象

老农保在制度推广过程中始终存在覆盖面窄、参保率低等问题,且参保者的年龄和地区结构不均衡。在老农保参加人数达到高峰期的1997年底,实际参保率也只有13.5%。同时,老农保还存在"保小不保老、保富不保贫"等现象。《基本方案》规定农民参保年龄为20~60周岁,这一规定将制度实施时已年满60周岁的老年人口排除在外。从参加老农保的人员结构来看,参保人群以中青年人群为主,急需领取养老金的老年人却未享受到相应权利。此外,由于老农保采用自愿参保原则,鼓励经济相对富裕地区具备投保条件的农户积极参保社会养老保险,因此,老农保制度基本是在经济发达的农村地区开展,老农保参保群体也基本是比较富裕的农民,老农保制度对经济落后的农村地区和无力投保的贫困农民覆盖率相对不足,导致制度推广实施过程中出现了"嫌贫爱富""保富不保贫"现象,影响老农保制度的实施效果。

7. 制度执行成本较高,机构行政费用不足

首先,基层农保机构属于非营利性质的事业单位,坚持经济独立核算、自收自支。根据《基本方案》的规定,农保机构可以从当年保费收入总额中提取3%作为管理服务费分级。但是,在实施过程中农民参保积极性不高,后期参保人数出现下降,养老保

险保费收入总额降低，基层农保机构所能够提取的管理费也出现降低，这直接导致农保机构的管理成本相对较高。此外，在老农保制度建设成本中，政府财政投入较少，仅仅依靠管理费提取并不能满足制度推广普及的需求。制度推广普及投入不足，农保机构无法有效开展培训和宣传工作，这也是导致老农保制度覆盖率低的重要原因。

第二节　中国新农保制度实施的现状

一　新农保制度的内容

国发〔2009〕32 号和国发〔2014〕8 号文件对新农保制度建设做出了具体规定。根据这两个文件可将新农保制度主要内容总结如下。

1. 基本原则

新农保坚持保基本、广覆盖、有弹性、可持续的基本原则，坚持个人、集体和国家三方共同负担，坚持保障水平与农村经济发展水平相适应，确保农村老年人口老有所养。

2. 保险对象

年满 16 周岁（不含在校学生）、未参加城镇职工基本养老保险的农村居民。参保者可在户籍地自愿投保。

3. 筹资模式

基金由个人缴费、集体补助、政府补贴共同构成。个人年缴费分为 100~1000 元、1500 元、2000 元等共 12 个档次，参保者自主选择缴费档次，多缴多得。地方政府可制定适当的激励政策鼓励参保者多缴和长缴，也可适当增设缴费档次。农村集体经济可根据实际情况对参保者提供参保补贴。政府全额支付参保者的基础养老金，基础养老金标准为 70 元/（人·月）。中央财政对中西部省份的基础养老金提供全额补助，对东部省份补助 50%。国家将适时提高基础养老金支付标准。同时，地方政府为参保者提供每年不低于 30 元的补贴，若参保者选择 500 元以上的缴费档次，补贴标准不低于 60 元/（人·年），对重度残疾等缴费困难群体按最低缴费标准为其代缴全部或部分保费。

4. 养老金计发办法

参保者在新农保实施时，若其已年满 60 周岁，并且未领取城镇职工基本养老保险养老金，则不需缴费即可按月领取基础养老金；距领取年龄不足 15 年的参保者应按年缴费，也可补缴至缴费年限达到 15 年；其余参保者需按年缴费，且缴费年限累计不少于 15 年。

参保者年满 60 周岁时每月领取的养老金包括基础养老金和个人账户养老金，支付终身。其中，个人账户养老金为个人账户资金积累总额除以 139，参保者死亡后，其账户余额除政府补贴外可依法继承。

5. 基金管理

新农保合并到城乡居民基本养老保险制度之后，新农保基金依据《基本养老保险基金投资管理办法》（国发〔2015〕48 号）文件进行投资运营，实现基金的保值增值。各相关部门按各自职责对基金的运营管理情况实施监督。新农保基金目前由县级统筹管理，之后要逐步实现省级统筹。

二　新农保制度发展的现状

从新农保制度的试点推进情况来看，2009 年新农保制度覆盖全国 10% 的县（市、区、旗），到 2009 年末，全国参加农村养老保险的人数增加至 8691 万人，并有 1556 万人领取了养老金。之后，为了让农民尽快享受到新农保这一惠民政策，2010 年全国总的试点覆盖范围扩大到全国 23% 的县（市、区、旗），2011 年扩大到 60% 的县（市、区、旗）。2010 年 10 月 28 日，全国人大常委会通过《社会保险法》，对新农保的形式和内容做出规定，并允许各地区根据实际情况将城居保和新农保合并实施，新农保有了可靠的法律保障。新农保制度全覆盖工作于 2012 年 7 月 1 日全面启动，当年内实现制度全覆盖，并向人员全覆盖推进，这一目标的实现比国发〔2009〕32 号文件提出的"2020 年之前基本实现对农村适龄居民的全覆盖"的目标整整提前了 8 年。

国发〔2014〕8 号文件提出在"十二五"末，在全国基本实现新农保和城居保的整合，建立统一的城乡居民基本养老保险制度。2014 年 7 月，《城乡养老保险制度衔接暂行办法》的实施，实现了二者的整合，使得中国基本养老保险制度整合程度和制度适应性进一步提高。

从表 2-1 可以看到，自新农保制度开始试点以来，参保人数不断增加，基金收支规模和基金积累数额不断增大。2009 年新农保参保人数仅为 8691 万人，2015 年达到 50472 万人，6 年间新农保参保人数增加了 4.8 倍；基金积累数额从 2009 年的 681 亿元增加到 2015 年的 4592 亿元，6 年间增加了 5.7 倍。

表 2-1　2009~2015 年新农保参保人数和基金收支情况

单位：万人，亿元

年份	推广范围	参保人数	待遇领取人数	基金收入	基金支出	基金积累
2009	27 个省、自治区的 320 个县（市、区、旗）和 4 个直辖市部分区县	8691	1556	—	76	681
2010	27 个省、自治区的 838 个县（市、区、旗）和 4 个直辖市部分区县	10277	2863	453	200	423
2011	27 个省、自治区的 1914 个县（市、区、旗）和 4 个直辖市部分区县	32643	9525	1070	588	1199
2012	全国所有县级行政区	48370	13075	1829	1150	2302

续表

年份	推广范围	参保人数	待遇领取人数	基金收入	基金支出	基金积累
2013	全国所有县级行政区	49750	13768	2052	1348	3006
2014	全国所有县级行政区	50107	14313	2310	1571	3845
2015	全国所有县级行政区	50472	14800	2855	2117	4592

注：2009～2011 年为新农保数据；2012～2015 年为城乡居民基本养老保险的数据。
资料来源：《人力资源和社会保障事业发展统计公报》（2009～2015）。

此外，随着新农保制度的全覆盖和制度整合水平的不断提高，新农保待遇水平也在不断提高。2009 年新农保制度试点时，中央确定的基础养老金最低标准为 55 元/（人·月）。2009 年至 2014 年 6 月，尽管国家未提高新农保基础养老金最低标准，但多数省份在中央政府规定的最低基础养老金标准基础上进行了提高，确保了基础养老金水平合理增长，如 2014 年上海市基础养老金达到 540 元/（人·月），北京市为 430 元/（人·月），天津市为 220 元/（人·月）。《人力资源社会保障部　财政部　关于提高全国城乡居民基本养老保险基础养老金最低标准的通知》（人社部发〔2015〕5 号）提出，从 2014 年 7 月 1 日开始，城乡居民基本养老保险基础养老金全国最低标准提高到 70 元/（人·月）。之后各地新农保基础养老金支付标准进入新一轮调整，如 2016 年山东省经过第 5 次调整后，基础养老金标准提高至 100 元/（人·月），江苏省上调至 115 元/（人·月）。

第三节　国外典型国家农村社会养老保险制度

养老保险制度作为社会保障制度的重要组成部分，在保障老年人口生活方面发挥着重要作用。从世界范围来看，在 163 个已经建立社会保障制度的国家中，目前有 70 多个国家设立了针对农业人口的养老保险制度，有些国家很早就建立起相对完善的农村养老保险制度，并取得了良好的效果，也积累了丰富的制度持续发展的经验。这些国家制度建设的经验对提升中国新农保制度的可持续性具有很好的指导和借鉴意义。

一 欧洲典型国家农村社会养老保险制度

欧洲作为社会保险和福利制度的发源地，社会保障制度比较成熟，历史悠久，制度建设的经验非常丰富。在 1948 年英国建成福利国家制度后，欧洲大部分国家已建立完善的社会保障体系。在农村养老保险制度方面，各国都建立了覆盖全部农业人口且各具特色的养老保险制度，取得了较好的成果。其中，德国和法国作为欧洲农业、经济和人口大国，农业经济发达，农村社会养老保险制度确立时间较早，养老保险制度已覆盖全部农业从业人口，经过长期探索和发展形成了相对稳定的制度发展模式。

（一）德国农村社会养老保险制度

德国作为世界上最早建立社会保障制度的国家，直到二战后才开始覆盖到农民群体。1951 年，西德政府颁布《农民养老保障法》开始着手建立农民群体的养老保障制度，为老年农民提供基本保障。

1957 年 7 月，西德《农民老年救济法》强制所有农业人口参加保险。法律规定，农村养老保险法定投保人是农场主、配偶及共同劳动的亲属①。在保费缴纳方面，农村养老保险参保者按照法定额度统一缴费，保险额度不受企业数量和规模影响；一个农场主只需缴纳一份保费，其余人口由农场主代缴，缴费额度为农场主的一半。农场主夫妻可以选择两人同时以农场主身份参保，也

---

① "共同劳动的亲属"包括在农业企业中专门从业的三代以内的血亲、两代以内的姻亲和一个农场主或配偶的养子（女）。

可一人作为农场主，另一人作为农场主配偶参保。《农民老年救济法》为德国建立了一种独特的农村养老保障制度，改变了传统依靠农民个人养老的状况。

德国政府规定，农民领取养老金需要同时满足三个条件：（1）男女分别年满 65 岁和 60 岁；（2）参保者必须缴满 180 个月的保险费；[①]（3）要求农民在 50 岁以后通过继承、出售或长期转租等形式出让农业企业，脱离农业生产成为农业退休者。农民每月领取养老金额度的标准为养老金基值乘以级数，其中养老金基值为前一年一名未婚投保人基于投保 40 年测得的标准养老金值除以 40。投保人未达法定年龄提前领取养老金，其领取数额要相应减少。养老保险待遇领取除现金形式外，还可以实物形式进行给付，主要方式包括经营帮工和家政帮工。同时，德国农村养老保险允许同普通保险进行转换，农村养老保险参保年限可以折算普通保险的参保年限。

在基金运行方式上，德国农村养老保险制度实行现收现付制，其资金主要由个人缴费和政府补贴构成，政府补贴占比很大，在所有参保人中约 2/3 享受政府的保险费补贴。

对农村养老保险制度的管理，德国联邦政府只负责对农村养老保险制度的立法和监督管理，具体运营事务由专门的农民养老保险机构负责。各州地方农民养老保险机构与政府机构相互独立，养老基金并不列入政府预算，而是实行独立预算的形式，具有较强的自治性质。农村养老保险机构下辖代表大会、理事会以及业务领导人等部门，其中代表大会和理事会由会员选举产生，每 7 年选举一次。在全国农村养老保险机构总联合会中允许联邦政府职员进入，但只拥有发言权没有表决权。

1995 年，德国颁布《农业社会改革法》，将"农村老年救济"更名为"农民老年保障"，农村养老保险制度从救济制度开始转变

---

① 如果在投保期丧失劳动能力，则最低缴费年限为 5 年。

为社会保险制度。同时,为改变妇女群体在农业劳动中地位上升却缺乏合理保障的状况,《农业社会改革法》规定,在 1995 年 1 月 1 日法律正式生效时不满 65 周岁的农场主配偶,要从法规生效之日起参加养老保险,从而改变妇女在养老保险制度中的从属地位,使其成为农村养老保险制度又一独立的参保群体。

针对农业人口养老需求,德国政府建立了专门的、相对独立的投保资助型农村养老保险制度。该制度为农民提供了一定的生活补贴,确保农民群体老年生活水平,解决了农业人口的养老问题。此外,在一定意义上也把养老政策同农业经济政策相互结合起来,既是社会政策,也是一项经济政策。首先,法律规定农民领取养老金需要退出农业生产活动。为推动农业劳动力的年轻化,20 世纪 70 年代德国将农场主退休年龄从 65 岁降低到 55 岁,如农场主未能在 55 周岁前退休则不能领取全额养老金。农场主提前退休也为土地流转和集中经营提供了条件,促进德国土地经营规模的扩大。1949 年联邦德国人均土地面积为 8.1 公顷,到 1987 年增加到 17.4 公顷,土地的集中不仅提高了农业生产效率,在一定程度上还改善了小农经营的生产状况,优化了德国的农业经营结构,保证了农业经济的持续发展。而农业经济的发展反过来也为养老保险制度持续运行提供了良好的经济基础,两者形成了相互的良性互动,实现了共同发展。

两德统一后,东德和西德经济发展水平的差异使得德国地区之间农村社会养老保险制度存在巨大差异。1992 年 1 月 1 日,原东德地区的养老保险制度并入西部,如何缩小东西部制度差异成为德国政府面临的巨大挑战。为弥补东西部地区制度差异,德国政府通过财政转移支付的形式向东部地区提供了巨额的资金支持,成功缩小了东西部地区养老保险制度差异,但也形成了巨大的财政支付压力。另外,虽然德国农村养老保险制度强调个人责任,但随着农村老龄化的加剧,政府承担的责任正在逐渐增加。特别是 20 世纪 90 年代以来,德国农民数量减少,缴费规模也随之缩小，政府补贴负担不断加大。1989 年德国联邦政府对农村养老保险补贴为 25.8 亿马克，到 1999 年则上升至 43.7 亿马克，并且在不断增长。为应对日益沉重的养老财政支出，德国农村养老保险制度进入了新一轮的调整。2002 年德国颁布《养老保险改革法》，开始着手降低养老金支付额度，设立自愿加入的积累制基本养老保险以应对老龄化危机。

（二）法国农村社会养老保险制度

法国是欧洲农业第一大国，2006 年，法国农业劳动力占全部劳动力数量的比例为 6%。其农村养老保险制度比较完善，且历史悠久。早在 18 世纪末，法国农村地区就已存在以互助形式进行的互助保障机制。当时，通过以村为单位缴纳"社会保障基金"形成基金，在农民出现年老、疾病等问题时提供适当补助。这种互助机制在法国历史上发挥了重要作用，并影响了法国现代农村养老制度的建立。

法国于 1952 年正式建立农村社会养老保险制度，养老保险制度延续"农业社会互助金"的形式。参保群体包括农场主、农业经营者及其家属、农业工薪人员等涉农相关人员。法国农村社会养老保险制度的参保人员分为固定领薪人员和非固定领薪人员。固定领薪人员包括农业公司的经理、雇员及其家属等，其保险缴费从其现金和实物收入中按照一定比例直接扣除；非固定领薪人员包括农业雇主、农业经营者和农业企业主等，按照城镇职工缴费比例，以其实际收入为基数缴纳社会保险费。此外，雇主还需要按照雇员工资总额为雇员缴纳部分老年保险等参保费用。法国农民（非固定领薪人员）养老保险费缴纳分为人均保险费和比例保险费，农场主需要同时缴纳，其中人均保险费额按人头计算，比例保险费额依据其登记纳税收入计算。农场主配偶及家属则只需按人头缴纳人均保险费。

在养老金领取方面，参加农业社会互助金的投保人年满 60 岁退休且缴满 150 个季度（2003 年增加至 160 个季度）的保险费，可享受全额养老金；未达标准者可享受一定比例的养老金。但当参保者年满 65 岁退休时，缴费时间未达标准也可享受全额养老金。待遇的支付还根据参保者的类别而有区别，固定领薪人员可享受农村社会保险、家庭补贴和工伤保险，非固定领薪人员可享受疾病保险、家庭补贴和农村养老保险。

法国农业互助基金由农业互助金管理处负责管理运营。在互助基金的资金来源中，除参保人缴纳的保险费外，外部资金支持约占 3/4。外部资金支持包括保险制度间人口补偿以及国家提供的家庭补贴、财政预算补贴和部分税收政策补贴，其中国家支持约占全部资金来源的 1/2。

法国农业社会互助金制度为占总人口 10% 的农业从业者提供了全方位的保险保障，保险范围包括养老、疾病、生育、残疾等不同项目。法国农村养老保险制度采用互助金模式，在一定程度上减轻了政府负担。由于法国要求全部农民参加"农业社会互助金"制度，所以其基金收入稳定，规模很大，保费支付能力很强。

历史上，特别是法国大革命后，小农经济在法国农业经济结构中占据了重要地位，为促进农业生产方式的规模化和现代化，在农业互助金外，法国还针对退出农业经营的人口提供离农补贴，为离农的农村老年人口提供了一定养老保障。1962 年，法国颁布《农业指导补充法》，成立"调整农业结构行动基金"，开始对自动离农者给予适当补贴。1966 年，法国"全国调整农场结构中心"正式成立，具体负责对农村离农补贴的日常管理工作。70 年代初，法国又设立"非退休金补助金"，对满 55 周岁的农民发放一次性的离农补贴，以鼓励老年农场主退出农业经营。法国离农补贴政策取得了较好的成绩，1964～1971 年，有约 40 万名农民领取离农补贴，到 1977 年上升至 54.3 万人（黄文杰，1988）。离农补贴政策既为农民养老提供了部分保障，也促进了农民队伍的年轻化和农业生产的现代化。

此外，为适应不同人群的养老要求，法国于 2003 年增设自愿参保形式的补充养老保险制度，该制度已经成为法国农村养老保险制度的重要组成部分。

（三）小结

欧洲国家农村社会养老保险制度历史悠久，现代农村养老制度建设的基础较好，制度建设的背景是国家已经完成工业化和城市化进程，经济基础相对较好。从德法两国农村养老保险制度可以看出，欧洲农村养老保险制度强调个人责任，但随着农村老龄化程度的加深和 20 世纪 70 年代后经济增速放缓，政府福利支出负担过重成为各国面临的重大挑战，为此大部分欧洲福利国家开始削减政府福利支出。为应对福利支出过重对农村养老保险制度的财务支付的持续性影响，欧洲国家已经着手进一步调整农村养老保险制度，尝试建立积累型养老保险制度。同时，养老保险制度与农业政策相结合也是德法两国农村社会保障制度能够持续发展的重要原因。复合政策的形式，使得政策能够取得双重的效果，这一政策措施使得农民社会养老保险制度与农村经济发展形成了良性互动，促进了两者共同发展。

二　东亚典型国家农村社会养老保险制度

东亚国家同受儒家文化的熏陶，在思想观念、习俗文化等方面相近，同时在政治传统以及经济增长历史和模式上也具有相似性。从自然条件来看，东亚国家均人多地少，人均耕地面积有限，小农经济形态相对稳固。二战后，东亚国家经济社会取得了飞速发展，在 GNP 持续增长的同时，地区国家在社会福利制度建设的投入也持续增加。各国间存在的共同的政治经济文化特性，使得互相之间在社会保障制度建设过程中存在更多可以相互交流借鉴的地方。历史上，东亚地区养老方式以土地继承为基础的家庭养老方式为主。目前，除日本、韩国外，东亚各国农村社会养老保险制度建设仍比较落后。日本、韩国经过发展已经进入了工业化社会，社会养老制度相对完善，已经实现"全民皆保险""全民皆年金"的福利制度,且在农村建立起多层次的社会养老体系,其经验对包括中国在内的东亚国家具有很好的指导和借鉴意义。

（一）日本农村社会养老制度的建设与发展

日本在亚洲较早建立了养老保险制度。明治维新后,日本政府模仿欧美国家建立了具有本国特色的社会保障制度。从 1875 年到 1884 年,日本先后颁布了一系列法规为官吏和军人建立了养老制度。此后,日本政府又逐渐为受雇者建立养老保险制度。但是,直到 20 世纪 50 年代末,仍然没有为农民、小企业职工、渔民以及个体户等建立养老保险制度。在农村地区,养老主要依靠家庭养老方式。日本农村地区传统上仍实行长子养老制度,家庭内长子拥有主要财产的继承权,同时也要担负家庭内主要的养老责任。

日本战后经济快速发展,大量农村年轻人向城市转移,农业劳动人口迅速减少,老龄化越来越严重,这使得传统养老方式的社会基础发生变化。为缓解农村的养老压力,日本政府开始着手建立起覆盖农村地区的社会养老保险制度。从 1958 年起,日本政府开始为农林渔和个体经营者建立国民养老保险制度。1959 年,日本政府制定《国民年金法》,规定收入低于一定水平的国民不需要缴费就可以享受政府养老金。国民年金制度规定凡 20 岁到 60 岁的农民必须参加国民年金制度。

日本国民年金由厚生劳动省社会保障厅进行统一管理,实行现收现付、固定缴费和平均给付的模式,为农民提供基础的养老保障。随着国民年金制度的普及,日本于 1961 年正式进入"国民皆保险""国民皆年金"的福利社会。

日本政府还建立起多层次的养老保险体系。1961 年 4 月,日本政府出台支付型国民年金,规定农民、渔民和个体经营者每月需支付 100 日元保险费(35 岁以后为 150 日元),缴满 40 年,65 岁以后每年可以领取 3200 日元养老金。与此同时,为应对分散的土地经营模式对农业生产的制约,调整农村土地经营结构,实现农业人口年轻化和生产方式的现代化,日本政府从 1966 年开始讨论建立农民老龄年金和农地转让年金制度。1970 年 5 月，日本国会通过《农民年金制度基金法案》，并于当年 10 月正式建立农民年金基金组织。农民年金基金组织主要负责包括农民老龄年金、经营转让金、离农给付金、农地的收购与转让以及购买农地资金贷放等。农业人口可以自愿参与农村养老基金。这一制度与国民年金一起构成日本农民社会养老保险制度体系。农民年金基金收入主要来源于保险金收入、政府补助和经营性收入。日本农民年金制度具有社会保障和农业结构改善的双重作用（朴京玉，2009），农民年金制度不仅提高了老年农民晚年生活的保障水平，而且对改善农地经营结构也具有重要意义。到 1975 年，农民养老金计划的参保人数达到 116 万人，约占农业就业人口总数的 15%，成为农村养老保险的重要补充。

此外，日本农村地区存在的由农协组织的共济年金制度也是农民老年生活的重要保障。日本农协制度历史悠久，拥有广泛的群众基础，农协互济制度曾是日本农村主要的保险形式。日本共济年金制度形成基层农协、县级共济联合会到全国联合会的完整体系，作为农民养老保障的补充得到政府的大力支持，是农村人口的互助性保险制度。20 世纪 90 年代末，日本农协组织数量超过了 4000 个，每个农协成员平均参加约 4.55 项共济保险项目，每户保障金平均为 3688 万日元（顾天安，2005）。

1985 年，日本政府决定将公共年金制度中国民年金、厚生年金和共济年金三个独立系统整合为统一的"基础养老保险"。在这一将所有 20～59 岁的国民强制加入的保险制度中，参保农民每月缴纳 1.33 万日元，参保者加入基础养老金满 40 年，退休后每月最高可领取养老金约 6.7 万日元。国家财政承担基础养老金的 1/3，剩余部分由个人和企业进行缴费。加入这一制度的被保险者必须缴纳保险费，老龄基本养老金的领取条件要求被保险人"保险费的缴费期限 + 免缴期限"必须超过 25 年（300 个月），否则不会开始支付养老金；同时缴费不满 40 年，领取的养老金也将按照未缴费时间进行适当减少。改革后的国民年金制度中，农民、渔民和个体经营者被列为第 1 号被保险对象，退休后领取基本养老金。

1991 年，国民养老金基金制度开始实行，20 ~ 60 周岁的国民年金第一类被保险人均可自愿参加，但被豁免缴纳基础养老金保险和加入"农民养老基金"者，不得再加入国民养老金基金制度。参保者每月需缴纳"附加保险费"，缴费数额可由参保者自主选择，并可享受政府税收优惠。参保者年满 65 周岁以后，可以领取基础养老金和附加养老金。

日本设立农民基金初期，由于制度设计比较严格，同时缺少政府支持鼓励，在制度运行 5 年后出现参保人数锐减，制度陷入停顿的状态，为鼓励农民参与的积极性，确保制度有效运行，日本政府先后 6 次对制度及其法规进行修订，放宽参保条件，增加政府投入。

20 世纪 90 年代以后，日本经济进入长期的低迷，与此同时，农村地区少子化、老龄化趋势仍在不断加剧，农村地区老年人口的养老压力也在不断增加。在日本的行政单位中以农林水产业为主的"町、村"，人口老龄化水平快速提高，1990 年农村地区老龄化水平达到 20%，比城市地区提前 20 年进入超老龄化社会。根据 2010 年的有关调查，日本部分町、村老龄化率已经超过 50%（赵林等，2014）。日本已经成为世界上老龄化程度最高的国家，属于典型的超高龄国家。日本人口总和出生率 1974 年降低至 2.05，跌破日本人口更替水平 2.08，此后一直保持在低水平。虽然采取了一系列鼓励生育政策但效果并不理想。与此同时，后期高龄者（75 岁及以上的老年人口）的增加，以及二战后第一代婴儿潮（1946 ~ 1950 年）生育的人口于 2011 年开始陆续进入 65 周岁，更是加重了养老负担。为维持养老保险制度正常运转，日本不得不提高养老保险缴费标准，并鼓励延迟退休，以减少养老金给付压力。

（二）韩国农村社会养老保险制度

韩国是人多地少的国家，耕地面积只占国土面积的 22%，农业以小农经营为主。20 世纪 50 年代以前，韩国经济发展落后，农村制度性的养老保障处于空白状态。日占时期的朝鲜救护令、美军政府时期的救护原则以及朴正熙政府时期政府的生活保护制度，均属于社会救助的保障形式。这一阶段除社会救助性质的援助外，农村中发挥重要作用的是具有互济性质的水协（水产业协同组合）共济保险。

1962～1972 年，韩国先后实施了第一、第二个五年计划，计划期间政府重点扶持工业产业发展和扩大出口，导致工农业经济结构出现严重失调，城市和农村经济发展的速度差距逐渐拉大，农村人口和城市人口的收入差距也不断增加，1962 年韩国农户年均收入是城市居民的 71%，到 1970 年降低到 61%（李水山，2006）。经济发展和收入水平的差距导致农村人口持续向城市流动。人口流动导致农村地区劳动力老龄化、弱质化和兼业化，农村地区的发展面临困境。为此，从 1972 年开始的韩国第三个五年计划逐渐重视城乡均衡发展。同时，为改变农村的落后面貌，韩国政府从 1970 年开始发起"新村运动"，其中农渔业年金制度建设是其中一项重要内容。

韩国建立国民年金制度时间较晚，但发展较为迅速。1973 年，为建立国民养老金制度，韩国政府曾制定《国民福利养老金法》，但政策制定后石油危机导致经济恶化，国民养老金方案被迫延迟。之后方案经过修订成为卢泰愚政府（1988～1992 年）时期颁布的《国民养老保险法》，该法案于 1988 年开始实施，开始建立覆盖全体国民的老年保障制度。韩国 18 周岁以上、不满 60 周岁的国民均可投保国民年金。国民年金制度将除公务员等特殊职业以外的所有国民统一纳入制度范围，形成统一的保险制度。

1995 年 7 月，国民养老金制度覆盖农村和渔村，农渔民开始享受国民年金。国民年金的基金收入主要来自企业和个人缴费，政府只提供一定补贴。国民年金制度中，农渔民法定缴费率为9%，政府对农渔民年金缴费进行部分补贴，2000 年补贴标准为每人每月 2200 韩元（何伟，2009）。国民年金缴费 20 年所得年金替代率为 30%，缴满 40 年替代率可以达到 60%（鲁仁喆，2006）。

国民年金给付包括基本年金和附加年金，其中基本年金根据工资水平确定，附加年金由参保人需要抚养人数确定，包括参保人配偶、未成年子女（或二等以上残废）和 60 岁以上（或二等以上残疾）的双方父母等。附加年金具有家庭补贴的性质。参保人自主选择年金支付形式，可选择长期提取，也可以一次性提取。

保健福祉部年金保险局负责国民年金行政立法和监督工作，具体经办由其下属的国民年金管理公团负责，基金的运营也由公团负责，产生的管理费由财政预算和保险基金平均分摊。

1994 年 6 月，时任韩国总统的金泳三主持召开了"推动农渔村及农政改革会议"，制定了促进农渔村发展的 14 项 40 条政策措施，其中提出从 1995 年下半年开始实行农渔民年金制度。政府财政承担最低等级金额的 1/3，由农特税中支出。此外，为照顾高龄人口，特别将申请参保者的年龄界限从 60 岁以下提高至 65 岁以下。

此外，家庭养老方式也是韩国主要的养老方式之一。韩国老年人收入中，子女资助的比例超过一半（吕学静，2012）。在国民年金制度设计中，韩国通过制度设计鼓励老年人口通过家庭方式养老。《国民年金法》规定，赡养 60 岁以上的父母或二等以上残疾父母的国民，在领取年金时每年多支付 10 万韩元。

目前，在经济发达的国家中，韩国养老保险制度的支出负担相对较轻，人口年龄结构更加合理，人口抚养比也相对较低。但是，韩国人口的老龄化问题正在逐渐凸显，特别是在农村地区老龄化程度远高于城市地区。2003 年底，韩国 65 岁以上人口比重达到 8.1%，达到老龄社会的标准。农村地区老龄化水平达到 15%，远超过城市地区的 6.3%。为应对养老金支付压力，韩国政府先后进行了两次财政改革。1998 年第一次财政改革韩国将年金替代率从 70% 降低至 60%，同时决定将退休年龄从 60 周岁延迟到 65 周岁。但即便如此,韩国到 2036 年仍将出现赤字,2047 年左右年金基金将会枯竭(鲁仁喆,2006)。2002 年,韩国设立国民年金发展委员会,该委员会对国民年金制度提出改革方案,到 2008 年将国民年金给付率降低至 50%,同时将缴费率从 2010 年开始逐步提高,到 2030 年提高到 15.9%。韩国教育与人力资源部、农林部等部门于 2005 年共同制定《城乡均衡发展、富有活力、舒适向往的农村建设》计划,提出将年金保险资助额的上限从 2004 年的 15.2 万韩元到 2009 年提高到 39.4 万韩元。

(三)小结

东亚国家养老保险制度在不同程度上引进和借鉴了西方发达国家的制度形式,但是由于具体国情的不同,最后整合形成各具特色的养老保险制度,形成独具特色的"东亚模式"。首先,国家对经济的干预程度较深,在农村养老保险制度的设计中,国家对政策设计起到主导作用,非政府组织以及个人参与较少。日、韩两国在不同时期坚持生产性福利政策,生产性福利通过持续经济增长提高国民生活水平,增进社会福利,而不是通过社会资源的再分配,致使社会保障制度建设滞后于经济发展水平。以生产为导向的生产性福利政策的产生和发展与东亚国家威权主义政体不无关系,国家对经济强有力的控制以及精英阶层独立的发展理念,是生产性福利产生的基础(林卡,2008)。生产性福利虽然使得政府免于陷入庞大的社会福利支出中,但也导致在一定时期内农村社会养老保险政策的缺位。另外,社会保障制度存在不公平性,精英化倾向明显,国家较早为公务员等群体设立完善的养老保障,而包括农民群体在内的国民养老保障问题则长期被忽视。伴随政治理念的变化,传统威权主义逐渐淡化,政府对农民的福利保障的关注才逐渐增加。但由于传统养老模式的惯性,家庭养老和互济制度仍然是农村社会养老保险制度的重要补充。各种传统养老模式被制度所接纳,经过制度化规范和确认,成为农村养老保障体系的一部分。1979 年日本版《厚生白皮书》提出传统养老方式

是日本社会 "福利的潜藏资产", 韩国通过年金补贴鼓励家庭养老。日本和韩国通过整合的年金制度为农业人口提供了基础养老保障, 加上传统家庭养老、各类补充保险和商业保险构成多层次的农村养老保险体系。

东亚国家农村社会养老制度建立的基础和背景同欧美发达国家存在较大差别。首先, 在东亚国家, 包括日本、韩国等, 其制度建设之初, 同欧美发达国家在经济和文化方面存在较大差距。欧美等主要国家在城市化和工业化水平较高的基础上建立了同一的社会保障制度, 其制度建立的社会基础较好, 而东亚国家, 包括中国在内, 在承担着城市化和工业化双重任务的过程中, 需要建立相应的配套社会保障制度, 其难度更高, 面临的情况更加复杂。此外, 东亚国家受儒家文化影响, 家庭养老观念比较浓厚, 其对社会养老保险制度的接受程度较低, 需要政府进行更多的政策推广, 一定程度上也导致制度建立存在比较浓厚的行政色彩; 而欧美发达国家的养老保险制度建设存在较好的制度基础和社会文化基础, 欧美国家很早就存在农村保险制度, 其社会养老保险制度的建立时间较早, 经过较长时间的发展已经形成了相对完善的制度。

第四节　国外农村社会养老保险制度可持续发展的特点及对中国的启示

一　国外农村养老保险制度可持续发展的特点

部分国家建立农村养老保险制度的历史悠久, 其现行制度运行时间有的已经超过半个世纪, 并且依然发挥着良好的保障作用。虽然各国农村养老保险制度建设和可持续运行各有特点, 但是仍然可以从中总结出一些共同点。通过对这些特点的分析, 能够给中国新农保制度建设带来一些启示和借鉴。

（一）尊重具体国情，设计适合本国实际的农村养老保险制度

从制度建立的背景和依据来看，各国农村养老保险制度体系的建设均结合了本国发展现状和农村地区的实际需求。一方面，国民经济经过一段时间发展取得长足进展，经济基础较好，政府财政有能力为农村养老保险制度建设提供补贴；另一方面，随着经济发展，农业经济发展速度相对较慢，农民收入增长速度慢于工业和服务业等产业，农民个人和家庭面临的养老成本和风险随之上升，农村传统养老保障模式受到冲击，农民难以继续独自承担养老保障的责任，对社会化养老制度需求上升。在此背景下，建立农村养老保险制度既是国家对老年农民生存权利的保障，同时也是推进农村继续发展的制度选择，其制度实施也主要针对现存问题而制定，是基于本国国情需要做出的合理制度选择。

另外，各国有着不同政治体制、制度模式和文化传统，不同的国情对制度设计的适应性提出了考验，符合具体国情的制度设计有利于制度的建立和发展。作为社会政策体系的一部分，农村养老保险制度建设要符合社会基本制度模式，适应农村地区文化传统，同时服务于经济发展。比如，在德国，根据1949年颁布的《基本法》，德国联邦和地方之间权力存在一定的区分，联邦政府主要掌握立法权力，而地方在具体行政事务中可以行使一定自治权。德国农村养老保险制度正是在这一制度模式下建立和发展起来的，政府行使立法和监督的权力，而农村养老保险机构在业务的经办和管理过程中拥有一定的自治权力，既符合德国体制模式，也符合人们的行为观念，减少了制度建设过程中存在的阻碍因素，提高了制度运行效率。另外，法国农村养老保险制度也是从本国原有互助性保险模式逐渐发展起来的农村互助养老模式，在法国农村存在时间很长，拥有一定的群众基础，并且运行效果较好。政府在此基础上完善制度设计，给予部分财政和政策支持，并进一步在农村地区进行推广，从而建设出适合本国农村的养老保险制度。这一模式降低了本国制度建设以及推广成本，提升了制度运行效率。此外，日本、韩国在历史上存在家庭养老和行业协会互助养老的历史传统，并且对养老问题解决发挥了有效作用。因此，在农村养老保险制度设计中，政府在进行整合和监管后，进行了不同程度的沿用，既降低了政府财政负担，也为养老保险制度提供了有益补充，确保了制度设计的适应性，提高了养老保险制度的可持续性。

（二）政府在制度设计和财政支持方面发挥重要作用

政府既是养老保险制度的设计者和监管者，又是制度的最终保险人，承担着最终的财政责任，对制度的持续运行发挥了重要的作用。首先，通过颁布相关法律，政府可以确立农村养老保险的制度设计以及相关规范。各国农村养老保险制度建立与改革均以政府立法形式进行确立，之后进入实施阶段。如德国的救济制度的建立以《老年农民救济法》的颁布为起点，日本《国民年金法》成为国民年金制度建立的标志。在农村养老保险政策实施前，国家通过相应的法律对保险政策的覆盖范围、缴费机制、支付模式和经办管理等进行明确规定，确保制度实施过程有法可依。法律的强制力和广泛的适用性使得社会保险制度建设的稳定性大大提高，参保者对制度的信任感较高，参保意愿更强，并且由于法律对政策实施具有较强的制约效力，对农村养老保险制度进行调整可以集中表现为对相关法律内容进行调整，制度调整效率也更高。

其次，政府承担对农村养老保险制度运行进行管理和监督的责任。尽管各国农村养老保险制度设计存在差异，但政府始终以制度的管理和监督者的角色存在。以德国为例，虽然农村养老保险机构拥有较高的自治性，其内部机构运行和预算都相对独立，但是始终都在接受法律和政府机构的指导和监督。韩国卫生福利部和国民年金基金运营评审委员会等部门对国民养老金的运营进行监督，进入金融市场的资金也要接受金融监督院监督。政府履行管理和监督责任能够确保养老保险制度的实施效果，保证基金的安全，保护参保者权益，保证制度的长期稳定发展。

最后，各国经验证明农村养老保险制度的持续发展离不开政府在财政方面的支持，财政补贴已经成为养老保险最主要的经费来源之一，并且政府的财政补贴所占比重还在不断提高。日本政府对基础养老金的补贴所占比重从最初的不到 1/3，增加到 2009 年后的 1/2；德国政府对农村养老保险的补贴占保费总额的 70%；此外，法国和韩国等国政府对农村养老保险的补贴也占很大比重。

（三）延迟退休成为应对老龄化问题的重要举措

从各国的发展经验来看，当国家经济社会发展进入一定阶段后，人口预期寿命不断增加，老龄化水平将不断提高。随着高龄化和少子化成为世界主要国家人口结构变动的趋势之一，人口老龄化问题已经成为多数经济发达国家面对的重要议题。以欧盟为例，从 20 世纪 70 年代末开始，欧盟国家的人口出生率降低到 0.2‰以下的水平（李道滨，2006），并出现人口数量下降的趋势。日本在经过二战后的两次生育高峰①后，人口总和出生率在 1974 年降低到 2.05，跌破日本人口更替水平的 2.08，到 2005 年人口首次出现减少时，日本育龄妇女总和生育率达到历史最低点 1.26。与出生率下降伴随出现的是战后婴儿潮出生的人口正在开始进入老年阶段，导致老龄化水平迅速提高，日本部分以农业为主的"町、村"人口老龄化率已经超过 50%（赵林等，2014）。人口老龄化使得社会抚养比上升，养老需求增加，社会养老保险费用支出的压力上升使得养老保险基金运行的收支平衡产生压力。在实行现收现付制的国家中，为应对老龄化造成的支出压力，保险机构不得不提高养老保险缴费率，但农村地区受经济发展的增速限制，保费增加速度和额度有限，需要政府财政补贴的额度也在不断上升。

在主要发达国家经济增速放缓、全球经济复苏相对乏力的背

---

① 1946～1950 年为第一次生育高峰，年均人口增长率超过 25‰，这一时期生育的群体被称为"团块世代"；1971～1974 年为第二次生育高峰。

景下，养老金支付压力正在逐渐增加，特别是在部分社会保障费用支出比重较高的国家，养老金支出压力正在不断增长。一方面，养老金待遇需要随经济的发展而提高；另一方面，受老龄化程度加深影响，基金收入压力较大。但是由于社会福利的刚性，农村养老保险待遇支付降低的难度较大。在此背景下，提高缴费率和延迟退休政策成为应对老龄化问题的主要措施之一。德国农村养老保险参保者月缴费水平从1985年的129马克增长到2001年的346马克（庹国柱、朱俊生，2004），日本国民年金一号保险人的缴费额从1961年的150日元上升到2010年的15100日元。日本为鼓励老年人延期领取年金，规定60~64岁领取年金只能减额领取，65岁及以后才能领取全额年金，法国也采取了类似措施。韩国政府将退休年龄从原来的60岁增加到2013年的61岁，此后将按照每5年提高1岁标准，到2033年退休年龄将提高到65周岁。延迟退休政策一方面延长了养老金缴费年限，另一方面还减少了养老金支出总量，从而缓解了基金长期收支平衡面临的压力，提高了养老金支付的可持续性。此外，延迟退休政策通过提高退休年龄，增加了社会劳动力总量，缓解了少子化造成的劳动力不足的问题。

（四）建设多层次的养老保险体系成为农村养老保险制度发展的趋势

单一保险制度无法全部满足不同人群的差异性要求，还有可能增加政府财政支出负担，降低政策效率，因此，建立多层次的保险体系成为各国的共同选择。日本构建了由满足基本养老需求的基础养老金和满足农民特殊要求的农民年金、国民养老金基金以及共济年金制度构成的多层次养老保险体系，并鼓励农民参加商业养老保险，从而为农民提供了多元化的保险选择；地方也为国民年金第1号被保险者设立了包括"47"年金在内的地方型年金。此外，德国开始设立自愿参加的积累制的基本养老保险制度，同时鼓励个人储蓄养老和投保商业性养老保险。建立多层次农村养老保险体系还可以开发出多元筹资模式，整合社会资源，减轻单一保险制度对保险经营的压力，满足不同层次人群对参保的要求，从而保证政策运行的适应性和持续性。

同时，不同政策能够承载不同的政策目标，多层次的养老保险体系能够为政策提供载体。各国农村养老保险制度还承担着一定的经济职能。如法国的农业互助金制度、德国的农村养老保险制度和日本的农民年金均通过养老政策提供经济补偿，以鼓励老年农民转让土地，促进农民年轻化。这些政策不仅可以保障农民的老年生活，同时有利于推动农业生产经营模式的调整，促进农业经济发展。另外，为鼓励农民生育，法国养老制度规定凡养育三个以上孩子的农场主，每多生育一个养老金增加10%。目前，各国农村养老制度从单纯养老保障逐渐成为复合型制度，从而大大提高了政策实施的效率。

另外，各国在解决老年人养老问题时，还通过建立相对完善的医疗和养老照护制度，形成完整的养老保障体系，以政府养老福利代替个人购买社会服务，降低了农村老年人口的养老负担，在一定程度上分担了养老保险制度所承担的社会责任。医疗保险、养老机构等老年保障制度的设立也能够减少老年费用支出，相对降低老年人口对养老金水平的需求程度。此外，德国、法国等国家的养老照护制度相对完善；日本老年保健制度也相对发达，老年人口往往配备一定数量的保健士等人员；韩国通过长寿村建设，也在一定程度上解决了老年人照护问题。养老照护制度不仅分摊了养老保险制度的压力，还对提高农村老年人生活水平和幸福感具有重要作用。

二　国外农村养老保险制度建设对中国的启示

总结国外农村养老保险制度可持续发展的特点，我们可以从中发现各国在建设农村养老保险制度过程中存在的规律和急需解决的问题。通过对这些经验的总结，再结合中国农村养老保险制度的特点以及未来制度建设的方向，我们可以对中国新农保制度建设进行修正和完善。

（一）重视农村现有国情，合理构建和改进社会养老保险制度

可行性和制度适应性是评价制度建设的重要指标之一。不同的国家具体国情存在一定程度的差别，因此在制度设计上应当考虑具体国情，以确保制度的可行性，盲目照搬其他国家制度模式的做法并不妥当。

中国先建立了城镇职工基本养老保险制度，再正式建立了农村养老保险制度，这一顺序符合各国制度建设的惯例，并且新农保制度建设的社会背景也与部分国家建设农村养老保险制度的背景相似。但是，中国区别于其他国家的具体国情使得新农保制度建设必然存在与其他国家的差异。首先，中国农业人口数量庞大，地区差异大，并且人均预期寿命的不断延长，也会使得老年人口所占比重在一定阶段内上升。《2015 年国民经济和社会发展统计公报》上的数据显示，2015 年中国人均预期寿命达到 76.34 岁。可以预期在一定阶段内中国的人均预期寿命还会继续延长，老龄化水平也将不断上升。其次，农民收入还处于相对较低水平，属于"未富先老"，经济基础相对薄弱，农民群体的保费支付能力也相对不足。为保障老年农民基本生活，新农保制度由政府支付基础养老金，这导致政府在制度设立之初就承担着补贴责任，因此，在中国农村地区建立统一的社会养老保险制度难度更大，需要支付的财政补贴也比较多。所以，新农保制度坚持的"全覆盖、保基本"原则符合中国现阶段农村地区的基本现实。

此外，受儒家"孝"文化传统和长期存在的养老传统影响，中国有尊老、敬老和爱老的传统。现阶段在农村地区，家庭养老仍然是农村养老的最主要形式。家庭养老不仅可以带来经济支持，而且在老年人口的情感照顾方面更有优势。新农保制度建设过程中应当充分发挥自身优势，以家庭养老作为养老体制的有益补充，防止单纯强调社会养老制度。目前，中国老龄化水平还处于快速发展时期，老年人口比例到 2050 年将达到最高峰，届时新农保基金支出负担也将大大增加，财政补贴要分担家庭养老的压力，但政府负担过多责任会导致负担过重，财政压力过大，进而影响经济发展。

（二）政府要积极承担新农保制度建设和财政补贴责任

中国农村人口数量众多，但受经济发展水平限制，大部分养老保险费支付能力较弱。与国际农产品相比，中国在农产品质量、价格和成本等方面都存在一定的不足，在国际市场中处于不利地位。另外，在加入 WTO 后，国外要求中国开放中国农产品市场的呼声越来越高，中国农业经济面临被冲击的可能。中国农村养老保险制度建设的经济基础面临一定压力，农民的兼业化程度不断加深，农村经营模式变革的需求不断增加。但是，现阶段新农保制度保障水平较低，使得农民养老在一定程度上仍然依赖土地收益，这导致农民对土地权益需求更加强烈。从国外制度建设经验来看，将农村养老保险制度建设与农业生产经营模式调整相结合具有一定的可行性，农民通过转让农地经营权换取政府适当养老补偿。通过扩大土地经营规模，实现农业经营模式的转变，以提高农业生产效率，确保农村经济的稳定性。

同时，现收现付制的运营模式在老龄化程度不断加深的过程中存在可持续性问题。老龄化程度加深过程中劳动年龄人口比例下降，老年人口比重上升，新农保制度抚养比提高，在此过程中，为满足养老要求，养老保险费的缴纳水平不得不提高，而养老金的支付水平却会下降。这样不仅增加了劳动人口的缴费压力，而且将降低农民的生活水平。因此，农村养老保险制度建设初期应增加对积累制养老保险制度的重视，以应对不断加重的养老负担。

此外，随着城市化推进，农村青壮年持续向城市和经济发达地区迁移，人口迁入地区享受到了人口迁移带来的养老金红利，而人口迁出地区养老基金收入处于不利地位。因此，政府要通过合理的制度设计，提高新农保制度的统筹层次，调控养老金在不同地区的分配，以确保地区间的公平性，减轻农村地区养老金支付压力。

（三）加强农村养老保险法律体系建设

目前，中国养老保险制度立法比较落后，多数政策仍以意见、条例、通知等形式确定和公布。虽然中央和各地涉及新农保政策的内容很多，但相对比较分散甚至相互冲突，缺乏统一有效的法律制度规范。国发〔2009〕32号、国发〔2014〕8号文件虽然对新农保制度框架进行了规定，但具体经办制度更多由地方制定，并且由于利益冲突，地区之间制度整合面临一定的难度。但也要认识到，养老保险制度统筹水平过低导致的地区和群体间的互济机制减弱，地区间保险关系的转移接续存在障碍，损害了参保者的利益。养老保险制度在转移接续中存在的问题，曾导致农民工群体出现较大规模的退保潮现象，表明制度整合水平和养老基金统筹水平的不足对参保主体的参保行为存在不利影响，而且较低的统筹水平也无法满足社会保险制度对互助共济的要求，导致地区差异增加，降低了经济落后地区的养老保险制度的稳定性和可持续性。因此，需要将制度进行整合和提高统筹层次。加快制度整合的措施之一就是完善制度立法，打破区域分割，提高养老保险制度的立法层次，以法律统筹制度发展。

目前，国家应当出台有关农村社会养老的法律，制定"农村社会养老保险（障）法"，或综合的"社会养老保险法"，提高立法水平。法律制度对新农保制度具有指导作用，使得制度建设和实施能够做到有章可循，提升制度实施效率。法律制度还可以规范新农保制度运行，防止逃费、挪用等问题发生，严格经办管理，确保新农保制度长期稳定和可持续地发展。同时，立法水平的提高也能够体现出党和政府对农村养老保险制度的重视，从而增强农民群体对新农保制度的信心和提高参保热情。完善而有效的法律体系更容易形成新农保的"制度黏性"，从而保证制度覆盖对象长期参保。

（四）逐步实行延迟退休，并延长缴费年限

从各国农村养老保险制度建设的经验来看，农村地区的老龄化问题相对城市更加严峻，为应对随之而来的养老金支付压力，各国通过提高缴费率和延迟退休，提高养老基金支付的可持续性。目前，中国人口老龄化水平正在不断提高，2010 年"六普"结果显示，60 岁及以上人口占 13.26%，其中 65 岁及以上人口占 8.87%，比 2000 年分别上升 2.93 个和 1.91 个百分点。[1] 中国人口出生率稳定保持在较低水平，而人均寿命在不断延长，老年人口的比重在不断上升。可以预见未来一段时期，中国人口老龄化水平和社会养老压力将不断提高，随之社会抚养比也将不断上升。预计 2050 年中国农村社会老年抚养比将增加到 1:2，也就意味着到时中国每一名老年人只有两名年轻人来赡养。死亡率的下降导致预期寿命延长以及少子化所引起的"人口内爆"将使中国的养老问题面临严峻挑战（杨翠迎，2014）。特别是新中国成立后几次人口生育高峰中出生的人口先后进入老年阶段，将导致人口老龄化水平快速提高，养老政策调整难度巨大，并且对经济社会的发展形成一定的影响。

国发〔2009〕32 号文件规定新农保缴费年限最低只要求 15 年，相比于国外法定缴费年限存在一定差距，这导致基金收入难以得到保障，个人账户养老金积累也较低，随之养老金支付水平也较低。按照 100 元/年的标准，在缴满 15 年后，个人可领取的养老金仅为 70 元左右。

要从根本上解决目前新农保基金收入不足的问题，需要对农村的人口结构进行调整。但是，借鉴日本、法国等国的生育调节政策经验，采取鼓励生育政策还会一定程度增加劳动人口的抚养负担，实施效果也并不十分显著。要缓解即将到来的养老压力，

---

[1]　数据来源于国家统计局发布的《2010 年第六次全国人口普查主要数据公报（第 1 号）》。

延迟退休年龄，控制养老金支出水平，延长缴费年限，保障养老金领取水平已经成为保证养老保险制度持续有效运行的措施之一。延迟退休和延长缴费年限强调了养老的个人责任，同时降低了对财政支出的压力，保证政府对农村老年事业的投入潜力，使国家有余力应对即将发生的新情况和新问题，确保农村养老保险事业能够稳定发展。

（五）发展不同形式的补充养老保险制度，建立多层次养老保障体系

各国建立农村养老保险体系的过程中，首先普遍建立了基础性的保障制度，为农业人口提供基本的养老保障，并在此基础上建立补充养老金制度的方式，以满足不同类型老年群体的养老需要，也分散了制度风险。中国由于农村地区经济相对落后，地区间差异巨大，考虑到农村地区部分人群保费支付能力较弱，若将农业人口统一纳入制度保障范围，只能建立相对低水平的制度。此外，不同于典型国家农村养老保险制度建设的背景，目前中国农业人口比重还比较高，农业人口基数巨大，国家为农村老年人口支付基础养老金，对财政承受能力要求较高。因此，实行低水平、保基本、普惠性的农村基础养老金制度是符合中国现阶段国情的。提高保障标准需要在农民收入水平和政府财政能力提高的基础上进行，要想短时间内提高新农保制度保障水平相对困难，但是可以通过建立补充养老保险和大力发展商业养老保险的形式来满足农村部分较高收入群体的需求。此外，建立相对完善的农村医疗保障制度也能够减轻养老压力，分摊新农保所承担的制度责任。

（六）完善基金管理制度，确保基金保值增值

过去，中国养老基金只能用于银行存款和购买国债，新农保个人账户资金的收益水平参照中国一年期银行存款利率。这一管理方式相对稳健，符合养老基金对安全性的要求，但也导致养老基金收益水平较低。为刺激投资和消费，近年来中国银行存款利率一直保持在较低水平，在物价上涨的背景下，新农保基金面临着较大的贬值风险。为保证基金的保值增值，需要寻找投资回报更高的投资领域。由于新农保统筹层次较低，除少数省份实现新农保基金的省级管理外，大部分地区还是县级管理和县级统筹，养老基金的管理过于分散，难以进行有效投资运营。从国外经验来看，养老基金一般都实行统一管理，并由相对专业性的组织负责投资管理，而在中国养老基金长期由各统筹地区分散管理，缺少专业性的投资管理人才和机制。

2015 年出台的《基本养老保险基金投资管理办法》提出"养老基金投资应当坚持市场化、多元化、专业化原则"，在保证基金安全的基础上，实现基金的保值增值。此外，广东和山东等省份将基本养老保险结余基金委托全国社会保障基金理事会管理，取得了较好的成果。2000～2015 年全国社会保障基金平均投资收益率达到 8.82%。未来新农保基金应当在全面实现省级管理和省级统筹的基础上，尽快归集结余基金，依据《基本养老保险基金投资管理办法》，或委托全国社会保障基金理事会投资运营，或委托国务院授权的养老基金管理机构投资运营，以提高新农保基金的投资收益率，实现新农保基金的保值增值。

第三章 新农保制度可持续性评估的宏观因素分析

新农保制度可持续性评估涉及一些宏观因素，在构建评估指标体系、对新农保制度实施可持续性评估之前，有必要对这些宏观因素进行分析，弄清这些因素对评估造成的影响，可以使新农保制度可持续性评估更加客观、全面、合理。

第一节 新农保制度面临的宏观背景及对评估的影响

一 经济环境

经济环境对新农保制度的影响主要体现在以下两个方面。第一，经济环境影响新农保的基金来源。新农保基金的主要来源是个人缴费、集体补助和政府补贴。当经济繁荣时，个人收入增加，村集体效益良好，政府税源丰富，此时个人缴费、集体补助、政府补贴都能按时足额到位，筹资标准的上调、基础养老金的上涨都可以按照计划进行；当经济下行时，个人收入下降，村办集体企业利润减少甚至纷纷倒闭，政府税收减少，在此背景下，个人缴费能力下降，村集体无力补助，政府补贴可能不能按时足额到位，筹资标准的上调、基础养老金的上涨都可能会被搁置。第二，经济环境影响新农保基金的保值增值。当出现较严重的通货膨胀时，如果通货膨胀率高于新农保基金投资收益率，新农保基金将会面临贬值的风险；当经济形势良好时，新农保基金的投资收益率会升高，将有利于基金的保值增值。因此，在对新农保制度财务的可持续性（包括对农民个人筹资能力、财政支持能力以及基金收支平衡的可持续性进行评估）和新农保基金保值增值的可持续性进行评估时，要充分考虑到当前中国经济进入新常态的现实，以便提高预测和评估的准确性。

二　社会环境

社会环境包括人类生存所涉及的物质环境和精神环境，社会环境随时间变化而呈现不同的特征。20 世纪 80 年代以来，中国先后经历了一些重要的社会转型，如计划经济体制向市场经济体制的转轨、城镇化和人口老龄化的进程加速。这些转型对中国传统的养老保障模式产生深刻影响，传统的养老保障模式也因此面临着改革以便适应市场经济、城镇化和人口老龄化的要求。中国实行市场经济体制改革后，社会价值开始变得多元，不同的利益主体对任何事物的评判标准不再单一不变。城镇化过程中，大量农村居民迁往城市，劳动力的流动加快，劳动者面临各种就业风险，急需社会保障制度为其建立安全网，解决后顾之忧。人口老龄化、高龄化使得养老金的支出不断增加，养老保险基金面临较大的收支平衡压力。

市场经济的转变对新农保制度可持续性评估的影响在于确定评估标准要全面把握不同的价值视角以及不同群体的需求，因此，仅仅设置单一的评估指标和评估标准是不合适的，要设置多元的评估指标和标准来对新农保制度的可持续性进行评估。城镇化对新农保制度可持续性评估的影响在于我们需要充分考虑新农保制度在城镇化的浪潮中的发展目标及定位，依此确定合理的评估标准。人口老龄化使得我们在对制度的可持续性进行评估时要充分考虑人口老龄化对财务平衡的影响。

三 政治环境

政策评估很重要的一个影响因素是政治环境，政治需要是现代公共政策评估产生和发展的直接推动力。政策评估的目的在于了解政策实施情况和效果，对政策实施过程中的问题提出有针对性的解决措施，以改进政策实施效果，最终增进社会福利。而政府是政策决策和实施的重要主体，政策评估过程中所需的部分信息和数据也需政府部门提供。因而政治因素直接影响和制约着政策评估的过程和效果。在实际的政策评估过程中，一些政府部门可能会隐瞒真实的政策信息和数据，并且部分领导还可能对评估结果进行干涉。但是这不意味着要"以政治取代科学"，放弃理性的或技术性的制度评估。相反，只有觉察到制度可持续性评估中的各相关主体的动机与利益、评估者的角色、完成评估的机会和障碍，包括应用评估结论的限制和可能的途径，政策评估活动才能够取得实际效果。

四 法治环境

法治同"人治"相对，其本质和核心在于强调社会治理规则的普遍化、稳定性和权威性。法治对新农保制度可持续性评估的作用是不言而喻的。法治的普遍化和稳定性原则要求农民能够平等地享有养老保障政策，提高新农保参保率，推动农民长期缴费。同时，法治还为政策评估提供了制度基础，能够规范新农保制度相关主体的行为，确保评估过程的科学性和规范性。此外，新农保制度可持续性评估过程中消耗了宝贵的公共资源，如果因评估结果不符合政治需要而不予采纳，甚至剥夺公民对有关评估结果的知情权，无疑是对法治的践踏，因此，新农保制度可持续性评估结果的去向也需要依靠良好的法治环境。

五 技术环境

科学技术的迅速发展使得政策评估环境急剧变化，进而引致新农保制度可持续性评估系统的变化。（1）由于科学技术迅速提升了政策评估的科学品质，并使政策评估迅速成长为一个专业性很强的研究领域，仅仅靠直觉和经验并不能解决新农保制度可持续性评估中的很多技术方面的问题，必须采取科学的评估手段和方法。（2）政策评估日益成为一个需要众多学科参与的综合性研究领域，各学科领域的专家在政策评估中所起的作用越来越大。新农保制度可持续性评估就是需要社会学、社会保障学、经济学以及系统评价等学科领域的专家共同参与。（3）高水平成为政策评估的总体发展趋势之一，所谓"高水平"，就是政策评估要根据现实的要求和社会的进步，促使评估向更高的水平迈进。因此在借鉴现有成熟的评估技术和经验的同时，还要继续探索所研究领域内新的评估技术和评估方法。

六　国际环境

随着全球化进程的日益加速，政策评估的国际环境正在变得越来越重要。我们生活在一个"全球网络化"的社会中，世界各个分散的部分或因素已经成为或正在随着知识技术的不断扩散、信息网络的不断延伸而形成一个紧密联系的世界性网络，全球化的各个方面，经济、政治、文化、社会、技术等都在这个网络中被不断整合，并相互强化，最终汇集成为一股无法抗拒的潮流。

国际环境，特别是全球化对中国新农保制度可持续性评估产生的影响，主要表现在以下两个方面。（1）全球化带来了各种异质文明、文化和价值观念的碰撞和交流，由于价值观念本身是一种"隐性知识"，它不会因为人们没有意识到其存在而自我消失，而是潜在地发挥着它的作用。这种作用不仅表现在社会成员的价值理念和评估者的政治价值选择上，还表现在对新农保制度目标、政策实施手段道德的评判上。如国际上城乡一体化的养老保险制度会对当前中国城乡二元的养老保险制度产生一定的影响，城乡居民与城镇职工、机关事业单位工作人员之间巨大的养老金差距会给农村居民带来一定的不公平感。（2）全球化使各国政策评估组织的国际横向联系不断加强，各评估组织的交流日益频繁，这使政策评估的比较变得可能，与此同时，优化新农保制度可持续性评估系统也将有参照系。

第二节　新农保制度可持续性评估的要素分析

一　评估主体

（一）中国政策评估者的基本情况

目前，中国的政策评估领域还很薄弱，在政策评估的实践中，传统上仍以政府机关评估为主。但近年来公众和学术研究组织作为政策评估的参与者也在发挥越来越重要的作用。

1. 政府自身作为评估主体

政府的评估机构主要是不同机构下属的政策研究部门。这类评估机构所需的评估数据和资料获取相对容易，评估过程易于组织和控制，且评估结果往往能够得到重视，有助于改进下一轮的工作政策。但由于受政治体制的影响，政府机构在评估中不可避免地带有主观偏向，可能会影响评估结果的公正性和客观性。

2. 公众作为评估主体

公众是公共政策的直接受益者，因此也最有权力对政策进行评判。公众参与政策评估能够反映政策真实的实施效果，也是打造法治化社会，推动政治民主化，提高政府行政效能的重要途径。但公众因自我偏见而做出的非理性判断常会影响公众评价的质量。此外，要实现公众广泛参与需支付很高的实施成本，且评估周期较长。

3. 学术研究组织作为评估主体

专业的学术机构在政策评估中扮演着越来越重要的角色，目前很多国家都已设立专门的学术机构参与政策评估。其与政策相关主体间的利益相关性较弱，因而能够达到最大程度上的价值中立。此外，这类评估主体的专业水平高，能够有效地处理部分专业性较强的问题。

（二）新农保制度可持续性评估主体的选择

1. 评估主体的选择及其依据

虽然不同的评估主体各有优缺点，但总体而言，学术研究机构仍具有整体优势。在中国，高等教育机构的学者、专家和业界人士可以被委托来共同评估政府的政策。首先在高等院校中建立由政府和业界共同出资的专业政策评估机构，聘请该领域的专家和学者进行评价，政府和业界负责提供相关数据和信息。之后将此类机构推向社会，建立民间评估机构。这种评估方式有利于评估结果的客观性和准确性。选择政策评估主体时保证评估人员的独立性很重要。本研究认为，对新农保制度可持续性进行评估的最佳主体是高校的专门研究机构和人员。

2. 新农保制度可持续性评估主体的特征分析

第一，新农保制度可持续性评估主体须具备的优势分析。在职业技能方面，评估主体既要有广阔的知识视野以及深厚的专业知识，还要兼顾评估的科学性和艺术性。Karl Parton 和 David Savage 结合实践提出了政策评估的十二项策略与技巧：确定评估重点；尽早参与评估；确定最终要形成的数据内容；确定要衡量的变化；确定需要进行评估的政策活动和干预措施；采用多种测量方法；设计评估来反映计划的改变；提供过程和结果评估的设计；允许规划者参与评估；了解评估中的政治；评估建议具备可行性；一个清晰而明确的报告（帕顿、萨维奇，2002）。新农保制度可持续性政策评估者应努力掌握这些技巧。

在职业伦理方面，新农保制度可持续性评估主体应当是公共利益的代言人。不应当站在政府的立场上，也不应当站在农民或农村的立场上，而是要有整个社会的全局观念，认为自己要做的工作是改善新农保制度的可持续性，增进整个社会的利益，而非帮助任何委托人。因此，评估者必须在自我利益、对社会公众的使命感、对委托人负责三个制约因素间做出行为选择。政策评估的职业道德具有一定特殊性，因为政策评估结果将影响到公众利益的实现程度，并且将会影响政策委托者的公共责任承担。

第二，新农保制度可持续性评估主体的劣势分析及其克服。当然，新农保制度可持续性评估选择大学和研究机构的学者做评估主体并不总是完美的，虽然他们对工作投入了很多心血，但其工作分散，与决策者缺乏沟通，对决策背景以及决策因素不太了解，在获取数据上也存在很大的困难，导致评估很难取得很好的效果。所以，要求新农保制度可持续性评估的高校工作者成立一个评估小组，并经常与决策者沟通，了解政策背景，通过实地调查获取第一手数据和信息，以保证客观、公正地评价。

二　评估对象

作为评估对象的新农保制度，于 2009 年 9 月开始国家层面的试点推广，在 2012 年 7 月实现了全国范围内的制度全覆盖，可以说，制度实施的时间较短，且相较于老农保而言，几乎是一个全新的制度，具体来看，新农保制度主要存在以下几个特征。

第一，制度实施的时间较短。截至 2016 年底，新农保制度只实施了 7 年左右的时间，现在开始领取养老金的人数以"老人"（新农保制度实施时已经年满 60 岁的农村居民）为主，同时还有少量的"中人"（新农保制度实施时，距领取年龄不足 15 年的农村居民），很多政策效果还没有完全体现出来，这对制度的评估会造成一定的影响，部分指标的数据可能当前阶段还无法获取。另外，新农保制度与老农保制度完全不同，新农保的实施相当于一个全新的政策探索过程，摸着石头过河，这会导致在对制度进行评估时，部分指标的评估标准不好确定，因为以前没有类似的经验可以借鉴，会增加评估的难度。

第二，制度的作用和影响较大。虽然新农保制度实施的时间较短，但这并不意味着该制度不重要，相反，新农保制度的建立对于完善农村社会保障体系、缩小城乡差距、促进基本公共服务均等化、实现社会公平发挥了重要的作用。因此，对新农保制度的评估也就显得非常重要，评估可以使我们及时发现新农保制度在运行过程中存在的问题，并及时纠错和完善，这可以避免新农保制度重蹈老农保的覆辙，保证新农保制度的可持续发展。

第三，制度具有一定的阶段性。新农保制度是中国城乡二元结构的产物，当前农村居民享受的养老保险待遇与城镇职工、机关事业单位工作人员存在较大的差距，这是不利于社会公平的。在 2014 年，中国已经将新农保和城镇居民社会养老保险制度合并，统称为城乡居民基本养老保险，使得农村居民与城镇非从业人员实行完全相同的养老保险制度，虽然这在一定程度上缩小了城乡差距，但是由于城乡居民与城镇职工、机关事业单位养老保险之间依然存在较大的待遇差距，养老保险的"多轨制"依然存在，养老保险公平性建设依然任重而道远。随着城镇化的加快，未来中国的城乡二元结构将会逐步消失，届时城乡居民基本养老保险制度将会与城镇职工基本养老保险制度合并，实现城乡养老保险的一体化，在此过程中，新农保制度将会随着中国发展的实际情况做出动态调整，因此我们在对新农保制度进行评估时，应该考虑制度的动态发展特征，用动态的、长远的眼光对制度的可持续性做出评估。

三　评估方法

（一）当前各种综合评价方法及其优缺点分析

1. 模糊综合评价法

模糊综合评价法主要用于解决在政策评估过程中评估对象或评估因素存在的模糊和不确定性，以及定性指标难以量化等问题。这一方法以模糊数学为基础，综合运用了定性和定量分析方法，同时克服了传统数学方法的结果单一性问题。缺点在于未能解决指标间评价信息重复的问题。

2. 层次分析法

层次分析法通过将复杂的问题分解为若干层次，借助判断矩阵的特征向量得出元素贡献度，最终得出权重最大的决策方案。这一方法简洁实用，且所需提供的定量数据较少，适用于对多目标、多层次、多方案的复杂系统的评估分析。其缺点在于定性层面较多，评价指标过多时权重也难以确定。

3. 数据包络分析法

数据包络分析法主要用于评价部门以及单位间的相对效率和效益，能够对多输入多输出的大系统进行评价分析，并且能够通过"窗口"技术发现系统内部的薄弱环节，以便加以改进。但这一方法只能表明单元的相对发展水平，难以表示出单元的实际发展水平。

4. 主成分分析法

主成分分析法主要利用降维思想，将多个存在相关性的指标转化为若干综合性指标进行评估。这一方法解决了多指标间的信息重叠问题，并在一定程度上减少了工作量，但在降维过程中，评价指标的准确性出现了一定程度的下降。

5. 灰色关联分析法

灰色关联分析法是依据样本数据确定关联度，描述因素间相关关系的强弱、大小和顺序的多元分析方法。这一评价方法计算工作量低，广泛应用于具有强相关性的对象的系统评价中。该方法只区分了评价对象相对的优劣水平，并不能反映绝对水平，而计算过程中"分辨率"的设定也缺少合理标准（杜栋、庞庆华，2005）。

6. 德尔菲法

德尔菲法通过专家小组成员多轮背靠背的匿名评价—反馈过程，最终得出相对一致的意见。德尔菲法在一定程度上避免了集体讨论过程中可能存在的随波逐流等问题，保证了意见的独立性。

但这一方法并不能保证意见的完全独立性，同时操作程序复杂，操作周期也较长。

7. 名义群体法

名义群体法在传统会议模式的基础上，要求群体成员写出对问题的独立见解，而后将方案匿名交给集体讨论并确定各指标或因素的权重或贡献度，以形成最终方案。这一方法解决了传统会议模式中群体或他人对个人意见的干扰，在一定程度上保证了观点的独立性。

（二）新农保制度可持续性评估方法选择的依据

1. 定性分析与定量分析相结合

定性分析和定量分析是进行社会研究的两种重要方法，两者各有不同的优劣。定性分析主要依靠分析者的能力和经验，根据研究对象的有关信息而对其性质、特点和发展变化规律进行分析评价，在数据资料不够充分或分析者数学基础较为薄弱时比较适用。而定量分析则主要依据统计数据来构建数学模型，以此来分析研究对象的各项指标与数值。通常情况下，在政策评估中定性分析是定量分析的基础和前提，而定量分析则能够使定性分析更加准确与科学，得出广泛且更具有深度的结论。因此，政策评估过程必须是定性分析与定量分析二者的有机结合。

2. 适合新农保制度的特点

首先，新农保制度虽然是一项新建的制度，但是该制度覆盖了全国 5 亿多名适龄农民，关系到农民的老有所养问题，政府对该制度的运行也投入了大量的资金，制度的重要性和巨大的社会经济影响是不言而喻的。因此，在对新农保制度的可持续性进行评估时，不能简单依靠某一种定量或定性的方法，要综合运用定性和定量的方法。其次，新农保制度的可持续性涉及多方面的因素，是复杂系统的长期、动态作用的结果，因此，在对新农保制度可持续性进行评估时既要有短期静态的评估，又要有长期动态的评估，既要有综合评估，又要有分项评估。在选择评估指标时，不能仅仅选择单一方面的指标，而应该全面考虑影响新农保制度可持续性的因素，选择多方面的指标，构建起一个综合评估指标体系。

另外，新农保制度实施的时间还不长，各地还没有建立起当地新农保制度可持续性相关信息的统计数据库，更不用说有专门的新农保制度运行的统计年鉴，因此在对新农保制度可持续性进行评估时，需要考虑数据获取的困难性，应尽可能选择所需的数据量少，能通过现有的统计资料以及实地调研获得所需要的数据，同时又可以很好地对新农保制度可持续性进行评估的方法。

（三）新农保制度可持续性评估的具体方法

本研究既对新农保制度的可持续性进行短期静态的综合评估，又会对制度可持续性四大方面的主要指标进行长期动态的评估，短期的综合评估和长期的分项评估选择的方法不一样。在对新农保制度可持续性进行综合评估时需要考虑的因素很多，本研究采用层次分析法来解决指标设置和指标权重的问题，构建起新农保制度可持续性综合评估指标体系，这样可以使对新农保制度可持续性评估的操作简便易行。在对新农保制度可持续性分项指标进行长期动态评估时，对于部分可进行量化操作的指标，本研究主要采用人口预测、社会保险精算和计量经济学方法进行长期的测算、估计；对于不能进行量化操作的指标，本研究主要采用定性的方法来对指标的内容进行分析和预测。

1. *层次分析法*（Analytic Hierarchy Process，AHP）

构建新农保制度可持续性综合评估指标体系，并对全国各省份新农保制度的可持续性进行评估时，本研究主要采用层次分析法。如上所述，它是一种定量表达和处理人类主观判断的系统分析方法，由决策分析演变而来，是分析多目标、多指标复杂系统的有力工具。层次分析法以小组讨论的形式，汇集学者专家和决策参与者的意见，将复杂问题分解为若干要素，并进行分组，形成清晰明了的层次结构。顶层被称为目标层或总体目标，通常只有一个元素；中间层被称为准则层，或次准则层；最底层是元素层，或子指标层。本研究将新农保制度可持续性评估指标体系划分为总目标层、准则层、次准则层和子指标层四个层次。

运用层次分析法评估新农保制度可持续性的优势在于，在决策过程中引入定量分析，同时利用了定性分析和定量分析的各自优势，使得决策过程更具科学性和条理性。层次分析法依靠主观评价，对不同对象的优劣顺序进行判断，所需的数据量较少。当评价指标数据不能完全收集时，这种方法无疑能对新农保制度的可持续性给出一个大致评价。当然，这也将导致它的缺点，即评价者若过多受自己主观偏好影响，或对事物之间的客观规律的认识还不充分的时候，层次分析法的结果会不准确。因此，在评估新农保制度的可持续性时，应尽量消除主观因素的干扰。

2. 人口预测技术与社会保险精算方法

本研究在对新农保制度可持续性的分项指标进行评估时，主要采用人口预测技术和社会保险精算方法。如对新农保财政支持能力做可持续性评估时，本研究采用了人口预测技术对 2011 ~ 2060 年分年龄、分性别的农村人口数据进行了预测；在对新农保基金收支平衡的可持续性进行评估时，本研究构建出了新农保个人账户基金收支平衡精算模型；在评估新农保制度内部的收入再分配效应时，本研究构建出了净转入额精算模型；在评估新农保养老保障功能的可持续性时，本研究构建出了新农保供给替代率精算模型。人口预测技术和社会保险精算方法的主要优点是，能够通过复杂的数学模型和严密的测算，预测出未来新农保制度的运行情况；缺点在于模型假设较多，精算出来的结果可能与实际情况有一定的偏差。

3. 计量经济学方法

本研究在评估农民个人缴费能力的可持续性时，运用回归分析法对未来的农民人均纯收入、农民人均生活消费支出数据做出了预测；在评估财政支持能力的可持续性时，运用回归分析方法对未来的财政收入数据做出了预测；在评估新农保的收入再分配效应时，运用回归分析方法研究了新农保制度对居民城乡收入差距的影响；在评估新农保养老保障功能的可持续性时，运用 ELES 模型来测算农村居民基本生活消费支出，进而预测新农保需求替代率；在评估新农保的减贫效应时，运用了倍差法（DID 模型）。利用计量经济学方法做预测评估，优点是在模型确定出来以后，所有的计算都通过软件来进行，简便易行；缺点是对样本数据的要求较高，同时用回归出来的模型做外推预测的时候，预测的时间越长，越不准确。

4. 定性分析方法

由于客观数据获取的限制，部分新农保制度可持续性评估的分项指标不好进行量化操作，本研究主要在现有文献的基础上采用定性的方法进行评估。如在评估新农保制度外部支持条件的可持续性时，主要依据评估指标的当前表现及未来发展趋势做出其是否具备可持续性的判断。

四　评估信息系统

对新农保制度进行评估，建立相应的评估信息系统必不可少。评估信息系统的建立主要涉及评估信息数据库的建立、评估信息数据的处理模式、评估信息的传递等。

首先，本研究将根据新农保制度发展目标，确定出评估指标体系的相关指标和标准，并对其及时进行调整、改进，在评估过程中为相关资料的收集和查询提供方便。评估资料和数据的完备是开展评估的基础，评估信息数据库的建立要求获得全面的评估指标数据。当前中国新农保制度实施时间不长，关于该制度的一些统计数据也没有形成，或者只是各地形成了一些零星的统计数据，要建立起一个系统完备的指标数据库，在当前条件下基本上不可能做到。本研究先拟定出在充分条件下评估所需要的所有指标，然后再根据实际情况选取能够通过调研或查阅资料获得数据的指标进行评估，因此，在数据库的建立方面，主要是建立可获取数据的指标的数据库。

其次，对于处理评估信息数据的方式，本研究主要运用 Excel、Matlab、SPSS、EViews、PADIS-INT 等软件进行相关的数据处理和分析。数据处理的方式也会影响最后评估的结果，只有完全熟悉各统计分析软件的功能并能应用于实际评估所需，才能得出理想的评估结果。

最后，评估信息的传递。在中国当前发达的通信条件下，将评估的结果反馈给各相关主体已不是难题。通过建立有效的评估信息传输网络，反馈评估结果并尽快向各方传播，有助于发现和纠正正在实施中的新农保政策的不足。此外，还需借助计算机等技术，将新农保政策实施效果的监测数据、已开展的评估工作的资料、全国性的统计指标以及相关数据进行系统整合，建立全国性的政策数据库，真正做到政策评估系统网络化。

从以上分析可以看出，建立评估信息系统的三个环节都很重要，任何一个环节做得不好都会影响新农保政策评估的实际效果及作用的发挥。我们还可以看出，建立评估信息系统最关键的部分在于指标数据的获取，由于评估所需要的信息量大，涉及的部门多，所以应组织专门力量收集有关新农保政策的政治、经济、社会等各方面的信息数据和资料，并进行必要的统计分析。

第三节　新农保制度可持续性评估标准和指标设计原则

一　新农保制度可持续性评估的标准

"不以规矩，不成方圆。"政策评估必须按照一定的标准来进行。政策评估的结论是否正确及其功能能否发挥的关键就在于政策评估标准的设定是否科学。因此，制定科学的评估标准是政策评估开展的基础。此外，提前制定科学的政策评估标准还有助于引导公共政策的执行。

单一的标准很难全面地考察出政策实施的整体效果。本研究针对所要考察的对象——新农保制度的可持续性，结合前文分析的新农保制度具备可持续性的内涵，确定出以下四项政策评估的标准，它们分别是：财务标准、运行标准、功能标准以及外部支持标准。财务标准考察新农保制度的收支情况，在财务上是否可持续；运行标准主要考察新农保的经办管理服务是否优质高效，基金的运营是否有效率；功能标准主要考察新农保制度目标实现的情况，包括经济功能和社会功能；外部支持标准主要考察新农保制度能否获得良好的社会认同、法律支持及其他支持。

具体来讲，首先，对于新农保制度的可持续发展而言，财务可持续是最重要的。新农保制度要实现可持续发展，必须从制度设计上进行长远考虑，设计合理的养老金水平，建立有效的资金筹集制度，实现养老金收支的基本平衡。所以财务标准可以分设制度设计相关指标、基金筹集相关指标和养老金支出相关指标。其次，可以从制度的运行来考察新农保的可持续性，具体可以设置反映勤政廉政状况的相关指标、反映行政效率状况的相关指标以及反映基金运营效率的相关指标。再次，建立新农保制度，体现了和谐社会最基本的公平公正原则。社会保障制度是保障人的基本生存权的重大举措，是政府义不容辞的责任。建立健全新农保制度就是为了保障农村居民的养老保险权益，更好地促进社会公平。所以，新农保制度可持续性评估的功能标准必须设定反映促进社会公平状况的指标。作为一项社会制度，新农保制度也能发挥一定的经济功效，如增加老年农民的收入、减少老年贫困的发生、促进消费，因此，功能标准还需设置经济功能的相关指标。最后，新农保制度外部支持可持续性标准可设置社会认同的相关指标，如农民的参保意愿及参保满意度；法律法规支持的相关指标，如与新农保制度相关的法律法规条款数目和法律法规的调整频率等，一项好的法律法规是不会朝令夕改的；其他支持指标可以从经济增速、新农保相关技术、政府管理理念等方面考虑设置。

二　新农保制度可持续性评估指标体系的设计原则和要求

（一）新农保制度可持续性评估指标设计的 SMART 原则

新农保制度可持续性评估指标设计遵循的原则可以概括为"SMART"。其中"S"代表"Specific"，指的是要求评估指标应该是具体且明确的，而不是模棱两可的、抽象的。"M"代表"Measurable"，要求评估指标最终是可衡量的，并能够形成定量指标，而不是一般的主观描述。"A"代表"Achievable"，要求评估指标应该是适当的、能够实现的，而不是不切实际地要求过高或过低。"R"代表"Realistic"，要求评估指标应当是现实的，而非凭空想象或假设的。"T"代表"Time Bound"，这是指评估指标有时间约束，不是模糊的时间概念或完全不考虑时间。

（二）新农保政策评估指标设置的基本要求

新农保制度可持续性评估指标的设计需要考虑诸多因素，如评估成本、工作量、信息获取成本等。然而，评估至少要考虑四个基本要求。

1. 效度（validity）

效度是指选择评估指标的正确性程度。若所选指标缺乏有效性就意味着"测量了错误的东西"。一般来说，衡量评估指标的有效性主要是看它是否具体、准确地反映了被评估对象的特征。

2. 可理解性（comprehensibility）

评估结果若包含太多专业指标或复杂指标只能被少数人理解，能发挥的作用会十分有限。因此有必要将深奥的专业术语或指标转换成通俗易懂的指标表述，让它们能被政策制定者和执行者以及读者所了解。

3. 完备性（completeness）

评估指标设计的过程中，要根据既定的评估标准，尽可能全面地反映评估对象的特征，并使评估内容得到充分展示。

4. 信息资料收集成本（cost）

如果指标设计得十分准确、完善，但无法收集相关数据信息，或者获取信息的成本太高，那么就需要修改该评估指标。

第四章 新农保制度可持续性的综合评估

本章主要采用层次分析法对新农保制度的可持续性进行评估，该方法是一种定性与定量相结合的决策方法，能够在只有少量定量信息的情况下，把决策思维过程数学化，在项目评估中层次分析法是最为常用的评价方法之一。本章先使用层次分析法构建起新农保制度可持续性综合评估指标体系，然后运用该指标体系对全国各省区市新农保制度的可持续性进行评估。其中，构建起新农保制度可持续性综合评估指标体系是最重要的，构建该指标体系主要分为三步，第一步是新农保制度可持续性综合评估指标的选取，指标的选取主要基于本课题的前期研究基础及现有的文献资料；第二步是新农保制度可持续性综合评估指标权重的确定，主要通过指标的两两对比来构建判断矩阵，待判断矩阵完全通过一致性检验，然后算出各指标权重；第三步是新农保制度可持续性综合评估指标的评估标准确定，主要基于已有研究对各个指标评估标准的划分以及新农保制度实际运行中各指标的取值范围大小。

第一节 新农保制度可持续性综合评估指标体系的构建

一 新农保制度可持续性综合评估指标的选取

（一）指标选取的依据及缘由

在第一章中，本研究介绍了新农保制度具备可持续性的几个特征，主要包括新农保制度的财务可持续、运行可持续、功能可持续、外部支持可持续，这也是新农保制度可持续性评估的四大标准（在第三章已有分析）。本研究将从这四个方面来建立新农保制度综合评估指标体系，这也是准则层的四个指标。新农保制度的财务可持续是指新农保能在保证农村老年居民基本生活水平的前提下，实现新农保基金收支的短期和长期平衡。新农保制度的运行可持续包括新农保制度的经办管理服务可持续和新农保制度的基金运营可持续。新农保制度的经办管理服务可持续是指新农保的经办机构能够持续地依照法律授权来筹集养老保险基金、管理好养老保险基金、为参保农民提供优质高效的养老保险事务办理和养老保险服务；新农保基金运营可持续主要是指新农保基金运营能够保值增值，保证基金的安全完整，维护参保农民的利益，进而促进整个新农保制度的可持续发展。

首先，新农保制度实现可持续发展最关键的地方在于实现财务可持续，如果新农保的财务不能实现可持续，那么整个新农保制度就成为无源之水而无法运行下去，所以新农保制度实现可持续的工作重心应该放在实现制度财务可持续方面。新农保制度实现财务可持续就是要保证在不降低农民生活水平的情况下实现基金短期和长期的收支平衡。这需要在制度设计、基金筹集、基金投资运营管理、基金的发放四个环节进行严密的精算，在充分考虑经济社会条件的情况下妥善、审慎地制定相关政策。本研究对新农保制度财务可持续的评估主要从制度设计、基金筹集、养老基金支出三个方面来进行，由于基金的投资运营管理与新农保制度运行的可持续密切相关，故把它放到新农保制度运行可持续中进行评估，因而新农保制度财务可持续的次准则层指标就包括制度设计、基金筹集、养老基金支出。通过梳理相关文献及已有研究，对于制度设计、基金筹集、养老基金支出三个次准则层指标的诸多要素进行归类整理，抽取整合了一系列的指标作为三个次准则层的子指标。制度设计的子指标主要包括养老金平均替代率、平均养老金上涨幅度、养老金计发月数。其中，养老金平均替代率指标能够反映参保农民年老后的生活水平，平均养老金上涨幅度能够反映参保农民的养老金不被通货膨胀侵蚀并且能够分享经济发展成果的情况，养老金计发月数影响参保农民个人账户养老金的发放水平。基金筹集的次准则层主要包含以下几个子指标：参保农民的个人缴费率、新农保中央财政补助占新农保收入的比例、新农保地方财政和集体补助占新农保收入的比例、新农保保费收入占 GDP 的比例、新农保保费收入的年增长率。这是影响新农保基金筹集的最重要的几个因素。养老基金支出的次准则层主要包含以下几个子指标：养老金支出占 GDP 的比例、养老金支出的增长率、养老金收入与支出增长率的差额。这是影响新农保基金支出的几个重要因素。

其次，新农保制度的可持续性还体现在制度的运行上，主要包括新农保经办管理服务的可持续和新农保基金运营的可持续。要实现新农保经办管理服务的可持续首先需要保证新农保经办管理服务所必需的硬件条件，这包括新农保的经办机构、经办人员、经办设施是否到位、经办经费是否充足。除了硬件条件到位外，还需要软件的不断提升，这包括经办效率的提升、经办人员的勤政廉政以及经办机构信息化的普及。故经办管理服务次准则层的子指标可选取经办人员学历构成、养老保险费用征缴率、经办人员人均服务负荷比、经办人员人均经费支出、养老金按时足额发放率、腐败案件涉案人员占行政人员的比例以及经办机构的信息化程度。新农保基金运营可持续主要受两个因素影响：一个是新农保基金统筹层次，统筹层次越高，基金越完整安全，越能发挥其规模效应，并有利于基金的保值增值；另一个是基金的投资收益率，投资收益率越高，基金越能实现保值增值，个人账户的累积资金越多，越有利于新农保制度的可持续性。此外，基金运营的可持续还可以从基金的增长水平反映出来，与 GDP 增长率进行比较，基金的年增长率越高，越有利于新农保基金运营的可持续，因而新农保基金运营次准则层的子指标主要包括统筹层次、基金投资收益率以及新农保基金增长水平。

再次，新农保制度的可持续性还需要保证新农保制度功能的可持续，功能可持续是新农保制度可持续的目的。新农保的功能可以分为社会功能和经济功能。社会功能是主要的，体现在可以减少老年贫困的发生、缩小收入差距、促进社会公平，同时城乡养老保险制度的衔接能够推动城乡公共服务均等化，促进劳动力的流动，推动城镇化的发展。经济功能主要体现在能够保障老年农民的基本生活水平，增加其消费、拉动内需从而促进经济增长，同时政府的财政资金也起到了经济蓄水池的作用，在经济过热的时候，政府可以增加税收，减少养老金投入；在经济不景气时，减少税收，加大对养老金的投入，刺激内需，拉动经济。通过梳理养老保险经济功能与社会功能的相关文献，确定了新农保经济功能的子指标为农村居民人均纯收入、农村居民人均消费支出、农村居民人均储蓄存款余额以及农村居民的恩格尔系数；社会功能的子指标为农村贫困发生率、农村居民收入的基尼系数、新农保的覆盖率和参保率、新农保平均养老金占城镇职工平均养老金的比例。

最后，新农保制度的可持续性还必须获得可持续的外部支持。新农保制度的可持续发展需要一个良好的外部环境，新农保制度需要得到来自社会对制度本身的认可和拥护，同时，新农保制度的发展需要立法先行，需要得到一系列的法律制度作为保证和支撑，这也是社会保障事业繁荣国家的一贯做法。要获得可持续的外部支持，首先，要加强新农保制度的宣传工作，使广大农民能够及时了解新农保的相关政策法规，增加农民对新农保制度的信任，随着农民对新农保制度信任度的增加，农民的参保意愿会逐步提升。其次，新农保制度的外部支持要在立法保障方面下功夫，实现最大程度、最好地保障全体农民的养老权益。最后，新农保制度还可以获得其他方面的支持，如城镇化过程中养老保险转移接续的便利性、经济的快速发展、信息化管理技术及精算技术的提升、政府管理理念的变化等。故本研究将新农保制度的外部支持分为社会认同、法律法规以及其他支持三个方面，其中社会认同的子指标包括农民的参保意愿、农民的满意度；法律法规的子指标为有关新农保的法律数目、有关新农保的行政法规数目、法律及行政法规的调整频率；其他支持的子指标为新农保转移接续的便捷度、经济增速、信息化管理技术及精算技术、政府管理理念的转变。

（二）指标选取的结果

在查阅已有研究及相关文献的基础上，并根据上文新农保制度可持续性评估指标选取的依据及缘由，本研究确立了新农保制度的财务可持续、运行可持续、功能可持续以及外部支持可持续四个准则层指标，十个次准则层指标及三十九个子指标。子指标的选择尽可能覆盖次准则层指标的含义，能够对次准则层指标进行完整解释，同时又能够兼顾数据的可获得性。各级指标及指标间的层级关系如表4-1所示。

表4-1　新农保制度可持续性评估指标体系

总指标	准则层指标	次准则层指标	子指标层
可持续性评估	财务可持续	制度设计	养老金平均替代率
			平均养老金上涨幅度
			养老金计发月数
		基金筹集	参保农民的个人缴费率
			新农保中央财政补助占新农保收入的比例
			新农保地方财政和集体补助占新农保收入的比例
			新农保保费收入占GDP的比例
			新农保保费收入的年增长率
		养老基金支出	养老金支出占GDP的比例
			养老金支出的增长率
			养老金收入与支出增长率的差额

总指标	准则层指标	次准则层指标	子指标层
	运行可持续	经办管理服务	经办人员学历构成
			养老保险费用征缴率
			经办人员人均服务负荷比
			经办人员人均经费支出
			养老金按时足额发放率
			腐败案件涉案人员占行政人员的比例
			经办机构的信息化程度
		基金运营	统筹层次
			基金投资收益率
			新农保基金增长水平
	功能可持续	经济功能	农村居民人均纯收入
			农村居民人均消费支出
			农村居民人均储蓄存款余额
			农村居民的恩格尔系数
		社会功能	农村贫困发生率
			农村居民收入的基尼系数
			新农保的覆盖率
			新农保的参保率
			新农保平均养老金占城镇职工平均养老金的比例
	外部支持可持续	社会认同	农民的参保意愿
			农民的满意度
		法律法规	有关新农保的法律数目
			有关新农保的行政法规数目
			法律及行政法规的调整频率
		其他支持	新农保转移接续的便捷度
			经济增速
			信息化管理技术及精算技术
			政府管理理念的转变

（三）指标解释

（1）养老金平均替代率：是衡量劳动者退休后生活水平最为重要的指标之一，一般采用劳动者退休时每月领取的养老金占其上年度每月可支配收入的比例来表示，由于实际中农民在参保时选择的缴费档次不同，他们将来领取的养老金也不同，本研究采用年平均养老金这一指标，计算个人养老金的平均替代率，即参保者平均按月领取的养老金占上年度农村居民月平均收入的百分比。替代率能够反映参保农民退休后的生活水平以及对新农保的依赖度。替代率必须在一个合适的范围内才能够维持新农保的可持续发展，替代率过低就不能维持农民退休后的生活水平，替代率过高会造成养老金"倒挂"现象，而且会对养老基金的收支平衡造成影响。

（2）平均养老金上涨幅度：主要指某年度参保农民领取的新农保的平均养老金相对于上年度平均养老金的调整幅度，平均养老金上涨幅度的大小主要依赖于物价上涨率以及经济增长率和工资增长幅度，对新农保的养老金进行调整主要是为了防止因为物价变动而对参保农民的生活水平造成影响，同时也让参保农民能够分享经济发展的成果。养老金的调整幅度也必须维持在适度的范围内，首先调整幅度必须大于物价上涨率，以保证农民退休后的生活水平不因物价上涨而降低，同时调整幅度还要分享经济发展成果的一定比例，这个分享的比例需要适当，比例过高就会对养老基金的收支平衡产生压力，并进而影响新农保的可持续发展。

（3）养老金计发月数：指参保农民领取养老金时个人账户的计发月数，参保农民个人账户养老金月领取额＝个人账户总额/计发月数，新农保个人账户计发月数无论男女均统一为139。新农保的计发月数直接关系到养老金个人账户的领取，计发月数是依据居民平均预期寿命按照不同年龄计算出的一个基准数值，同一年龄退休的，计发月数相同，缴费越多的人其待遇水平越高，相同的个人账户积累额，退休越晚，计发月数越少，待遇水平越高。

合理设定计发月数既能够保证养老金领取的公平性，又能够鼓励参保者多缴多得，还能够在一定程度上抑制提前退休现象，这对于维持中国养老基金的收支平衡具有重要意义，有利于新农保的财务可持续。

（4）参保农民的个人缴费率：农民参加新农保需要个人缴纳一定的费用，个人缴纳的部分存入个人账户，根据国发〔2014〕8号文件的规定，新农保的缴费标准目前设为每人每年 100～1000元、1500 元、2000 元共 12 个档次，各地可根据实际需要增设缴费档次。以农民人均可支配收入作为新农保个人缴费基数，计算个人最低缴费率 = 最低档的个人缴费标准（100 元/年）/农民人均可支配收入。新农保的个人最低缴费率代表着当前参保农民能够承担的最低缴费能力，最低缴费率较小，表明当前参保农民能够完全承担起个人缴费，未来提升缴费档次的空间还很大，在新农保制度出现收不抵支时可以通过适当提高缴费档次来维持制度财务的可持续；若最低缴费率较大，表明参保农民承受新农保缴费的压力较大，不利于参保农民缴费的可持续，要适当降低缴费率。

（5）新农保中央财政补助占新农保收入的比例：根据国发〔2009〕32 号文件，中西部地区的基础养老金由中央财政给予全额补助，东部地区的基础养老金由中央财政给予 50% 的补助，并规定基础养老金标准要根据物价上涨率、经济增长率以及农村居民人均收入增长率进行浮动调整。基础养老金的月标准于 2014 年提高到 70 元。由中央财政对新农保基础养老金进行财政补贴能够在一定情况下减轻居民的参保压力，提高新农保的替代率，同时也使得新农保政策能够发挥调节收入分配的功能，因而新农保的中央财政补助发挥了其促进社会公平的功能，这有利于实现整个制度的可持续。另外，新农保也不能过于倚重政府补贴，否则保险就变成了救助或福利。

（6）新农保地方财政和集体补助占新农保收入的比例：地方财政对参保人员缴费补贴的标准不低于 30 元/（人·年），参保居民若选择较高缴费档次，也应该对其给予一定的鼓励，对于困难群体地方政府应该代缴部分或全部最低标准养老保险费用，经济条件较好的村集体应当对本村居民的缴费给予补助。这些补助发挥的首要作用是激励参保农民多缴多得，同时有利于减轻参保者的经济负担，鼓励农民参加新农保，从而提高新农保的参保率。地方财政和村集体的补助政策既具有激励性，同时又起到了社会托底功能，使得农村困难人群也能够参加新农保，可以促进社会的公平性。

（7）新农保保费收入占 GDP 的比例：这是一个综合指标，反映的是新农保每年的缴费收入占 GDP 的比例，这个指标能够直观反映新农保基金的收入规模，新农保基金越充足，越有利于实现新农保养老基金的收支平衡，同时能够不断扩大养老基金的结余额，以应对未来可能发生的养老风险，减轻日益增长的养老金支出压力，因而新农保保费收入占 GDP 的比例越大，表明新农保的缴费收入的规模越大，这越有利于新农保长期的财务可持续。

（8）新农保保费收入的年增长率：该指标是指新农保养老金缴费收入的年增长百分比，缴费收入增长速度越快，新农保基金收入规模越大，越有利于新农保的财务安全。新农保保费收入的年增长率必须大于新农保保费支出的增长比例，这样才能保证新农保基金每年都有结余，足够的滚存结余才能应对未来的老龄化支付风险。

（9）养老金支出占 GDP 的比例：该指标反映的是新农保基金的支出规模，新农保支出的规模越大，新农保养老基金收支平衡面临的风险越大，因而这是一个负向指标，即养老金支出占 GDP 的比例越低，养老基金收支平衡的财务风险越低，越有利于新农保实现财务可持续。

（10）养老金支出的增长率：该指标反映的是养老金支出规模每年的增长速度，也是一个负向指标，养老金支出的增长率越大，越会对养老基金的收支平衡产生压力，不利于新农保的财务可持续。要减轻新农保的财务压力，实现养老基金的收支平衡，就必须抑制养老金支出的过快增长，但又不能影响参保者正常的养老生活水平。

（11）养老金收入与支出增长率的差额：该指标是养老金收入增长率与养老金支出增长率的差值，如果差值为正，表明养老金的收入增长率大于养老金的支出增长率，则养老基金的收支将会出现盈余的趋势，养老基金的收支平衡的压力将会较小；如果差值为0，表明养老金的收入增长与支出增长同步，在当前阶段能够维持养老金的收支相抵，但是随着未来人口结构的变动，领取养老金的人群规模扩大，养老金的收与支将不再大体平衡；如果差值为负，表明养老金的收入增长率小于支出增长率，则养老金的收支平衡将面临压力，这不利于新农保的可持续发展。

（12）经办人员学历构成：探究新农保经办服务人员的学历构成，主要包括大专、本科以及硕士及以上学历人员的构成比例。一般来说，学历较高业务素质也较高，提高经办服务机构本科及以上学历人员比例有利于提高经办服务的质量与效率。当前中国的社保经办机构特别是基层经办机构工作人员以大专学历为主，要加强经办机构的建设，就必须提高本科及以上学历人员的比例，经办机构内高学历人才队伍的建设有利于促进中国新农保经办管理服务的可持续发展。

（13）养老保险费用征缴率：征缴率的高低反映了经办机构的管理建设问题，征缴率过低一方面反映了经办机构办事人员的工作效率过低，另一方面反映了中国新农保经办机构在管理建设中也存在诸多漏洞。征缴率越高，表明经办机构的经办效率越高，骗保、漏保的现象越少，这有利于养老金收入的增长，故提高养老保险费用征缴率有利于新农保制度的可持续发展。

（14）经办人员人均服务负荷比：人均服务负荷比＝经办机构服务人次/经办机构实有人员数目，人均服务负荷比在一定水平下才能够保证养老保险经办服务的质量。人均服务负荷比过高，反映经办服务机构人员短缺，经办机构人员的不足将会严重影响服务质量；同时人均服务负荷比过高也意味着经办服务人员的工作强度过高，长期高负荷工作会影响经办服务人员的工作效率与工作积极性，降低新农保经办服务的质量和效率。如果人均服务负荷比过低，则意味着新农保经办机构存在人员冗杂现象，机构的臃肿不仅会造成机构经办资源的巨大浪费，也会影响经办机构的服务效率，不利于新农保经办服务的可持续发展。

（15）经办人员人均经费支出：社会保险经办机构的运行需要经费的支持，所需经费主要用于商品和服务支出、基本建设支出、人员经费支出以及其他支出。中国社保经办机构的经费实行财政全额拨款，虽然近几年财政加大了对经办机构的经费支持，但是与实际工作需要相比，经费支出仍然不足，这严重影响了社保经办机构的服务质量与效率的提高，而且经费支出存在经办机构级别间的巨大差距，基层经办机构经费不足的现象尤为严重，而基层经办机构通常是社保经办服务的一线机构，办公经费不足会直接影响经办服务的质量，同时经办费用的不足还将导致经办机构建设特别是"金保工程"建设和机构信息化发展的滞后，这不利于经办机构服务效率与质量的提高，不利于机构经办服务的可持续。

（16）养老金按时足额发放率：养老金按时足额发放率是指养老金能够在指定的日期内足额发放给退休人员的比例，按时足额发放意味着没有出现拖欠、克扣现象。养老金按时足额发放率可以反映经办机构的服务效率和服务质量。该指标是正向指标，指标数值越高表明经办机构的服务效率越高，越有利于经办服务的可持续；若该指标数值较小，则反映了经办机构的服务效率低下，使得服务质量也大打折扣，降低参保人员对经办机构乃至整个新农保制度的信任感，从长期来看会影响居民参保的积极性，进而影响新农保制度的可持续性。

（17）腐败案件涉案人员占行政人员的比例：指新农保经办机

构内贪腐人员涉案比例的大小，该指标是个负向指标，指标数值越小越好。腐败案件涉案人员比例的大小能够反映经办机构管理和制度建设存在的问题。如果腐败案件涉案人员比例高，会在社会上造成不良影响，影响经办机构的公信力，降低参保人员对机构的信任，从而影响新农保的参保率，同时，腐败案件涉案资金会加大养老保险基金缺口，影响到养老金的正常发放，这些都不利于机构经办服务的可持续。

（18）经办机构的信息化程度：指经办机构运用计算机、网络和通信等现代化信息技术手段，实现新农保业务经办管理服务全程信息化的程度。该指标是个正向指标，中国目前主要通过"金保工程"的建设来推动经办机构的信息化。金保工程的实现可以提高社保经办机构的服务质量和效率，参保人员办理社保相关业务将更加便捷，同时全国实现数据联网还有利于新农保异地转移接续，并进而促进养老保险的全国统筹；实现金保工程还有利于经办机构与税务等其他部门的信息沟通，完善的信息数据共享将打击逃保、漏保等行为，金保工程实现"记录一生、服务一生、保障一生"的目标，可以对参保人进行长期的追踪，有利于信息公开，增加中国新农保业务的透明度，提高居民对新农保的信任和认可，这无疑是有利于新农保可持续发展的。

（19）统筹层次：养老保险统筹是指在一定范围内统一筹划养老保险基金的征缴、管理和使用。养老保险统筹层次主要包括全国统筹、省级统筹以及市县级统筹，从保险的大数定律来看，统筹层次越高越好，越有利于在更大的范围内分散养老风险，统筹层次越高，新农保基金运营管理的效率与收益也会越高。当前中国大部分地区还处于市县级统筹，少部分实现了省级统筹，较低级别的统筹使得各地区的养老保险基金投资分散，投资收益率较低，同时区域分割造成有的省份养老保险资金结余较多，而有些省份养老保险基金已经出现收不抵支，不利于地区间资源的调剂余缺，因而提高新农保的统筹层次，实现新农保基金的全国统一管理，是有利于整个制度的可持续发展的。

（20）基金投资收益率：该指标为正向指标，指标数值越大越好。当前中国新农保养老基金主要用于存银行或者购买国债，养老基金的投资收益率较低，随着《基本养老保险基金投资管理办法》（国发〔2015〕48号）的出台，养老金入市购买债券、基金、股票，多样化的投资方式将会实现，这有利于养老基金的保值增值。有价债券风险低、投资收益率高，是现阶段养老基金最主要的投资途径，随着中国资本市场日益走向成熟，养老基金的投资会日益转向证券市场，基金投资收益率会逐步提高，养老基金保值增值压力会减轻，这对于维持养老基金的收支平衡具有重要意义。

（21）新农保基金增长水平：新农保基金增长水平=新农保基金增长率/GDP增长率，新农保基金增长率主要是指新农保基金收入的增长率，新农保基金收入包括新农保的缴费收入、投资收益、财政补贴以及国资划拨，如果新农保基金增长水平小于1，即新农保基金增长率低于GDP增长率，表明新农保的发展水平还比较低，基金收入增长较慢，制度的推行和发展缓慢；如果新农保基金增长水平大于或等于1，即新农保基金增长率快于GDP增长率或者与GDP增长率持平，表明新农保发展水平较高，新农保制度的推行较为迅速。新农保基金增长水平越高，越有利于新农保制度的可持续发展。

（22）农村居民人均纯收入：农村居民人均纯收入是农民经济状况最直接的体现。该指标是个正向指标，农村居民人均纯收入高，是农村居民经济状况得到改善的最直接的反映，新农保具有调节收入分配的作用，是财政转移支付的重要途径之一，农村居民收入的增加不仅会为农村居民参加新农保创造必要的物质条件，而且会激励农民提高缴费档次，增加新农保的缴费收入；新农保制度的运行和完善反过来又会增加农村居民的养老金，进而使得农村居民的收入增加，形成一个良性循环，促进整个新农保制度的可持续发展。

（23）农村居民人均消费支出：是指农村居民用于日常生活的全部开支，是一个反映农民家庭实际生活水平高低的重要指标。该指标也为正向指标，因为消费直接反映了居民生活水平与生活质量，消费支出的增长意味着居民生活水平的提高。同时由于新农保的推行，降低了人们对未来生活特别是老年生活的风险担心，可以在一定程度上促使居民减少对未来养老的储备，从而增加即期消费来提高当前的生活质量，故新农保在一定程度上具有推动居民增加消费的作用，这是新农保经济功能的体现。

（24）农村居民人均储蓄存款余额：农村居民储蓄余额是指一定时点上农村居民在各种储蓄机构储蓄的总金额，农村居民人均储蓄存款余额＝储蓄总金额／农村居民存款人数，该指标反映了农村居民的储蓄情况。新农保的推行会减少居民对未来养老风险的担心，从而减弱居民为未来养老进行储蓄的动机，新农保的个人账户本身就是一个终身强制储蓄账户，可以形成大规模的储蓄资金，这在一定程度上会对农村居民的个人储蓄形成挤出效应。

（25）农村居民的恩格尔系数：通常用农村居民家庭食品支出总额占个人消费支出总额的比重表示，该指标能反映农村居民的生活水平，恩格尔系数越小，表明居民的生活水平越高。恩格尔系数也是一个判断收入的间接指标，新农保的推行是否增加了居民收入，改善了居民的生活，通过恩格尔系数的变化可以得到，虽然新农保的推行不是中国居民恩格尔系数下降的主因，但是这种推动力量的重要组成部分，恩格尔系数的下降表明新农保在一定程度上发挥了功效。

（26）农村贫困发生率：指农村贫困人口占全部农村总人口的比重，它反映地区贫困的广度。新农保一项最基本的功能就是增加农民的养老收入，减少农村老年贫困人口。该指标为负向指标，指标数值越小越好。新农保要实现"社会托底"必须重点支持农村贫困人口，加大对农村贫困人口的养老扶持，而老年贫困人口是农村贫困人口的重要构成群体，新农保制度每月固定为老年人提供一笔养老金，可以增加老年贫困人口的收入，减少老年贫困的发生。故新农保的实施能够有效缓解农村的贫困状况。

（27）农村居民收入的基尼系数：国际上通常用该指标来测量居民内部的收入分配差异状况，基尼系数说明财富在社会成员之间的分配程度，农村居民的基尼系数能够反映农村地区居民收入的贫富差距。新农保制度很重要的一项社会功能是调节收入分配，促进社会公平。中国农村内部收入差距在逐步扩大，农村居民贫富悬殊，通过观察农村居民基尼系数的变化能够检验新农保的推行是否发挥了缩小收入差距、实现社会公平的功能，这也是新农保制度建立的初衷，是新农保制度可持续发展所要达到的目标。

（28）新农保的覆盖率：覆盖率＝覆盖到的农民/全体农民，该指标反映的是制度覆盖人群的范围，是正向指标，指标数值越大越好。新农保制度的全覆盖体现了社会公平的理念，也是新农保制度追求的目标。新农保作为中国参保人群最大的社会保险险种，其实现全覆盖是中国整个社会保障制度实现全覆盖最为重要的组成部分，只有实现了全覆盖，才能发挥新农保制度的社会功能与经济功能。

（29）新农保的参保率：指参加新农保人数的比例，参保率＝参保农民/应参保的农民，该指标无疑为正向指标，指标值越大越好。参保的农村居民越多，新农保越能较好地发挥其应有的社会功能和经济功能。另外，提高参保率也会扩大新农保的缴费人群规模，增加新农保基金的收入，有利于新农保基金的收支平衡。参保率的提升表明农民对新农保的信任增加，制度的吸引力增强，参保率是整个制度赖以运行的必要条件。

（30）新农保平均养老金占城镇职工平均养老金的比例：这个指标可以反映新农保的平均养老金水平与城镇职工平均养老金水平的差异。该指标为正向指标，数值越大越好。因为中国的城乡二元制度，长期以来农村地区的社会养老保险基本处于空白状态，新农保制度的建立虽然填补了这一空白，但是新农保的养老金待遇与城镇职工的养老金待遇存在巨大差异，社会保险制度一个很重要的社会目标是促进社会公平，当前城乡社会养老保险待遇的巨大差距无疑是不利于社会公平的，因而要努力缩小社会保险的城乡差距，故该指标的数值越大越好。

（31）农民的参保意愿：参保意愿是一个反映参保农民主观态度的正向指标，用主观意愿的强弱来表示，农民参保意愿越强，越有利于提升制度的参保率，从而促进制度的可持续发展。农民的参保意愿受多种因素的影响，包括收入、对未来的预期、对新农保制度的认识与信任、他人的影响以及各种媒介传播的影响。新农保实行的是农民自愿参保，较强的参保意愿还有利于参保农民提高缴费档次，积极的参保意愿能够推动制度的进步与完善，促进制度可持续运行。

（32）农民的满意度：是反映参保农民主观态度的指标，也是正向指标。满意度是参保农民对新农保制度的评价，对制度评价的满意度能够反映制度设计和运行中存在的问题，针对存在的问题不断进行修正能够推动制度的可持续发展。同时较高的满意度可以提高社会对新农保制度的信任度，并进而提升新农保的参保意愿，提高新农保制度的参保率。

（33）有关新农保的法律数目：指目前国家已经颁布的涉及新农保制度的法律数目，法律数目越多，法律越完备，表明新农保制度获得的法律保障越多。制度立法是制度实施的前提，有了法律的保障，才能够破除制度实施过程中所面临的诸多外部问题，制度立法也是制度规范的一种表现，是制度走向正规化、长久化的必要条件，加强新农保的立法，对新农保制度设计、基金筹集、运营管理与发放以及经办服务等一系列流程进行法律规定，才能够保证新农保制度实施的有法可依，推动新农保制度的可持续运行。

（34）有关新农保的行政法规数目：指国家行政机构目前已经

颁布的有关新农保的行政法规的数目，行政法规越完善，新农保制度获得保障的程度就越高。由于法律出台所需要的时间较长，政府部门在制度执行过程中发布行政法规就显得尤为重要，行政法规是制度推行最为重要的行动指南，对解决新农保制度运行过程中出现的各种新问题能够起到临时的指导与规范作用。

（35）法律及行政法规的调整频率：如果有关某项制度的行政法规频繁进行调整，会对制度的实施造成干扰，也会加剧社会大众对制度不稳定性的预期，因而有关制度的法律和行政法规应当是稳定性的和循序渐进的，而不能朝令夕改。要保持新农保制度的稳定性，必须严禁在短时间内对制度做过大的更改，制度的顶层设计必须考虑长远的发展，做好各种预案，使得新农保制度能够可持续发展。

（36）经济增速：中国新农保制度在很大程度上依赖国家财政的支持，而财政的增长则依赖于经济的增长，所以经济的兴衰势必影响新农保制度的财务可持续，随着中国经济增速下滑，经济增长进入新常态，财政收入增速也逐步降低，这对新农保制度长期依赖财政投入是个严峻的考验。同时经济增速的下滑也会影响农民收入的增长，这将进而影响农民的参保意愿，同时也会影响农民缴费档次的提高，所以新农保制度的可持续发展必须保证一定的经济增速。

（37）新农保转移接续的便捷度：中国正处于城镇化的快速推进阶段，人口流动频繁，跨省流动人口数量庞大，而当前中国养老保险尚未实现全国统一，这就涉及养老保险的转移接续问题，需要相关的政策法规为经办机构提供指导，使得转移接续问题能够顺利推进。同时还需要简化转移接续办理的手续，尽可能减少行政审批和各种证明，这一方面需要加强全国新农保的数据采集，建立统一的数据库系统，实现跨区联网；另一方面需要减少行政审批，加大新农保电子政务的推行，简化相关手续，提高业务办理的便捷度。

（38）信息化管理技术及精算技术：该指标为正向指标，新农保信息化管理技术及精算技术越强，越有利于新农保制度的可持续发展。但是该指标无法获得具体的指标数值，只能根据各地新农保技术实际情况给予一定的评分，评分越高表示该地新农保的信息化管理技术及精算技术越强。

（39）政府管理理念的转变：政府管理理念的转变主要体现在更加注重民生、更加注重公平正义以及注重管理效率的提高，这种管理理念是有利于新农保制度的可持续发展的。但是，该指标也无法得到很精确的测量，只能依据各地政府的行政作风及老百姓的评价给予一定的评分，评分分值越高，意味着政府管理理念越先进，有利于新农保制度的可持续发展。

二　新农保制度可持续性综合评估指标权重的确定

在构建了新农保可持续性评估指标体系之后，还需要通过一定的方法确定指标权重，本研究选择层次分析法对指标进行两两比较从而确定指标的相对权重，最后通过层次总排序确定各指标在整个指标体系中的地位及其权重。

（一）各层级指标间相对重要性的判断矩阵构建方法

判断矩阵为针对上一层次的某个指标而言本层次与之有关的指标之间相对重要性的比较矩阵。判断矩阵的一般形式如表 4 - 2 所示。

表 4 - 2　判断矩阵的一般形式

A	B_1	B_2	B_3
B_1	b_{11}	b_{12}	b_{13}
B_2	b_{21}	b_{22}	b_{23}
B_3	b_{31}	b_{32}	b_{33}

在层次分析法中，为了使决策判断定量化，形成数值判断矩阵，常根据一定的比率标度将判断定量化，通常采用的是 1 ~ 9 标

度法（见表4－3）。

表4－3　判断矩阵标度及其含义

序号	重要性等级	$C_{i,j}$赋值
1	i，j两元素同等重要	1
2	i元素比j元素稍重要	3
3	i元素比j元素明显重要	5
4	i元素比j元素强烈重要	7
5	i元素比j元素极端重要	9
6	i元素比j元素稍不重要	1/3
7	i元素比j元素明显不重要	1/5
8	i元素比j元素强烈不重要	1/7
9	i元素比j元素极端不重要	1/9

注：$C_{i,j}=\{2，4，6，8，1/2，1/4，1/6，1/8\}$ 表示重要性等级介于 $C_{i,j}=\{1，3，5，7，9，1/3，1/5，1/7，1/9\}$，这些数字是根据人们进行定性分析的直觉和判断力而确定的。

（二）层次单排序和一致性检验

层次单排序是根据判断矩阵计算出本层次指标相对于上层次某指标而言的权重，并对其进行排序，可通过计算判断矩阵的特征根和特征向量得到，即对判断矩阵 B，计算满足 $BW = \lambda_{\max}W$ 的特征根和特征向量，并将特征向量正规化，将正规化后所得到的特征向量 $W = [W_1，W_2，\cdots，W_n]^T$ 作为本层次指标 b_1，b_2，$\cdots$，b_n 对于其隶属指标 A_k 的排序值。

在建立判断矩阵时，还需要进行一致性检验，首先计算判断矩阵的一致性指标 CI，$CI = \dfrac{\lambda_{\max} - n}{n - 1}$，然后将 CI 的值与平均随机一致性指标 RI 的值进行比较，计算出 CR 的值，$CR = CI/RI$，若 $CR < 0.10$，则判断矩阵的一致性较好，否则需要调整判断矩阵直至其通过一致性检验。RI 值如表4－4所示。

表 4 – 4　阶数及 RI 值

阶数 n	1	2	3	4	5	6	7	8	9	10
RI	0.00	0.00	0.58	0.90	1.12	1.24	1.32	1.41	1.45	1.49

本研究各指标层次单排序及一致性检验结果如表 4 – 5 至表 4 – 19所示。

表 4 – 5　新农保制度综合评价指标层次单排序

可持续性评估	财务可持续	运行可持续	功能可持续	外部支持可持续	W
财务可持续	1	5	3	7	0.5650
运行可持续	1/5	1	1/3	3	0.1175
功能可持续	1/3	3	1	5	0.2622
外部支持可持续	1/7	1/3	1/5	1	0.0553

注：$\lambda_{max} = 4.1170$，$CI = 0.0390$，$RI = 0.90$，$CR = 0.0433 < 0.10$。

表 4 – 6　新农保制度财务可持续性评估准则相关矩阵

财务可持续	制度设计	基金筹集	养老基金支出	W
制度设计	1	1/3	1/4	0.1243
基金筹集	3	1	2	0.5171
养老基金支出	4	1/2	1	0.3586

注：$CI = 0.0539$，$RI = 0.58$，$CR = 0.0930 < 0.10$。

表 4 – 7　新农保制度运行可持续性评估准则相关矩阵

运行可持续	经办管理服务	基金运营	W
经办管理服务	1	1/3	0.25
基金运营	3	1	0.75

注：$CI = 0$，$RI = 0$，$CR = 0 < 0.10$。

表 4 – 8 新农保制度功能可持续性评估准则相关矩阵

功能可持续	经济功能	社会功能	W
经济功能	1	1	0.5
社会功能	1	1	0.5

注：$CI = 0$，$RI = 0$，$CR = 0 < 0.10$。

表 4 – 9 新农保制度外部支持可持续性评估准则相关矩阵

外部支持可持续	社会认同	法律法规	其他支持	W
社会认同	1	3	5	0.6370
法律法规	1/3	1	3	0.2583
其他支持	1/5	1/3	1	0.1047

注：$CI = 0.0193$，$RI = 0.58$，$CR = 0.0401 < 0.10$。

表 4 – 10 新农保制度设计可持续性评估准则相关矩阵

制度设计	养老金平均替代率	平均养老金上涨幅度	养老金计发月数	W
养老金平均替代率	1	3	5	0.6370
平均养老金上涨幅度	1/3	1	3	0.2583
养老金计发月数	1/5	1/3	1	0.1047

注：$CI = 0.0193$，$RI = 0.58$，$CR = 0.0401 < 0.10$。

表 4 – 11 新农保基金筹集可持续性评估准则相关矩阵

基金筹集	参保农民的个人缴费率	中央财政补助占新农保收入的比例	地方财政和集体补助占新农保收入的比例	保费收入占GDP的比例	保费收入的年增长率	W
参保农民的个人缴费率	1	1/2	3	5	6	0.2994
中央财政补助占新农保收入的比例	2	1	4	6	7	0.4502
地方财政和集体补助占新农保收入的比例	1/3	1/4	1	3	4	0.1412

续表

基金筹集	参保农民的个人缴费率	中央财政补助占新农保收入的比例	地方财政和集体补助占新农保收入的比例	保费收入占 GDP 的比例	保费收入的年增长率	W
保费收入占 GDP 的比例	1/5	1/6	1/3	1	2	0.0652
保费收入的年增长率	1/6	1/7	1/4	1/2	1	0.0440

注：$CI = 0.0345$，$RI = 1.12$，$CR = 0.0308 < 0.10$。

表 4 – 12 新农保养老基金支出可持续性评估准则相关矩阵

养老基金支出	养老金支出占 GDP 的比例	养老金支出的增长率	养老金收入与支出增长率的差额	W
养老金支出占 GDP 的比例	1	1/2	1/4	0.1365
养老金支出的增长率	2	1	1/3	0.2385
养老金收入与支出增长率的差额	4	3	1	0.6250

注：$CI = 0.0091$，$RI = 0.58$，$CR = 0.0158 < 0.10$。

表 4 – 13 新农保经办管理服务可持续性评估准则相关矩阵

经办管理服务	经办人员学历构成	养老保险费用征缴率	经办人员人均服务负荷比	经办人员人均经费支出	养老金按时足额发放率	腐败案件涉案人员占行政人员的比例	经办机构的信息化程度	W
经办人员学历构成	1	1/2	1/3	1/5	2	3	1/4	0.0676
养老保险费用征缴率	2	1	1/2	1/4	3	4	1/3	0.1036
经办人员人均服务负荷比	3	2	1	1/3	4	5	1/2	0.1587
经办人员人均经费支出	5	4	3	1	6	7	2	0.3543

续表

经办管理服务	经办人员学历构成	养老保险费用征缴率	经办人员人均服务负荷比	经办人员人均经费支出	养老金按时足额发放率	腐败案件涉案人员占行政人员的比例	经办机构的信息化程度	W
养老金按时足额发放率	1/2	1/3	1/4	1/6	1	2	1/5	0.0448
腐败案件涉案人员占行政人员的比例	1/3	1/4	1/5	1/7	1/2	1	1/6	0.0312
经办机构的信息化程度	4	3	2	1/2	5	6	1	0.2399

注：$CI = 0.0326$，$RI = 1.32$，$CR = 0.0247 < 0.10$。

表 4 - 14　新农保基金运营可持续性评估准则相关矩阵

基金运营	统筹层次	基金投资收益率	新农保基金增长水平	W
统筹层次	1	1/2	3	0.3196
基金投资收益率	2	1	4	0.5584
新农保基金增长水平	1/3	1/4	1	0.1220

注：$CI = 0.0091$，$RI = 0.58$，$CR = 0.0158 < 0.10$。

表 4 - 15　新农保经济功能可持续性评估准则相关矩阵

经济功能	农村居民人均纯收入	农村居民人均消费支出	农村居民人均储蓄存款余额	农村居民的恩格尔系数	W
农村居民人均纯收入	1	2	3	5	0.4729
农村居民人均消费支出	1/2	1	2	4	0.2844
农村居民人均储蓄存款余额	1/3	1/2	1	3	0.1699
农村居民的恩格尔系数	1/5	1/4	1/3	1	0.0729

注：$CI = 0.0170$，$RI = 0.90$，$CR = 0.0189 < 0.10$。

表4-16 新农保社会功能可持续性评估准则相关矩阵

社会功能	农村贫困发生率	农村居民收入的基尼系数	新农保的覆盖率	新农保的参保率	新农保平均养老金占城镇职工平均养老金的比例	W
农村贫困发生率	1	2	4	5	3	0.4185
农村居民收入的基尼系数	1/2	1	3	4	2	0.2625
新农保的覆盖率	1/4	1/3	1	2	1/2	0.0973
新农保的参保率	1/5	1/4	1/2	1	1/3	0.0618
新农保平均养老金占城镇职工平均养老金的比例	1/3	1/2	2	3	1	0.1599

注：$CI = 0.0170$，$RI = 1.12$，$CR = 0.0152 < 0.10$。

表4-17 新农保社会认同可持续性评估准则相关矩阵

社会认同	农民的参保意愿	农民的满意度	W
农民的参保意愿	1	1	0.5
农民的满意度	1	1	0.5

注：$CI = 0$，$RI = 0$，$CR = 0 < 0.10$。

表4-18 新农保法律法规可持续性评估准则相关矩阵

法律法规	有关新农保的法律数目	有关新农保的行政法规数目	法律及行政法规的调整频率	W
有关新农保的法律数目	1	2	4	0.5584
有关新农保的行政法规数目	1/2	1	3	0.3196
法律及行政法规的调整频率	1/4	1/3	1	0.1220

注：$CI = 0.0091$，$RI = 0$，$CR = 0.0158 < 0.10$。

表 4-19 新农保其他支持可持续性评估准则相关矩阵

其他支持	经济增速	新农保转移接续的便捷度	信息化管理技术及精算技术	政府管理理念的转变	W
经济增速	1	3	4	5	0.5462
新农保转移接续的便捷度	1/3	1	2	3	0.2323
信息化管理技术及精算技术	1/4	1/2	1	2	0.1377
政府管理理念的转变	1/5	1/3	1/2	1	0.0838

注: $CI = 0.0170$, $RI = 0$, $CR = 0.0189 < 0.10$。

(三) 层次总排序和一致性检验

依照前文所介绍的层次分析法的步骤及计算方式,求出各层面中评估准则及指标的相对权重值。以新农保财务可持续为例,其下层有三个评估准则即制度设计、基金筹集以及养老基金支出,经过新农保可持续评估—新农保财务可持续评估—新农保制度设计可持续评估准则两层的权重计算后,即可求出新农保制度设计可持续评估准则层相对于整个新农保可持续评估整体而言所占的比重。例如,新农保财务可持续占整个新农保可持续的重要性比重为 0.5650,而新农保制度设计可持续占新农保财务可持续的重要性比重为 0.1243,则新农保制度设计可持续占整个新农保可持续的重要性比重为 $0.5650 \times 0.1243 = 0.0702$。

设总目标层为 A 层,分目标层为 B 层,准则层为 C 层,指标层为 D 层,则各层指标权重如表 4-20 和表 4-21 所示。

表 4-20 新农保制度的层次 A-C 指标权重

	财务可持续	运行可持续	功能可持续	外部支持可持续	层次 A-C 总排序
	0.5650	0.1175	0.2622	0.0553	1.000
制度设计	0.1243				0.0702
基金筹集	0.5171				0.2922

续表

	财务可持续	运行可持续	功能可持续	外部支持可持续	层次 A－C 总排序
	0.5650	0.1175	0.2622	0.0553	1.000
养老基金支出	0.3586				0.2026
经办管理服务		0.25			0.0294
基金运营		0.75			0.0881
经济功能			0.5		0.1311
社会功能			0.5		0.1311
社会认同				0.6370	0.0352
法律法规				0.2583	0.0143
其他支持				0.1047	0.0058

　　为了防止微小的一致性累计产生严重的非一致性，还需要做总体一致性检验，只有总体一致性良好，才能最终确定各指标层次的权重总排序。

　　1. A－C 层一致性检验

　　根据公式 $CR = \sum_{j=1}^{m} W_j CI_j / \sum_{j=1}^{m} W_j RI_j$，可知：

　　$CI_{A-C} = [0.5650, 0.1175, 0.2622, 0.0553] \times [0.0539, 0, 0, 0.0193]^T = 0.03152079$；

　　$RI_{A-C} = [0.5650, 0.1175, 0.2622, 0.0553] \times [0.58, 0, 0, 0.58]^T = 0.359774$；

　　$CR_{A-C} = CI_{A-C} / RI_{A-C} = 0.03152079 / 0.359774 = 0.0876 < 0.1$，符合要求。

　　2. A－D 层一致性检验

　　$CI_{A-D} = [0.1243, 0.5171, 0.3586, 0.25, 0.75, 0.5, 0.5, 0.6370, 0.2583, 0.1047] \times [0.0193, 0.0345, 0.0091, 0.0326, 0.0091, 0.0170, 0.0170, 0, 0.0091, 0.0170]^T = 0.05960763$；

表 4-21 新农保制度的层次 A-D 指标权重

	制度设计	基金筹集	养老基金支出	经办管理服务	基金运营	经济功能	社会功能	社会认同	法律法规	其他支持	层次 A-D 总排序
	0.0702	0.2922	0.2026	0.0294	0.0881	0.1311	0.1311	0.0352	0.0143	0.0058	1.000
养老金平均替代率	0.6370										0.0447
平均养老金上涨幅度	0.2583										0.0181
养老金计发月数	0.1047										0.0073
参保农民的个人缴费率		0.2994									0.0875
中央财政补助占新农保收入的比例		0.4502									0.1315
地方财政和集体补助占新农保收入的比例		0.1412									0.0413
保费收入占 GDP 的比例		0.0652									0.0191
保费收入的年增长率		0.0440									0.0129
养老金支出占 GDP 的比例			0.1365								0.0277
养老金支出的增长率			0.2385								0.0483
养老收入与支出增长率的差额			0.6250								0.1266
经办人员学历构成				0.0676							0.0020
养老保险费用征缴率				0.1036							0.0030
经办人员人均服务负荷比				0.1587							0.0047

续表

	制度设计 0.0702	基金筹集 0.2922	养老基金支出 0.2026	经办管理服务 0.0294	基金运营 0.0881	经济功能 0.1311	社会功能 0.1311	社会认同 0.0352	法律法规 0.0143	其他支持 0.0058	层次A-D总排序 1.000
经办人员人均经费支出				0.3543							0.0104
养老金按时足额发放率				0.0448							0.0013
腐败案件涉案人员占行政人员的比例				0.0312							0.0009
经办机构的信息化程度				0.2399							0.0071
统筹层次					0.3196						0.0282
基金投资收益率					0.5584						0.0492
新农保基金增长水平					0.1220						0.0107
农村居民人均纯收入						0.4729					0.0620
农村居民人均消费支出						0.2844					0.0373
农村居民人均储蓄存款余额						0.1699					0.0223
农村居民的恩格尔系数						0.0729					0.0096
农村贫困发生率							0.4185				0.0549
农村居民收入的基尼系数							0.2625				0.0344
新农保的覆盖率							0.0973				0.0128
新农保的参保率							0.0618				0.0081

续表

	制度设计 0.0702	基金筹集 0.2922	养老基金支出 0.2026	经办管理服务 0.0294	基金运营 0.0881	经济功能 0.1311	社会功能 0.1311	社会认同 0.0352	法律法规 0.0143	其他支持 0.0058	层次 A-D 总排序 1.000
平均养老金占城镇职工平均养老金的比例							0.1599				0.0210
农民的参保意愿								0.5			0.0176
农民的满意度								0.5			0.0176
有关新农保的法律数目									0.5584		0.0080
有关新农保的行政法规数目									0.3196		0.0046
法律及行政法规的调整频率									0.1220		0.0017
转移接续的便捷度										0.5462	0.0032
经济增速										0.2323	0.0013
信息化管理技术及精算技术										0.1377	0.0008
政府管理理念的转变										0.0838	0.0005

$RI_{A-D} = [\,0.1243,\ 0.5171,\ 0.3586,\ 0.25,\ 0.75,\ 0.5,\ 0.5,$
$0.6370,\ 0.2583,\ 0.1047\,] \times [\,0.58,\ 1.12,\ 0.58,\ 1.32,\ 0.58,$
$0.90,\ 1.12,\ 0,\ 0,\ 0\,]^{T} = 2.634234;$

$CR_{A-D} = CI_{A-D}/RI_{A-D} = 0.05960763/2.634234 = 0.022628069 <$
0.1，也符合要求。因此，各层面准则及指标权重如表 4-22 所示。

表 4-22　新农保制度各层面准则及指标权重汇总

总指标	准则层指标	次准则层指标	子指标层	
可持续性评估	财务可持续 (0.5650)	制度设计 (0.0702)	养老金平均替代率	0.0447
			平均养老金上涨幅度	0.0181
			养老金计发月数	0.0073
		基金筹集 (0.2922)	参保农民的个人缴费率	0.0875
			中央财政补助占新农保收入的比例	0.1315
			地方财政和集体补助占新农保收入的比例	0.0413
			保费收入占 GDP 的比例	0.0191
			保费收入的年增长率	0.0129
		养老基金支出 (0.2026)	养老金支出占 GDP 的比例	0.0277
			养老金支出的增长率	0.0483
			养老金收入与支出增长率的差额	0.1266
	运行可持续 (0.1175)	经办管理服务 (0.0294)	经办人员学历构成	0.0020
			养老保险费用征缴率	0.0030
			经办人员人均服务负荷比	0.0047
			经办人员人均经费支出	0.0104
			养老金按时足额发放率	0.0013
			腐败案件涉案人员占行政人员的比例	0.0009
			经办机构的信息化程度	0.0071
		基金运营 (0.0881)	统筹层次	0.0282
			基金投资收益率	0.0492
			新农保基金增长水平	0.0107

续表

总指标	准则层指标	次准则层指标	子指标层	
	功能可持续 (0.2622)	经济功能 (0.1311)	农村居民人均纯收入	0.0620
			农村居民人均消费支出	0.0373
			农村居民人均储蓄存款余额	0.0223
			农村居民的恩格尔系数	0.0096
		社会功能 (0.1311)	农村贫困发生率	0.0549
			农村居民收入的基尼系数	0.0344
			新农保的覆盖率	0.0128
			新农保的参保率	0.0081
			新农保平均养老金占城镇职工平均养老金的比例	0.0210
	外部支持可持续 (0.0553)	社会认同 (0.0352)	农民的参保意愿	0.0176
			农民的满意度	0.0176
		法律法规 (0.0143)	有关新农保的法律数目	0.0080
			有关新农保的行政法规数目	0.0046
			法律及行政法规的调整频率	0.0017
		其他支持 (0.0058)	转移接续的便捷度	0.0032
			经济增速	0.0013
			信息化管理技术及精算技术	0.0008
			政府管理理念的转变	0.0005

三　新农保制度可持续性综合评估指标评估标准的确定

在确定了各层次指标的权重之后，需要进一步确定各指标的评估标准。每一个指标都有一定的取值范围，在该范围内，指标取值不同，对应的可持续程度也不同。本研究在确定指标的评估标准时，根据各地区指标的实际数值，将指标取值范围划分为 5 个区间，并进行赋分，最高分为 5 分，向下依次为 4 分、3 分、2 分、

1分，各地区指标取值落在不同数值区间，评估得分会不同，结合各指标的权重，可算出各地区进行相对比较时的一个综合的可持续性评估得分，得分越高意味着该地区的新农保制度的可持续性越强。由于新农保制度运行可持续这一指标层下的经办管理服务指标层和新农保制度外部支持可持续指标层以及新农保制度功能可持续中社会功能指标层中的新农保的参保率缺乏各省的有效数据，且这些指标的权重总和为0.0928，占整个指标层的权重不到10%，对总体评估结果影响并不大，因而本研究采取保留指标层级及相应的指标权重，无法获取有效数据的指标不参与最后的综合评估。不参与综合评估的指标包括经办人员学历构成、养老保险费用征缴率、经办人员人均服务负荷比、经办人员人均经费支出、养老金按时足额发放率、腐败案件涉案人员占行政人员的比例、经办机构的信息化程度、新农保的参保率、农民的参保意愿、农民的满意度、有关新农保的法律数目、有关新农保的行政法规数目、法律及行政法规的调整频率、新农保转移接续的便捷度、经济增速、信息化管理技术及精算技术、政府管理理念的转变。以2014年全国各省新农保制度运行实际情况及相应的数据为例，参与评估的指标计算方法及相应的指标评估标准如下所示。

养老金平均替代率：根据前文的指标含义及计算公式，该指标也可以采用农村居民年平均养老金与年人均收入的比值来表示，该指标的数值必须保持一定的适度水平，替代率过低则不能保证农民的基本生活水平，替代率过高则会对养老基金收支平衡造成过大压力，同时还会造成严重的财政负担。通过查询《中国统计年鉴2015》获得2014年全国各省养老金支出额以及实际领取养老金待遇的人数，通过计算获得全国各省2014年新农保年平均养老金，用全国各省新农保年平均养老金除以各省农村居民人均可支配收入，即可获得各省新农保的平均替代率数值。通过计算发现全国各省新农保替代率普遍偏低，最高的只有34%，故在当前情况下，全国各省新农保替代率指标是一个正向指标，即新农保替代率越高，得分越高，新农保替代率越低，得分越低，对各省新农保替代率进行高低排序并分档次，对每个档次进行赋分，赋分规则如下：新农保替代率小于10%的省份得分为1，新农保替代率在10%～13%的省份得分为2，新农保替代率在13%～15%的省份得分为3，新农保替代率在15%～20%的省份得分为4，新农保替代率大于20%的省份得分为5。

平均养老金上涨幅度：平均养老金上涨幅度必须保持在一个适度的范围内，上涨幅度如果过高，会造成养老金的支出额过大，对养老金的收支平衡产生影响；上涨幅度过低，则不能保证待遇领取人员的基本生活水平。本研究认为平均养老金上涨幅度应该与当期的农村居民人均可支配收入的上涨幅度持平，平均养老金上涨幅度在农村居民人均可支配收入上涨幅度的附近即可获得高分，高于或者低于农村居民人均可支配收入上涨幅度都获得相应的低分。本研究通过查询《中国统计年鉴2014》和《中国统计年鉴2015》获得2013年和2014年新农保（城乡居保）养老金的支出额以及待遇实际领取人数，然后计算2013年、2014年新农保的年平均养老金，再计算以2013年为基础的2014年平均养老金上涨幅度，获得2014年全国各省平均养老金上涨幅度，对平均养老金上涨幅度进行排序，划分相应的档次并赋分，赋分规则如下：平均养老金上涨幅度小于0或者大于30%的省份得1分，平均养老金上涨幅度在0～1%或者22%～30%的省份得2分，平均养老金上涨幅度在1%～6%或19%～22%的省份得3分，平均养老金上涨幅度在6%～10%或13%～19%的省份得4分，平均养老金上涨幅度在10%～13%的省份得5分。

养老金计发月数：指参保农民领取养老金时个人账户的计发月数，计发月数与参保人开始领取养老金的年龄有关，在考虑人口预期寿命各影响因素的前提下计算出的平均计发月数具有一定的合理性。目前中国规定无论男女开始领取新农保养老金的年龄均为60岁，个人账户计发月数无论男女均统一为139，故本研究对各省计发月数指标都赋相同的分值5分。

参保农民的个人缴费率：通过查询《中国统计年鉴2015》获得2014年全国各省农村居民人均可支配收入，再计算全国各省新农保个人最低缴费率。新农保个人最低缴费率是一个负向指标，在同一缴费档次上，个人最低缴费率越高，表明其缴费能力越弱，个人最低缴费率越低，表明其承受更高缴费档次的能力越强，未来提高缴费档次的空间越大，对新农保个人最低缴费率进行排序并赋分，赋分规则如下：新农保个人最低缴费率大于1.3%的省份得分为1，新农保个人最低缴费率在1.1%~1.3%的省份得分为2，新农保个人最低缴费率在1%~1.1%的省份得分为3，新农保个人最低缴费率在0.9%~1%的省份得分为4，新农保个人最低缴费率在0.4%~0.9%的省份得分为5。

新农保中央财政补助占新农保收入的比例：2014年新农保基础养老金的月标准由每人每月55元提高到每人每月70元，因而中央财政对全国各省新农保基础养老金的补助额=各省60岁以上人口数×70×12×50%（东部省份），中央财政对全国各省新农保基础养老金的补助额=各省60岁以上人口数×70×12（中西部省份），由于无法获得各省60岁以上的农村人口数，并且由于全国各省农村地区人口年龄结构相差并不大，可以用全国60岁以上人口比例来近似代替全国各省60岁以上的农村人口比例，通过查询《中国统计年鉴2015》获得全国各省农村人口并近似计算得到全国各省60岁以上的农村人口数，再分别计算东部省份中央财政对新农保基础养老金的补助额以及中西部省份中央财政对新农保基础养老金的补助额，其中东部省份包括上海、山东、江苏、广东、北京、天津、辽宁、浙江、福建和海南，中西部省份包括山西、河北、安徽、吉林、湖北、黑龙江、河南、江西、广西、四川、湖南、贵州、重庆、云南、陕西、内蒙古、甘肃、宁夏、青海、新疆、西藏（河北虽然属于东部省份，但是在新农保补助政策中享受中西部待遇），获得了各省份中央财政对新农保基础养老金的补助额后，用补助额除以各省新农保基金收入，即可求得新农保中央财政补助占新农保总收入的比例，对该比例进行排序并进行赋分，赋分规则如下：新农保中央财政补助占新农保收入的比例大于 60% 的省份得 1 分，新农保中央财政补助占新农保收入的比例在 40%～60% 的省份得 2 分，新农保中央财政补助占新农保收入的比例在 20%～40% 的省份得 3 分，新农保中央财政补助占新农保收入的比例在 10%～20% 的省份得 4 分，新农保中央财政补助占新农保收入的比例在 3%～10% 的省份得 5 分。

新农保地方财政和集体补助占新农保收入的比例：该指标为正向指标，指标值越大，说明地方财政及集体补助对新农保政策的支持度越高，对参保农民的激励性越大。东部地区新农保地方财政和集体补助数额 = 东部地区各省 60 岁以上人口数 × 70 × 12 × 50% + 东部地区各省 16～59 岁人口数 × 30，中西部地区新农保地方财政和集体补助数额 = 中西部地区各个省份 16～59 岁人口数 × 30，通过查询《中国统计年鉴 2015》获得各省农村地区人口数，由于无法获得各省 60 岁以上的农村人口数，并且由于全国各省农村地区人口年龄结构相差并不大，可以用全国 60 岁以上人口比例来近似代替全国各省 60 岁以上的农村人口比例，然后可依次获得全国各省新农保地方财政和集体补助数额，用新农保地方财政和集体补助数额除以新农保收入额，即可获得新农保地方财政和集体补助占新农保收入的比例，对各省新农保地方财政和集体补助占新农保收入的比例进行排序并赋分，其赋分规则如下：新农保地方财政和集体补助占新农保收入的比例大于 15% 的省份得 1 分，新农保地方财政和集体补助占新农保收入的比例在 10%～15% 的省份得 2 分，新农保地方财政和集体补助占新农保收入的比例在 8%～10% 的省份得 3 分，新农保地方财政和集体补助占新农保收入的比例在 6%～8% 的省份得 4 分，新农保地方财政和集体补助占新农保收入的比例在 3%～6% 的省份得 5 分。

新农保保费收入占 GDP 的比例：通过检索《中国人力资源和

社会保障年鉴 2015》的相关数据得到 2014 年全国各省新农保保费收入数据，利用各省新农保保费收入除以各省 GDP 得到各省该指标的数值，其中吉林省的新农保保费收入占 GDP 的比例最小，为 0.16%，西藏自治区的新农保保费收入占 GDP 的比例最大，为 0.64%。新农保保费收入占 GDP 的比例是一个正向指标，即新农保保费收入占 GDP 的比例越高，得分越高，越有利于维持新农保的基金收支财务可持续；新农保保费收入占 GDP 的比例越低，得分越低，新农保面临财务危机的风险越大。对全国各省新农保费收入占 GDP 的比例由高到低进行排序并进行相应的赋分，赋分规则如下：新农保保费收入占 GDP 的比例在 0.15% ~ 0.20% 的省份得分为 1，新农保保费收入占 GDP 的比例在 0.20% ~ 0.30% 的省份得分为 2，新农保保费收入占 GDP 的比例在 0.30% ~ 0.40% 的省份得分为 3，新农保保费收入占 GDP 的比例在 0.40% ~ 0.50% 的省份得分为 4，新农保保费收入占 GDP 的比例大于 0.50% 的省份得分为 5。

新农保保费收入的年增长率：本研究以 2013 年新农保保费收入为基础，来测算 2014 年全国各省新农保保费收入的年增长率，通过查询《中国人力资源和社会保障年鉴 2014》和《中国人力资源和社会保障年鉴 2015》得到各省份 2013 年与 2014 年新农保保费收入数据（由于新农保与城镇居民社会养老保险已于 2014 年合并，2014 年数据为城乡居民基本养老保险的数据），经过计算可以得到 2014 年各省份新农保保费收入的年增长率，其中吉林、内蒙古、天津、黑龙江、重庆、湖南、安徽 7 个省份的新农保保费收入为负增长。新农保保费收入的年增长率是一个正向指标，即新农保保费收入增速越快，越有利于减轻新农保基金的支付压力，维持新农保未来的基金收支平衡；如果新农保保费收入增速缓慢甚至出现负增长，则不利于新农保的财务可持续。对全国各省新农保保费收入的年增长率进行排序并进行相应的赋分，赋分规则如下：新农保保费收入的年增长率小于 0 的省份得分为 1，新农保费收入的年增长率在 0 ~ 6% 的省份得分为 2，新农保保费收入的年增长率在 6% ~ 20% 的省份得分为 3，新农保保费收入的年增长率在 20% ~ 30% 的省份得分为 4，新农保保费收入的年增长率大于 30% 的省份得分为 5。

养老金支出占 GDP 的比例：本研究以 2014 年全国各省新农保基金支出规模为基础，通过查询《中国人力资源和社会保障年鉴 2015》并经过数据整理与计算获得 2014 年全国各省份养老金支出占 GDP 的比例。该指标是一个负向指标，即养老金支出占 GDP 的比例越大，得分越低，养老金支出占 GDP 的比例越小，得分越高，对全国各省份养老金支出占 GDP 的比例进行排序并进行赋分，赋分规则如下：养老金支出占 GDP 的比例大于 30% 的省份得分为 1，养老金支出占 GDP 的比例在 25% ~ 30% 的省份得分为 2，养老金支出占 GDP 的比例在 20% ~ 25% 的省份得分为 3，养老金支出占 GDP 的比例在 15% ~ 20% 的省份得分为 4，养老金支出占 GDP 的比例小于 15% 的省份得分为 5。

养老金支出的增长率：本研究以 2013 年养老金的支出规模为基础，来计算 2014 年养老金支出规模相对于 2013 年养老金支出规模的增长率。通过查询《中国人力资源和社会保障年鉴 2014》和《中国人力资源和社会保障年鉴 2015》获得 2013 年和 2014 年全国各省份新农保基金的支出规模，经过计算即可获得 2014 年养老金支出的增长率。养老金支出的增长率是一个负向指标，即养老金支出的增长率越高，得分越低，养老金支出的增长率越低，得分越高，该指标的赋分规则如下：养老金支出的增长率大于 25% 的省份得分为 1，养老金支出的增长率在 20% ~ 25% 的得分为 2，养老金支出的增长率在 10% ~ 20% 的得分为 3，养老金支出的增长率在 5% ~ 10% 的得分为 4，养老金支出的增长率小于 5% 的得分为 5。

养老金收入与支出增长率的差额：本研究先求出 2014 年全国各省养老金的收入增长率和支出增长率，然后对两个增长率求差值,通过查询《中国人力资源和社会保障年鉴2014》和《中国人力资源和社会保障年鉴2015》,可获得2013年和2014年全国各省养老金的收入规模和支出规模,计算出各省2014年养老金收入增长率以及养老金支出增长率,可求得各省2014年养老金收入与支出增长率的差额。养老金收入与支出增长率的差额是一个正向指标,养老金收入与支出增长率的差额越大,越有利于减小养老金支出压力;养老金收入与支出增长率的差额越小,越不利于养老金的收支平衡。对全国各省养老金收入与支出增长率的差额进行排序并进行相应的赋分,赋分规则如下:养老金收入与支出增长率的差额小于-20%的省份得分为1,养老金收入与支出增长率的差额在-20%~-10%的省份得分为2,养老金收入与支出增长率的差额在-10%~-5%的省份得分为3,养老金收入与支出增长率的差额在-5%~0的省份得分为4,养老金收入与支出增长率的差额大于0的省份得分为5。

统筹层次:早在1997年养老保险制度进行改革推广的时候,人力资源和社会保障部就要求各省尽快实行养老金的省级统筹,目前虽然已有28个省份建立了基本养老保险省级统筹制度,但是大部分省份仅仅止于制度的建立或者通过小比例的省级调剂金制度实现省级统筹,只有北京、上海、天津、西藏、青海、重庆、海南、陕西8个省份建立并实现了养老保险的省级统筹,其他省份都停留在市县级统筹阶段,各省养老保险收支差异巨大是导致制度难以推行的重要原因。对养老保险统筹层次的赋分采用以下规则:由于当前尚未实现全国统筹,主要区分省级统筹省份以及市县级统筹省份,实现省级统筹的北京、上海、天津、西藏、青海、重庆、海南、陕西8个省份赋4分,其余实现市县级统筹的省份赋3分。

基金投资收益率:由于各市县级统筹的养老保险资金主要采取存银行的方式,投资收益较低,年均收益率甚至低于2%,不能抵御CPI上涨的冲击。与市县级统筹的养老基金投资收益率低的情况不同，全国社会保障基金理事会所管理的全国社会保障基金的投资收益率相对较高，年化收益率达到11.43%，远远超过各地方社保基金的投资收益，当前做实个人账户试点的省份的个人账户基金也纳入全国社会保障基金理事会统一管理，此外社会保障基金理事会受广东省政府委托也管理投资运营广东省的养老基金。通过查询2014年全国社会保障基金理事会基金年度报告，可知2014年末，做实个人账户试点省份个人账户基金权益为1109.74亿元，累计投资收益为303.93亿元，当年度的收益率高达27.39%，广东省委托资金权益为1055.58亿元，累计投资收益为173.36亿元，年内收益率为16.42%，2014年社保基金年内投资收益率为11.69%，年均投资收益率为8.38%。非社会保障基金理事会委托管理的省份其年均收益率均低于2%，本研究采用社保基金年均收益率作为委托省份的年均投资收益率。委托省份主要包括个人做实账户试点省份吉林、辽宁、天津、黑龙江、上海、浙江、江苏、山西、山东、河南、湖南、湖北、新疆13个省份以及全额委托全国社会保障基金理事会管理的广东省。基金投资收益率指标的赋分规则如下：基金投资收益率小于2%的省份得1分，基金投资收益率在2%~4%的省份得2分，基金投资收益率在4%~6%的省份得3分，基金投资收益率在6%~8%的省份得4分，基金投资收益率大于8%的省份得5分。

新农保基金增长水平：通过查询《中国人力资源和社会保障年鉴2014》和《中国人力资源和社会保障年鉴2015》，可以获得2013年和2014年新农保累计结余资金，然后计算2014年新农保累计结余资金的增长率，再用各省新农保2014年累计结余资金的增长率除以2014年各省地区生产总值的增长率，即可获得2014年新农保基金增长水平，新农保基金增长水平指标是一个正向指标，其赋分规则如下：新农保基金增长水平在0~2的省份得分为1，新农保基金增长水平在2~3的省份得分为2，新农保基金增长水平在3~4的省份得分为3，新农保基金增长水平在4~6的省份得分为 4，新农保基金增长水平大于 6 的省份得分为 5。

农村居民人均纯收入：通过查询《中国统计年鉴 2015》获得 2014 年各省农村居民人均纯收入，农村居民人均纯收入是一个正向指标，即农村居民人均纯收入额度越大，得分越高，农村居民人均纯收入额度越小，得分越低，对各省农村居民人均纯收入进行 5 个等级的排序划分并进行相应的赋分，赋分规则如下：农村居民人均纯收入在 6000～8000 元的省份得分为 1，农村居民人均纯收入在 8000～10000 元的省份得分为 2，农村居民人均纯收入在 10000～11000 元的省份得分为 3，农村居民人均纯收入在 11000～15000 元的省份得分为 4，农村居民人均纯收入大于 15000 元的省份得分为 5。

农村居民人均消费支出：通过查询《中国统计年鉴 2015》获得全国各省 2014 年农村居民人均消费支出，农村居民人均消费支出是一个正向指标，即农村居民人均消费支出越高，表明农村居民生活水平越高，则得分越高，农村居民人均消费支出越低，则得分越低，对全国各省农村居民人均消费支出进行 5 个档次的划分并进行相应的赋分，其赋分规则如下：农村居民人均消费支出小于 5000 元的省份得分为 1，农村居民人均消费支出在 5000～7000 元的省份得分为 2，农村居民人均消费支出在 7000～8000 元的省份得分为 3，农村居民人均消费支出在 8000～10000 元的省份得分为 4，农村居民人均消费支出大于 10000 元的省份得分为 5。

农村居民人均储蓄存款余额：因为无法查询获取农村居民人均储蓄存款余额，本研究用城乡居民人均存款余额近似代替。通过查询《中国统计年鉴 2015》可以获得 2014 年全国各省城乡居民银行存款余额以及常住人口数量，城乡居民人均存款余额 = 城乡居民银行存款总额/城乡居民常住人口数量，该指标是一个正向指标，赋分规则如下：城乡居民人均存款余额在 0～20000 元的省份得 1 分，城乡居民人均存款余额在 20000～30000 元的省份得 2 分，城乡居民人均存款余额在 30000～40000 元的省份得 3 分，城乡居民人均存款余额在 40000 ~ 60000 元的省份得 4 分，城乡居民人均存款余额大于 60000 元的省份得 5 分。

农村居民的恩格尔系数：通过查询《中国统计年鉴 2015》，可以获得 2014 年全国各省农村居民人均消费支出的相关数据，据此可计算出农村居民的恩格尔系数。对全国各省农村居民的恩格尔系数进行 5 个档次的划分，恩格尔系数是一个负向指标，恩格尔系数越大，得分越低，恩格尔系数越小，得分越高，则全国各省农村居民的恩格尔系数的赋分规则如下：农村居民的恩格尔系数大于 50% 的省份得 1 分，农村居民的恩格尔系数在 36% ~ 50% 的省份得 2 分，农村居民的恩格尔系数在 30% ~ 36% 的省份得 3 分，农村居民的恩格尔系数在 29% ~ 30% 的省份得 4 分，农村居民的恩格尔系数小于 29% 的省份得 5 分。

农村贫困发生率：通过国务院扶贫开发领导小组办公室获得 2014 年全国各省农村地区的贫困人口，然后通过《中国统计年鉴 2015》获得 2014 年全国各省农村户籍人口，则农村贫困发生率 = 农村贫困人口/农村户籍人口，农村贫困发生率是一个负向指标，贫困发生率越高，得分越低，该指标的赋分规则如下：农村贫困发生率小于 1% 的省份得分为 5，农村贫困发生率在 1% ~ 6% 的省份得分为 4，农村贫困发生率在 6% ~ 10% 的省份得分为 3，农村贫困发生率在 10% ~ 20% 的省份得分为 2，农村贫困发生率大于 20% 的省份得分为 1。

农村居民收入的基尼系数：由于中国各省农村居民收入数据是非等距分组的形式，本研究的基尼系数计算办法主要采用以下公式：$G = 1 - \dfrac{1}{sr} \sum_{i=1}^{n} (r_{i-1} + r_i) s_i$，其中，$G$ 为基尼系数，s 为农村居民收入，r 为农村居民的人口，r_i 为第 i 组的累积人口，s_i 为第 i 组的累积收入，通过查询《中国统计年鉴 2015》以及各省（自治区、直辖市）2014 年的统计年鉴，获得各省级地区 2014 年农村居民收入的分组情况，由于统计年鉴中农村居民收入的最低收入组和最高收入组是开口组，本研究选择开口组的组中值作为这一组的农村居民平均收入，开口组的组中值＝上限＋（邻组组距/2），把相关数据代入公式中就可以依次计算出各省级地区的农村居民收入的基尼系数。农村居民收入的基尼系数是一个负向指标，即基尼系数越高，得分越低，该指标赋分规则如下：基尼系数大于 0.36 的省份得 1 分，基尼系数在 0.32～0.36 的省份得 2 分，基尼系数在 0.30～0.32 的省份得 3 分，基尼系数在 0.26～0.30 的省份得 4 分，基尼系数小于 0.26 的省份得 5 分。

新农保的覆盖率：新农保的覆盖率是检验新农保制度能否发挥其社会功能和经济功能的关键性指标，只有实现了制度的全覆盖，才能让全体农村居民享受到制度带来的福利。中国新农保已于 2012 年实现了制度的全覆盖，故 2014 年全国各省新农保的覆盖率均达到 100%，因而对各省新农保制度而言，该指标均可赋最高分 5 分。

新农保平均养老金占城镇职工平均养老金的比例：通过查询《中国统计年鉴 2015》可获得 2014 年新农保支出数额以及实际领取人数、2014 年城镇职工养老金支出数额以及城镇职工养老金领取人数，通过计算得到 2014 年城镇职工平均养老金、新农保平均养老金及新农保平均养老金占城镇职工平均养老金的比例。新农保平均养老金占城镇职工平均养老金的比例是一个正向指标，新农保平均养老金占城镇职工平均养老金的比例越高，表明城乡居民养老金水平差异越小，新农保平均养老金占城镇职工平均养老金的比例越低，表明城乡居民养老金水平差异越大。对全国各省新农保平均养老金占城镇职工平均养老金的比例进行排序并赋分，赋分规则如下：新农保平均养老金占城镇职工平均养老金的比例在 2%～3.5%的省份得分为 1，新农保平均养老金占城镇职工平均养老金的比例在 3.5%～4%的省份得分为 2，新农保平均养老金占城镇职工平均养老金的比例在 4%～5%的省份得分为 3，新农保平均养老金占城镇职工平均养老金的比例在 5%～10%的省份得分为

4，新农保平均养老金占城镇职工平均养老金的比例大于10%的省份得分为5。

各子指标的评分标准具体见表4-23，根据各指标的评分标准及指标权重，可以计算某个地区新农保制度可持续性的综合得分，若总得分在4~5分，意味着该地区新农保制度的可持续性很好；若总得分在3~4分，意味着该地区新农保制度的可持续性较好；若总得分在2~3分，意味着该地区新农保制度的可持续性一般，存在一定程度的可持续发展问题；若总得分在2分以下，意味着该地区新农保制度的可持续性较差，需要进行政策的调整。

表4-23　各子指标评分标准

子指标	1分	2分	3分	4分	5分
养老金平均替代率	小于10%	10%~13%	13~15%	15%~20%	大于20%
平均养老金上涨幅度	小于0或大于30%	0~1%或者22%~30%	1%~6%或19%~22%	6%~10%或13%~19%	10%~13%
养老金计发月数					139
参保农民的个人缴费率	大于1.3%	1.1%~1.3%	1%~1.1%	0.9%~1%	0.4%~0.9%
新农保中央财政补助占新农保收入的比例	大于60%	40%~60%	20%~40%	10%~20%	3%~10%
新农保地方财政和集体补助占新农保收入的比例	大于15%	10%~15%	8%~10%	6%~8%	3%~6%
新农保保费收入占GDP的比例	0.15%~0.20%	0.20%~0.30%	0.30%~0.40%	0.40%~0.50%	大于0.50%
新农保保费收入的年增长率	小于0	0~6%	6%~20%	20%~30%	大于30%
养老金支出占GDP的比例	大于30%	25%~30%	20%~25%	15%~20%	小于15%
养老金支出的增长率	大于25%	20%~25%	10%~20%	5%~10%	小于5%

子指标	1分	2分	3分	4分	5分
养老金收入与支出增长率的差额	小于 −20%	−20% ~ −10%	−10% ~ −5%	−5% ~ 0	大于 0
统筹层次			市县级统筹	省级统筹	
基金投资收益率	小于 2%	2% ~ 4%	4% ~ 6%	6% ~ 8%	大于 8%
新农保基金增长水平	0 ~ 2	2 ~ 3	3 ~ 4	4 ~ 6	大于 6
农村居民人均纯收入	6000 ~ 8000 元	8000 ~ 10000 元	10000 ~ 11000 元	11000 ~ 15000 元	大于 15000 元
农村居民人均消费支出	小于 5000 元	5000 ~ 7000 元	7000 ~ 8000 元	8000 ~ 10000 元	大于 10000 元
农村居民人均储蓄存款余额	0 ~ 20000 元	20000 ~ 30000 元	30000 ~ 40000 元	40000 ~ 60000 元	大于 60000 元
农村居民的恩格尔系数	大于 50%	36% ~ 50%	30% ~ 36%	29% ~ 30%	小于 29%
农村贫困发生率	大于 20%	10% ~ 20%	6% ~ 10%	1% ~ 6%	小于 1%
农村居民收入的基尼系数	大于 0.36	0.32 ~ 0.36	0.30 ~ 0.32	0.26 ~ 0.30	小于 0.26
新农保的覆盖率	80% 及以下	80% ~ 85%	85% ~ 90%	90% ~ 95%	95% 以上
新农保平均养老金占城镇职工平均养老金的比例	2% ~ 3.5%	3.5% ~ 4%	4% ~ 5%	5% ~ 10%	大于 10%

第二节　全国层面的新农保制度
可持续性综合评估

在构建起了新农保制度可持续性综合评估指标体系之后，本研究运用该指标体系对全国层面及部分典型地区的新农保制度的可持续性进行评估。限于指标数据获取的局限性，本研究仅以部分年份为例，对中国新农保制度的可持续性进行短期静态的评估。

一　全国各省份开展新农保制度的基本情况

自 2009 年新农保试点以来，经过 3 年的制度推行，新农保制度于 2012 年实现了全覆盖，并在 2014 年与城镇居民社会养老保险合并成为城乡居民基本养老保险。2015 年城乡居民基本养老保险参保人数已达 5.47 亿人，实际领取待遇人数 1.48 亿人，基金收入 2855 亿元，基金支出 2117 亿元，基金累计结余 4592 亿元。通过查阅相关的统计年鉴可获得 2014 年全国 31 个省级行政区新农保制度可持续性评估指标数据，具体见表 4 - 24。

表 4 - 24　全国 31 个省级行政区新农保各评估指标的具体数值

地区	养老金平均替代率（%）	平均养老金上涨幅度（%）	养老金计发月数（月）	参保农民的个人缴费率（%）	中央财政补助占新农保收入的比例（%）	地方财政和集体补助占新农保收入的比例（%）	保费收入占 GDP 的比例（%）	保费收入的年增长率（%）
北京	32.16	10.72	139	0.53	5.22	6.83	0.17	22.74
天津	16.73	17.12	139	0.59	4.21	5.51	0.26	- 16.80
河北	7.14	0.22	139	0.98	48.51	7.49	0.34	0.50
山西	10.57	7.33	139	1.14	40.28	6.22	0.43	1.11
内蒙古	14.99	3.84	139	1.00	39.06	6.03	0.19	- 23.36
辽宁	9.23	17.70	139	0.89	20.57	6.35	0.16	7.01
吉林	6.76	1.55	139	0.93	74.99	11.58	0.16	- 11.48
黑龙江	7.51	1.11	139	0.96	81.51	12.58	0.17	- 15.46
上海	40.33	15.54	139	0.47	3.83	5.02	0.18	25.51
江苏	11.89	12.84	139	0.67	8.37	10.95	0.33	13.13
浙江	11.26	19.61	139	0.52	9.22	12.07	0.34	12.80
安徽	7.55	- 1.22	139	1.01	36.84	5.69	0.52	- 0.55
福建	8.04	26.30	139	0.79	16.29	21.32	0.24	18.81
江西	6.75	- 1.03	139	0.99	60.08	9.27	0.31	173.74
山东	10.02	11.69	139	0.84	10.76	14.08	0.45	27.28
河南	8.10	0.64	139	1.00	43.98	6.79	0.44	4.72

地区	养老金平均替代率（%）	平均养老金上涨幅度（%）	养老金计发月数（月）	参保农民的个人缴费率（%）	中央财政补助占新农保收入的比例（%）	地方财政和集体补助占新农保收入的比例（%）	保费收入占GDP的比例（%）	保费收入的年增长率（%）
湖北	7.58	3.03	139	0.92	41.96	6.48	0.29	2.17
湖南	7.28	7.19	139	0.99	45.35	7.00	0.36	-1.01
广东	11.73	10.54	139	0.82	12.37	16.19	0.27	27.45
广西	11.10	736.04	139	1.15	55.43	8.56	0.38	726.03
海南	13.96	21.96	139	1.01	18.90	24.73	0.41	20.00
重庆	11.31	-1.97	139	1.05	24.67	3.81	0.45	-1.54
四川	11.04	15.04	139	1.07	37.81	5.84	0.53	3.65
贵州	11.39	2.24	139	1.50	57.31	8.85	0.52	5.75
云南	10.44	0.30	139	1.34	53.86	8.32	0.52	3.91
西藏	20.32	21.26	139	1.36	52.08	8.04	0.64	34.09
陕西	14.25	11.58	139	1.26	31.94	4.93	0.41	10.77
甘肃	13.33	7.63	139	1.59	47.18	7.28	0.61	11.50
青海	19.95	23.84	139	1.37	36.68	5.66	0.45	35.06
宁夏	15.72	7.99	139	1.19	47.03	7.26	0.31	6.25
新疆	10.63	1.74	139	1.15	88.22	13.62	0.20	1.67

地区	养老金支出占GDP的比例（%）	养老金支出的增长率（%）	养老金收入与支出增长率的差额（个百分点）	统筹层次	基金投资收益率（%）	新农保基金增长水平（%）	农村贫困发生率（%）	农村居民收入的基尼系数
北京	0.0999	24.56	-1.82	省级	小于2	2.08	0	0.2856
天津	0.1291	21.56	-38.36	省级	8.36	2.00	0	0.3126
河北	0.2189	6.27	-5.77	市县级	小于2	4.17	6.5	0.2576
山西	0.2500	7.05	-5.93	市县级	8.36	5.97	12.4	0.3333
内蒙古	0.1643	6.96	-30.32	市县级	小于2	1.02	8.5	0.3603

地区	养老金支出占 GDP 的比例（％）	养老金支出的增长率（％）	养老金收入与支出增长率的差额（个百分点）	统筹层次	基金投资收益率（％）	新农保基金增长水平（％）	农村贫困发生率（％）	农村居民收入的基尼系数
辽宁	0.1307	20.26	-13.25	市县级	8.36	3.49	5.4	0.2138
吉林	0.1166	7.33	-18.81	市县级	8.36	2.76	5.9	0.2629
黑龙江	0.1283	7.82	-23.28	市县级	8.36	2.55	5.9	0.3386
上海	0.1723	18.02	7.49	省级	8.36	0.44	0	0.2482
江苏	0.2699	18.32	-5.19	市县级	8.36	1.34	2	0.3311
浙江	0.3153	20.23	-7.43	市县级	8.36	1.01	1.9	0.3369
安徽	0.3132	2.51	-3.06	市县级	小于2	3.59	8.2	0.2367
福建	0.1638	33.11	-14.29	市县级	小于2	2.96	2.6	0.3108
江西	0.1872	4.26	169.49	市县级	小于2	12.98	9.2	0.3035
山东	0.2649	13.56	13.72	市县级	8.36	3.59	3.7	0.3132
河南	0.2851	4.08	0.64	市县级	8.36	3.17	7.9	0.3072
湖北	0.1907	8.07	-5.90	市县级	8.36	2.67	8	0.2277
湖南	0.2411	10.70	-11.71	市县级	8.36	3.13	11.2	0.2447
广东	0.1562	16.50	10.95	市县级	8.36	4.57	1.7	0.3003
广西	0.3146	750.0	-23.97	市县级	小于2	140.72	14.9	0.2838
海南	0.2629	21.05	-1.05	省级	小于2	4.02	10.3	0.2942
重庆	0.2902	7.81	-9.36	省级	小于2	3.06	6	0.2754
四川	0.3886	18.10	-14.45	市县级	小于2	2.16	8.6	0.2861
贵州	0.3459	5.96	-0.21	市县级	小于2	3.32	21.3	0.3234
云南	0.2817	7.76	-3.85	市县级	小于2	3.96	17.8	0.3189
西藏	0.3804	25.00	9.09	省级	小于2	3.32	28.8	0.3914
陕西	0.2668	18.59	-7.82	省级	小于2	3.57	15.1	0.2949
甘肃	0.3526	14.22	-2.72	市县级	小于2	5.34	23.8	0.3172
青海	0.2564	28.26	6.80	省级	小于2	4.08	16.4	0.3401
宁夏	0.1744	14.29	-8.04	市县级	小于2	3.60	12.5	0.3764
新疆	0.1025	5.56	-3.89	市县级	8.36	2.57	19.8	0.3726

地区	新农保的覆盖率（%）	农村居民的恩格尔系数（%）	平均养老金占城镇职工平均养老金的比例（%）	农村居民人均纯收入（元）	农村居民人均消费支出（元）	农村居民人均储蓄存款余额（元）
北京	100	27.85	16.50	18867.30	14535.06	112260
天津	100	31.30	10.15	17014.18	13783.62	50210
河北	100	29.35	2.70	10186.14	8247.99	34792
山西	100	29.38	3.20	8809.44	6991.69	38775
内蒙古	100	30.47	5.93	9976.30	9972.24	31991
辽宁	100	28.34	4.21	11191.49	7800.75	48244
吉林	100	29.62	3.68	10780.12	8139.82	31093
黑龙江	100	28.23	3.38	10453.20	7829.99	28325
上海	100	35.98	25.68	21191.64	14820.08	87672
江苏	100	31.40	7.16	14958.44	11820.27	45956
浙江	100	31.86	8.39	19373.28	14497.81	55676
安徽	100	35.61	3.35	9916.42	7980.76	24000
福建	100	38.19	3.76	12650.19	11055.93	33050
江西	100	36.50	3.40	10116.58	7548.26	23758
山东	100	30.95	3.91	11882.26	7962.23	33894
河南	100	29.60	3.33	9966.07	7277.21	23757
湖北	100	31.38	3.63	10849.06	8680.23	29655
湖南	100	34.30	3.50	10060.17	9024.84	24363
广东	100	39.52	4.97	12245.56	10043.21	48872
广西	100	36.90	4.22	8683.18	6675.07	21083
海南	100	43.21	5.98	9912.57	7028.97	29594
重庆	100	40.45	5.49	9489.82	7982.56	36022
四川	100	39.75	5.09	9347.74	8301.10	31096
贵州	100	37.24	3.18	6671.22	5970.25	18873
云南	100	35.59	3.21	7456.13	6030.26	20577
西藏	100	52.56	3.71	7359.20	4822.08	17588

地区	新农保的覆盖率（%）	农村居民的恩格尔系数（%）	平均养老金占城镇职工平均养老金的比例（%）	农村居民人均纯收入（元）	农村居民人均消费支出（元）	农村居民人均储蓄存款余额（元）
陕西	100	29.12	4.17	7932.21	7252.37	35573
甘肃	100	34.90	3.40	6276.59	6147.78	25761
青海	100	31.89	4.61	7282.73	8235.14	28142
宁夏	100	29.91	4.94	8410.02	7676.49	31036
新疆	100	34.49	3.25	8723.83	7365.32	26926

二 全国各省份新农保制度可持续性综合评估指标的得分及评估结果

根据每个指标评估标准的赋分原则，将每个省份各指标得分（由于版面所限，各省份的具体指标得分不具体列出）乘以该指标相应的权重，可求得各省份每个指标的权重得分，再对每个指标的权重得分进行加总求和，即可求得每个省份新农保制度可持续性综合评估的总得分，还可以求出每个省份各主要指标的分项得分，每个省份新农保可持续性综合评估总得分与分项指标得分及排名结果如表 4 - 25 所示。

表 4 - 25 全国 31 个省级行政区新农保主要评估指标得分及排名

地区	可持续性综合评估总得分、排名	财务可持续性得分、排名	运行可持续性得分、排名	功能可持续性得分、排名	制度设计可持续性得分、排名	基金筹集可持续性得分、排名	养老基金支出可持续性得分、排名	经济功能可持续性得分、排名	社会功能可持续性得分、排名
北京	3.9955 (2)	2.422 (2)	0.1834 (22)	1.2371 (1)	0.3505 (1)	1.3309 (3)	0.7415 (15)	0.6560 (1)	0.5811 (1)
天津	3.8434 (3)	2.002 (6)	0.3802 (1)	1.1612 (2)	0.2877 (4)	1.3526 (2)	0.3617 (30)	0.6145 (3)	0.5467 (2)

续表

地区	可持续性综合评估总得分、排名	财务可持续性得分、排名	运行可持续性得分、排名	功能可持续性得分、排名	制度设计可持续性得分、排名	基金筹集可持续性得分、排名	养老基金支出可持续性得分、排名	经济功能可持续性得分、排名	社会功能可持续性得分、排名
河北	3.5430 (12)	1.761 (15)	0.1766 (23)	1.0327 (9)	0.1174 (27)	0.8613 (15)	0.7827 (8)	0.4405 (10)	0.4217 (11)
山西	3.4830 (15)	1.686 (19)	0.3734 (2)	0.9411 (24)	0.1983 (14)	0.7054 (22)	0.7827 (9)	0.3039 (23)	0.3734 (20)
内蒙古	3.4170 (27)	1.509 (26)	0.1445 (31)	0.9059 (21)	0.2249 (9)	0.8542 (16)	0.4306 (27)	0.3689 (15)	0.3471 (24)
辽宁	3.3198 (8)	1.828 (11)	0.3627 (5)	0.8852 (5)	0.1536 (20)	1.1865 (6)	0.4883 (24)	0.4971 (8)	0.4088 (16)
吉林	3.2400 (24)	1.316 (29)	0.3520 (9)	0.8829 (14)	0.1355 (24)	0.5961 (27)	0.5849 (21)	0.4405 (11)	0.3534 (21)
黑龙江	3.0970 (30)	1.189 (30)	0.3520 (10)	0.8791 (27)	0.1355 (25)	0.5961 (28)	0.4583 (26)	0.3905 (14)	0.2636 (31)
上海	2.9704 (1)	2.593 (1)	0.3695 (4)	0.8622 (3)	0.3324 (2)	1.3722 (1)	0.8887 (4)	0.6368 (2)	0.3959 (18)
江苏	2.8747 (5)	2.196 (4)	0.3413 (13)	0.8396 (8)	0.2164 (11)	1.2736 (4)	0.7067 (5)	0.5525 (5)	0.3266 (27)
浙江	2.8379 (7)	1.957 (7)	0.3413 (14)	0.8303 (4)	0.1802 (16)	1.2736 (5)	0.5041 (23)	0.6145 (4)	0.3266 (28)
安徽	2.8002 (14)	1.846 (8)	0.1659 (25)	0.8096 (18)	0.0993 (30)	0.9719 (11)	0.7756 (10)	0.3093 (21)	0.4217 (12)
福建	2.7501 (20)	1.611 (21)	0.1552 (29)	0.8049 (10)	0.1174 (27)	1.0817 (9)	0.4123 (29)	0.5206 (7)	0.3190 (29)
江西	2.7437 (17)	1.811 (13)	0.1873 (20)	0.7939 (22)	0.0993 (31)	0.7272 (21)	0.9853 (1)	0.3617 (16)	0.3529 (22)
山东	2.7371 (6)	2.182 (5)	0.3627 (6)	0.7746 (15)	0.2164 (12)	1.1328 (7)	0.8333 (6)	0.4556 (9)	0.3190 (30)
河南	2.7311 (10)	1.840 (10)	0.3627 (7)	0.7723 (26)	0.1174 (29)	0.7929 (20)	0.9299 (2)	0.3189 (20)	0.3529 (23)
湖北	2.7137 (9)	1.788 (14)	0.3520 (11)	0.7466 (11)	0.1355 (26)	0.8422 (18)	0.8104 (7)	0.4086 (12)	0.4217 (13)
湖南	2.6916 (16)	1.483 (28)	0.3627 (8)	0.7310 (6)	0.1536 (21)	0.8484 (17)	0.4812 (25)	0.4086 (13)	0.4766 (6)

续表

地区	可持续性综合评估总得分、排名	财务可持续性得分、排名	运行可持续性得分、排名	功能可持续性得分、排名	制度设计可持续性得分、排名	基金筹集可持续性得分、排名	养老基金支出可持续性得分、排名	经济功能可持续性得分、排名	社会功能可持续性得分、排名
广东	2.6525 (4)	2.227 (3)	0.3734 (3)	0.7261 (7)	0.2164 (13)	1.0946 (8)	0.9164 (3)	0.5429 (6)	0.3400 (25)
广西	2.6062 (31)	1.030 (31)	0.1873 (21)	0.7222 (17)	0.1440 (22)	0.6837 (24)	0.2026 (31)	0.2624 (26)	0.4842 (4)
海南	2.5737 (11)	1.828 (12)	0.2048 (15)	0.7160 (13)	0.2249 (10)	0.9449 (13)	0.6584 (19)	0.2997 (24)	0.5052 (3)
重庆	2.5105 (18)	1.725 (17)	0.1941 (17)	0.7146 (16)	0.1440 (23)	0.9528 (12)	0.6284 (20)	0.3220 (19)	0.4503 (8)
四川	2.5009 (21)	1.608 (22)	0.1552 (30)	0.7000 (12)	0.1983 (15)	0.9848 (10)	0.4258 (28)	0.3593 (17)	0.4503 (9)
贵州	2.4624 (28)	1.551 (24)	0.1659 (26)	0.6773 (30)	0.1802 (17)	0.5957 (29)	0.7756 (11)	0.1781 (30)	0.4283 (10)
云南	2.4462 (29)	1.512 (25)	0.1659 (27)	0.6727 (29)	0.1621 (19)	0.5957 (30)	0.7550 (14)	0.2100 (28)	0.4078 (17)
西藏	2.4212 (25)	1.706 (18)	0.1941 (18)	0.6718 (31)	0.3143 (3)	0.6344 (26)	0.7573 (13)	0.1312 (31)	0.4149 (15)
陕西	2.3702 (19)	1.732 (16)	0.1941 (19)	0.6541 (19)	0.2611 (6)	0.8911 (14)	0.5801 (22)	0.2419 (27)	0.4842 (5)
甘肃	2.3238 (26)	1.571 (23)	0.1766 (24)	0.6483 (25)	0.2430 (8)	0.6499 (25)	0.6790 (17)	0.2100 (29)	0.4627 (7)
青海	2.2965 (13)	1.845 (9)	0.2048 (16)	0.6178 (23)	0.2515 (7)	0.8294 (19)	0.7644 (12)	0.2846 (25)	0.4154 (14)
宁夏	2.1960 (22)	1.622 (20)	0.1659 (28)	0.6064 (20)	0.2877 (5)	0.6992 (23)	0.6355 (18)	0.3412 (18)	0.3810 (19)
新疆	1.9642 (23)	1.500 (27)	0.3520 (12)	0.5461 (28)	0.1802 (18)	0.4340 (31)	0.8864 (5)	0.3093 (22)	0.3390 (26)

三　全国各省份新农保制度可持续性综合评估结果解读

（一）全国各省份新农保制度可持续性综合评估总得分解读

综观各省份新农保制度可持续性综合评估得分，发现得分总体水平不高，只有少数省份可持续性得分较高在 3 分以上，但没有超过 4 分，大部分省份得分在 2~3 分，有一个省份的得分最低，为 1.9642 分，不到 2 分，这说明只有少数省份新农保制度的可持续性较好，大部分省份的新农保制度存在一定程度的可持续发展问题。再对各省份新农保制度可持续性综合评估总得分进行排序，我们可将总得分分成三个档次：得分在 3 分以上的省份共有 8 个，包括北京、天津、河北、山西、内蒙古、辽宁、吉林、黑龙江；得分在 2.7~3.0 分的省份共有 9 个，包括上海、江苏、浙江、安徽、福建、江西、山东、河南、湖北；得分在 2.7 分以下的省份共有 14 个，包括湖南、广东、广西、海南、重庆、四川、贵州、云南、西藏、陕西、甘肃、青海、宁夏、新疆。分析第一档次的 8 个省份，这 8 个省份均位于东部沿海地区且经济发展水平较高，这说明东部沿海省份经济发达地区的新农保制度具备较好的可持续性。东部沿海地区经济发展水平较高，城市化水平较高，人均可支配收入较高，当地农村居民对于参加新农保的缴费能力也更强，同时由于新农保制度的替代率较低，更多的农村居民会选择参加替代率更高的城镇职工基本养老保险或者购买商业养老保险，这些地区参加新农保的人数会相对较少，新农保制度的运行压力也相对较小。总得分处于第二档次的省份以中部地区省份为主，中部地区省份新农保制度总体的可持续发展态势紧随东部沿海省份，而且这些中部省份农村人口较多，参保人群较大，同时中部省份的农民人均可支配收入低于东部省份但是又高于西部省份，这就导致中部省份的参保农民对新农保养老金的依赖度要高于东部省份，同时相较于西部省份又具有较强的个人缴费能力，个人缴费压力虽高于东部省份但是低于西部省份，这就使得中部省份农民的参保意愿和参保能力相对而言都更高，整个新农保制度在中部省份的运行更加顺畅。得分位于第三档次的主要是西部省份，西部省份农民人均可支配收入处于全国最低水平，使得参保农民个人缴费能力也处于全国最低水平，新农保个人参保缴费压力相对较大，新农保制度的筹资很大程度上需要依赖于政府的财政补助，这对整个制度的可持续运行是极为不利的。

（二）准则层指标可持续性评估得分解读

进一步从财务可持续、运行可持续、功能可持续三个方面来考察各省在不同分项上得分的差异，探究各个省级行政区在新农保可持续发展中所拥有的优势以及存在的不足，以针对各个地区、省份的不足进行改进完善，从而促进全国新农保制度的可持续运营。

首先，对全国各省份新农保制度财务可持续性得分进行分析。财务可持续是整个新农保制度可持续运行的关键，通过观察全国各省新农保制度财务可持续性的得分，可以发现北京、上海、广东、江苏、山东、天津、浙江7个东部沿海省份的财务可持续状况要远远好于全国其他省份，这7个省份的财务可持续性得分都在2分以上，而其他省份都在1.85分以下。东部沿海省份经济发展水平较高，地方财政收入的充足为新农保制度提供了强有力的财力支撑，而且东部沿海省份农村居民的人均可支配收入较高，参加新农保的缴费能力强，提高缴费档次的空间也较大，这就能保证新农保基金收入的可持续性，因而即使中央财政对东部省份新农保基础养老金只补贴50%，东部省份的地方政府补贴以及集体补贴依然能够为整个新农保的运行提供强大的财务支撑。

其次，对全国各省新农保制度运行可持续性得分进行分析。由于无法获取各省份经办管理服务的相关数据，本研究仅对新农保基金运营可持续性进行分析。由于中国当前尚未实现养老保险的全国统筹，新农保基金的筹集与发放都由各省自行处理，不利于新农保基金的规模投资运营。具体从新农保基金运营可持续性的得分来看，山西、湖北、天津、江苏、上海、湖南、广东、山东、辽宁、河南、黑龙江、吉林、新疆、浙江14个省份的新农保基金运营状况良好，部分省份将新农保基金委托给全国社会保障基金理事会投资管理，实现了较高的投资收益率，保证了新农保基金的保值增值。这些基金运营可持续性得分较高的省份包括大部分的东部沿海省份以及部分中部省份，它们既能够在新农保的财务可持续方面表现良好，同时又能够对新农保基金实现较好的运营，使得这些省份在总体的新农保制度可持续运行中保持较好状态。而许多西部省份一方面新农保财务可持续的运行状况较差，面临较大的财务压力，另一方面又不能对新农保基金实现良好的投资管理与运营，这种恶性循环导致西部省份不能实现制度的可持续发展，新农保制度可持续性得分远低于中东部省份。

最后，从新农保制度功能可持续性评估得分来看，新农保的功能可持续是整个新农保制度最终需要达到的效果，这个效果既包括经济方面的又包括社会方面的。全国各地的新农保制度可持续性得分均较低，北京、天津、上海的功能可持续性得分稍高，但均未超过2分，这主要是因为新农保制度实施时间较短，当前领取养老金的人数较少，制度的功能还未体现出来。辽宁、四川、浙江、湖南、福建、湖北、广东、河北、江苏、海南的功能可持续性得分位于第二档次，这些省份以中东部省份为主。功能可持续主要考察新农保制度在运行过程中是否发挥了减贫效应，能否增加居民收入、缩小城乡差距，中东部省份本身的贫困人口相对于西部省份较少，且人均可支配收入相对于西部省份较高，虽然中东部省份新农保制度减贫增收的贡献比重不能很好地被剥离出来，但是把新农保制度运行融入整个社会经济发展的大框架中，确实对减贫增收贡献了一定的力量。

（三）次准则层指标可持续性评估得分解读

在对三个准则层指标可持续性评估得分进行分析后，进一步对准则层下的各次准则层指标的评估得分进行详细分析。新农保制度财务可持续性的评估得分可以分为新农保制度设计可持续性评估得分、新农保基金筹集可持续性评估得分、新农保养老基金支出可持续性评估得分。新农保制度运行下的次准则层指标基金运营在前面已做分析，此处不另做分析。新农保功能可持续性评估得分可以分为新农保经济功能可持续性评估得分以及新农保社会功能可持续性评估得分。

第一，对新农保制度设计进行可持续性评估得分的分析。制度设计指标主要包括养老金平均替代率、平均养老金上涨幅度以及养老金计发月数，反映的是养老金的发放情况，制度设计是养老金领取标准的主要依据。通过观察新农保制度设计可持续性评估得分，可以发现北京、上海、西藏的得分最高，宁夏、内蒙古、陕西、天津、青海、甘肃、海南、江苏、山东、广东等省份的得分处于中等，通过对比观察可知，对于东部省份和西部省份而言制度设计的可持续状况较好，但是在制度的实际运行过程中，东部省份的可持续状况表现良好，而西部省份的可持续状况表现较差，这说明新农保制度设计本身不是新农保制度在西部省份运行状况较差的原因，制度设计并不存在可持续运行的缺陷，西部省份新农保制度可持续性差是由于制度运行过程中出现了问题。另外，大部分中部省份的制度设计可持续性得分较低，这需要针对中部省份的制度设计进行调整，特别是平均养老金上涨幅度要根据全国情况以及自身实际进行适度调整。

第二，对新农保基金筹集可持续性得分进行评估。新农保基金筹集指标是整个次准则层中权重最大的，对新农保的财务可持续乃至整个制度的可持续起着至关重要的作用，通过观察新农保基金筹集可持续性得分情况，可知全国各省得分均较低，北京、上海、江苏、天津、辽宁、浙江、广东、山东、福建9个东部沿海省份的得分稍高，超过1分，低于2分，而其他省份的基金筹集指标得分都低于1分。从具体指标得分来看，这些省份对于中央财政和地方财政的补贴依赖度低，能够实现较好的自我筹资，新农保基金筹集对财政补助的低依赖度是新农保制度在未来能够持久运行下去的重要保证，而且东部省份的农民个人缴费率较低，未来提高缴费档次的空间较大，这也是东部省份维持财务可持续的优势条件和重要保证。四川、安徽、重庆、海南、陕西、河北、内蒙古等省份的基金筹集能力虽然弱于东部省份，但是要强于其他省份，然而这些省份总体的可持续运营状况表现较差，主要是由于制度存在基金运营管理方面的问题，这些省份一方面要继续扩充新农保养老基金筹集的渠道，另一方面要加强养老基金的管理与运营，优化养老金支出，从弱势方面着手改善目前新农保制度可持续性较差的局面。

第三，对新农保养老基金支出的可持续性进行评估。养老基金支出的可持续是新农保财务可持续的另一个重要方面，支出必须与收入相协调且保持在适度的范围内，才能够维持整个财务制度的可持续。通过观察全国各省新农保养老基金支出可持续性评估得分，可知各省养老基金支出可持续性得分均不高，省间的养老基金支出可持续性得分差距低于其他指标的得分差距，各省的养老基金支出可持续性均需要得到改善。辽宁、湖南、黑龙江、内蒙古、四川、福建、天津、广西等省份的养老基金支出可持续性得分最低，这些省份的养老金支出增速过快，养老金支出总额占 GDP 的比例过大，且养老金支出增速高于收入增速，支出不能保持在一个适当的水平，因而这些省份需要控制支出的过快增长，同时，要增加养老金的筹集，使养老金收支维持大体的平衡。

第四，分析新农保制度经济功能的可持续性得分。增加老年农民的收入，促进其消费是新农保制度运行所要达到的目的之一。通过观察新农保经济功能可持续性得分，可以发现北京、上海、天津、浙江、江苏、广东、福建、辽宁等省份的经济功能可持续性得分较高，这与新农保基金筹集可持续性得分高的省份基本相同，这些省份自身经济状况较好，在经济效果评估层面的得分就更高，虽然不能判断新农保制度对农民经济状况的提升程度，但是新农保制度作为这些省份经济社会制度的一个方面也相应地发挥着其效应。而得分较低的青海、广西、陕西、云南、甘肃、贵州、西藏等西部省份自身经济发展状况较差导致经济效果评估得分较低，这些省份需要加快自身经济发展，地方政府收入增多了，老百姓收入增加了，新农保制度会获得更多的资金支持，新农保制度的良好运行也会进一步提升老百姓的收入，拉动内需，促进当地的经济发展，形成一个良性循环。

第五，分析新农保制度社会功能可持续性的得分。对于新农保制度所要达到的目的来说，社会功能的实现是最主要的方面。新农保制度作为农村社会保障制度最重要的组成部分，它主要起着社会安全网的作用，可以缩小贫富差距，为老年人提供基本的生活保障。通过观察新农保社会功能可持续性得分可以发现，天津、北京、广西、海南、湖南、甘肃、陕西等省份得分相对较高，浙江、江苏、山东、黑龙江、福建等东部省份的得分相对较低。东部沿海地区得分较低的主要原因是城乡养老金水平的差距较大，新农保制度的推行并没有很好地缩小城乡差距。另外，东部地区新农保的替代率水平低、养老保障水平低，使得这些地区的农村居民对新农保缺乏重视，导致新农保参保人群的流失。

第五章　新农保制度可持续性的
分项评估

　　鉴于新农保制度可持续性综合评估是依据全国各省 2014 年的数据进行的短期静态评估，该评估不能反映新农保制度的长期可持续性状况，故本章从新农保制度具备可持续性的四大特征方面分别选取部分具有代表性的指标，对新农保制度的可持续性进行长期动态的评估。

第一节　新农保制度的财务
可持续性评估

　　新农保制度的财务可持续性主要由基金来源的可持续性决定，故本节主要对新农保基金的来源主体进行筹资能力的可持续性评估，依此对新农保制度的财务可持续性做出评估。根据国发〔2009〕32 号、国发〔2014〕8 号文件的规定，新农保筹资主体有个人、村集体和政府三方。参保者可以自由选择 12 个缴费档次，多缴多得。较富裕的村集体可以通过召开村民大会的形式确定对本村居民参保缴费的补助。政府分别在缴费环节和待遇领取环节对农民参保进行补助，其中，中央财政主要在养老金领取环节对基础养老金进行补助，地方财政既在养老金的缴费环节，又在养老金的领取环节进行补助。鉴于集体补助不是硬性的规定，并且各地区集体补助的实际情况不一样，本研究仅对农民个人缴费和财政支持能力的可持续性进行评估。

一　农民筹资能力的可持续性评估[①]

本研究选择农民个人最大缴费能力与新农保个人缴费率之差来评估。若该指标值大于 0，说明农民个人能够承担新农保缴费；若该指标值小于 0，则说明农民个人无力承担新农保缴费。其中，农民个人最大缴费能力 = （当年农民人均纯收入 - 当年农民人均生活消费支出）/当年农民人均纯收入；新农保个人缴费率 = 当年农民的缴费数额/上年度农民人均纯收入。[②] 下面本研究将预测 2016～2060 年（2016 年一个 16 岁参保人在 2060 年达到 60 岁）新农保个人缴费率以及农民个人能够承担的最大缴费能力，对全国层面的新农保个人缴费能力的可持续性做出评估。

（一）2016～2060 年新农保个人缴费率的预测

本研究依据国发〔2014〕8 号文件的相关内容来预测新农保个人缴费率，由于国发〔2014〕8 号文件出台的时间为 2014 年 2 月，我们以该文件出台的上年度（2013 年）农民人均纯收入作为缴费基数，来计算新农保个人缴费率。如表 5 - 1 所示，2014 年全国平均新农保个人最低缴费率为 1.12%，个人最高缴费率为 22.48%。

表 5 - 1　2014 年全国新农保个人缴费率的测算

单位：元，%

地区	2013 年农民人均纯收入	个人最低缴费率	个人第三高缴费率	个人次高缴费率	个人最高缴费率
全国	8895.9	1.12	11.24	16.86	22.48

根据国发〔2014〕8 号文件相关规定，本研究假定每年对缴费档次进行一次调整，调整幅度为上年度农民人均纯收入的增长率。

新农保个人缴费率用公式可以表示为：

$$c_{2014} = \frac{C_{2014}}{Y_{2013}} \qquad\qquad (5-1)式$$

其中，c_{2014} 为 2014 年个人缴费率，C_{2014} 为 2014 年个人缴费标准，Y_{2013} 为 2013 年农民人均纯收入。

$$c_t = \frac{C_{2014} \prod_{i=2014}^{t} (1+g_i)}{Y_{2013} \prod_{i=2014}^{t} (1+g_i)} = \frac{C_{2014}}{Y_{2013}}, \ t \geqslant 2015 \qquad (5-2)式$$

其中，c_t 为第 t 年的个人缴费率，g_i 表示第 i 年的农民人均纯收入增长率。

由（5-1）式和（5-2）式可得 $c_t = c_0$，即未来的新农保个人缴费率与 2014 年的个人缴费率相等。

（二）2016～2060 年农民人均纯收入预测

居民收入主要受经济发展水平影响，农村居民也不例外，根据 1978～2015 年中国农民人均纯收入与 GDP 的数据，绘制出二者的散点图，具体如图 5-1 所示。

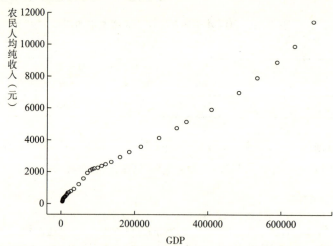

图 5-1　1978～2015 年农民人均纯收入与 GDP 数据的散点状况

从图 5 - 1 可以看出，中国农民人均纯收入与 GDP 基本上存在线性关系，对二者进行线性回归，可得到如下结果：

$$INCOP = 410.130 + 0.015 \cdot GDP \qquad (5-3)式$$

$$SE = (69.467)(0.000)$$

$$t = (5.904)(53.229)$$

$$R^2 = 0.987, F = 2833.319, DW = 0.310$$

从回归结果看，判决系数 $R^2 = 0.987$，模型的拟合效果较好，显示出二者具有较强的相关性。"十三五"期间（2016～2020 年）我国 GDP 发展目标为年均增长 6.5%；另根据高盛全球首席经济学家吉姆·奥尼尔预测，中国 GDP 在 2021～2030 年年均增长 5.5%，在 2031～2040 年年均增长 4.3%，在 2041～2050 年年均增长 3.5%（游芸芸、高盛，2009）。综合考虑国家"十三五"规划、吉姆·奥尼尔的预测结果以及中国经济可持续增长的预期，本研究假定中国 GDP 在 2016～2020 年年均增长 6.5%，2021～2030 年年均增长 5.5%，2031～2040 年年均增长 4.3%，2041～2050 年年均增长 3.5%，2051～2060 年年均增长 2%。据国家统计局发布的数据，2015 年中国 GDP 为 676708 亿元[①]，进而可以预测出 2016～2060 年的 GDP 数据。依据（5 - 3）式，可以预测出 2016～2060 年的农民人均纯收入，结果见表 5 - 2。

表 5 - 2　2016～2060 年中国 GDP 和农民人均纯收入预测

单位：亿元，元

年份	GDP	农民人均纯收入	年份	GDP	农民人均纯收入
2016	720694.02	11220.54	2020	927148.61	14317.36
2017	767539.13	11923.22	2021	978141.78	15082.26
2018	817429.17	12671.57	2022	1031939.58	15889.22
2019	870562.07	13468.56	2023	1088696.25	16740.57

① 数据来源于《2015 年国民经济和社会发展统计公报》。

年份	GDP	农民人均纯收入	年份	GDP	农民人均纯收入
2024	1148574.55	17638.75	2043	2675088.04	40536.45
2025	1211746.15	18586.32	2044	2768716.12	41940.87
2026	1278392.19	19586.01	2045	2865621.18	43394.45
2027	1348703.76	20640.69	2046	2965917.93	44898.90
2028	1422882.46	21753.37	2047	3069725.05	46456.01
2029	1501141.00	22927.24	2048	3177165.43	48067.61
2030	1583703.75	24165.69	2049	3288366.22	49735.62
2031	1651803.01	25187.18	2050	3403459.04	51462.02
2032	1722830.54	26252.59	2051	3471528.22	52483.05
2033	1796912.26	27363.81	2052	3540958.78	53524.51
2034	1874179.48	28522.82	2053	3611777.96	54586.80
2035	1954769.20	29731.67	2054	3684013.52	55670.33
2036	2038824.28	30992.49	2055	3757693.79	56775.54
2037	2126493.72	32307.54	2056	3832847.66	57902.84
2038	2217932.95	33679.12	2057	3909504.62	59052.70
2039	2313304.07	35109.69	2058	3987694.71	60225.55
2040	2412776.14	36601.77	2059	4067448.60	61421.86
2041	2497223.31	37868.48	2060	4148797.58	62642.09
2042	2584626.12	39179.52			

（三）农民人均生活消费支出模型的建立

根据经济学相关理论，消费与收入存在相关关系，收入是影响消费支出的重要因素。一般而言，消费会随着收入的增加而增加。本研究对二者建立如下一元线性回归模型：

$$CONSP = C + \beta \cdot INCOP + \mu \qquad （5-4）式$$

运用 SPSS 软件对 1978 ~ 2015 年的中国农民人均生活消费支出和农民人均纯收入数据进行回归分析，结果如下：

$$CONSP = -37.559 + 0.801 \cdot INCOP + \mu \qquad （5-5）式$$

$$SE = (36.713)(0.009)$$

$$t = (-1.023)(86.775)$$

$$R^2 = 0.995, F = 7529.919, DW = 0.895$$

根据回归估计结果，可以认为模型的拟合程度非常好。回归系数为 0.801，符合边际消费倾向在 0 与 1 之间的假说。

（四）2016～2060 年农民个人最大缴费能力的测算

农民个人最大缴费能力的测算公式为 $M = \dfrac{INCOP - CONSP}{INCOP}$，根据（5-5）式知 $CONSP = -37.559 + 0.801 \cdot INCOP + \mu$，因此联立方程，可以得到

$$M = 0.199 + \frac{37.559}{INCOP} \qquad (5-6) 式$$

根据（5-6）式和表 5-2 中的数据，可以测算出 2016～2060 年农民个人最大缴费能力，具体如表 5-3 所示。

表 5-3　2016～2060 年农民个人最大缴费能力

单位：%

年份	个人最大缴费能力	年份	个人最大缴费能力	年份	个人最大缴费能力
2016	20.23	2031	20.05	2046	19.98
2017	20.22	2032	20.04	2047	19.98
2018	20.20	2033	20.04	2048	19.98
2019	20.18	2034	20.03	2049	19.98
2020	20.16	2035	20.03	2050	19.97
2021	20.15	2036	20.02	2051	19.97
2022	20.14	2037	20.02	2052	19.97
2023	20.12	2038	20.01	2053	19.97
2024	20.11	2039	20.01	2054	19.97
2025	20.10	2040	20.00	2055	19.97
2026	20.09	2041	20.00	2056	19.96
2027	20.08	2042	20.00	2057	19.96
2028	20.07	2043	19.99	2058	19.96
2029	20.06	2044	19.99	2059	19.96
2030	20.06	2045	19.99	2060	19.96

（五）2016～2060 年新农保个人缴费率与农民个人最大缴费能力的比较

根据上文测算结果，2016～2060 年，全国平均新农保个人最低缴费率为 1.12%，最高缴费率为 22.48%，次高缴费率为 16.86%，而同期农民个人最大缴费能力为 19.96%～20.23%。因此，从全国平均水平来看，2016～2060 年中国农民除最高缴费档次（最高缴费率）无法负担以外，其他缴费档次均能够负担得起，即总体来看，农民个人的筹资能力具备可持续性。

（六）各地区农民个人缴费能力可持续性评估

根据中国统计年鉴数据，很容易测算出全国各地区的农民个人最低缴费率、个人最高缴费率、个人最大缴费能力；同时，为了便于比较，本研究还测算了个人次高缴费率和个人第三高缴费率，相关数据如表 5-4 和图 5-2 所示。

表 5-4　2014 年各地区新农保个人缴费率和个人最大缴费能力

单位：%

地区	个人最低缴费率	个人第三高缴费率	个人次高缴费率	个人最高缴费率	个人最大缴费能力
北京	0.55	5.45	8.18	10.91	22.96
天津	0.63	6.31	9.47	12.63	19.25
河北	1.10	10.99	16.48	21.97	19.03
山西	1.40	13.98	20.97	27.96	20.63
内蒙古	1.16	11.63	17.45	23.27	0.04
辽宁	0.95	9.50	14.25	19.01	30.30
吉林	1.04	10.39	15.59	20.79	24.49
黑龙江	1.04	10.38	15.57	20.76	25.09
上海	0.51	5.10	7.66	10.21	30.07
江苏	0.74	7.35	11.03	14.71	20.98
浙江	0.62	6.21	9.31	12.42	25.17
安徽	1.23	12.35	18.52	24.70	19.52
福建	0.89	8.94	13.41	17.88	12.60

续表

地区	个人最低 缴费率	个人第三 高缴费率	个人次高缴 费率	个人最高 缴费率	个人最大 缴费能力
江西	1.14	11.39	17.08	22.78	25.39
山东	0.94	9.42	14.12	18.83	32.99
河南	1.18	11.80	17.70	23.60	26.98
湖北	1.13	11.28	16.92	22.56	19.99
湖南	1.19	11.94	17.92	23.89	10.29
广东	0.86	8.57	12.85	17.14	17.99
广西	1.47	14.73	22.09	29.45	23.13
海南	1.20	11.99	17.98	23.97	29.09
重庆	1.20	12.00	18.00	24.00	15.88
四川	1.27	12.67	19.00	25.33	11.20
贵州	1.84	18.40	27.60	36.81	10.51
云南	1.63	16.28	24.42	32.57	19.12
西藏	1.52	15.20	22.80	30.40	34.48
陕西	1.54	15.38	23.07	30.76	8.57
甘肃	1.96	19.58	29.37	39.16	2.05
青海	1.61	16.14	24.21	32.28	-13.08
宁夏	1.44	14.43	21.64	28.86	8.72
新疆	1.37	13.71	20.56	27.41	15.57

注：由于《中国统计年鉴2015》中没有2014年分地区的农民人均纯收入数据，这里用农民人均可支配收入数据来代替。

从地区数据来看，除青海、内蒙古以外，全国其他省份农民的个人最大缴费能力均在最低缴费率之上，即青海和内蒙古两省的农民无力承担新农保缴费，需要财政进行补贴和转移支付，其他省份的农民均有能力承担新农保缴费。另外，北京、山东、江苏、广东、天津、辽宁、上海、浙江、河南、黑龙江、吉林、江西、海南、西藏14个省份的农民个人最大缴费能力超过了个人最高缴费率，即这些省份的农民不仅有能力缴费，而且还可以选择较高的缴费档次来缴费；河北、湖北、安徽、广西4个省份的农民个人最大缴费能力

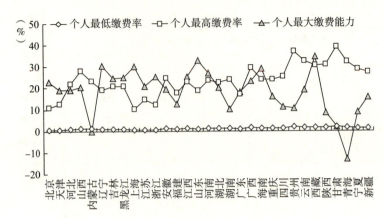

图5-2 2014年各地区新农保个人缴费率与农民个人最大缴费能力的比较

超过了个人次高缴费率，即这4个省份的农民除了最高缴费档次无力负担外，其他各缴费档次均能负担得起；山西、福建、重庆、云南、新疆5个省份的农民个人最大缴费能力超过了个人第三高缴费率，即这5个省份的农民除了最高缴费档次、次高缴费档次无力负担外，其他各缴费档次均能负担得起；湖南、贵州、四川、甘肃、陕西、宁夏6个省份的农民个人最大缴费能力均低于个人第三高缴费率，即这6个省份的农民只能选择较低的缴费档次来缴费，尤其是甘肃省，只能选择最低缴费档次来缴费。可见，从省际来看，若要使农民个人的缴费能力具备可持续性，对于内蒙古、青海等地区的农民而言，需要加大财政补贴力度；对于河北、山西、安徽、湖北、广西、福建、重庆、四川、云南、湖南、宁夏、贵州、甘肃、新疆、陕西等地区的农民而言，应选择较低档次的缴费标准；其他地区的农民则应选择较高档次的缴费标准。

二 财政支持能力的可持续性评估[①]

为支持和推进新农保制度建设，中央以及地方政府逐步加大

---

① 该部分参考了本项目的阶段性研究成果，详见薛惠元（2012a）。

了在缴费和待遇给付等环节上对新农保制度建设的财政支持投入力度。中央财政主要是在待遇给付环节中对参保者提供补助，即"补出口"。地方财政既在缴费环节又在待遇给付环节给予财政补助，即既"补入口"又"补出口"。新农保财政补助政策具体如表 5 - 5 所示。

表 5 - 5　新农保财政补助政策

补助对象	缴费环节			待遇给付环节		
	新农保个人账户			最低标准基础养老金		提高和加发部分的基础养老金
	选择最低档次标准缴费的群体	选择较高档次标准缴费的群体	缴费困难群体	东部地区	中西部地区	
中央财政	不补	不补	不补	补助50%	补助100%	不补
地方财政	补贴［≥30 元/（人·年）］	补贴［≥30 元/（人·年）+ 适当增加补贴；其中，当缴费档次≥500 元时，≥60元/（人·年）］	补贴［≥30 元/（人·年）+ 100元/（人·年）的部分或全部］	补助50%	不补	补助100%

　　本研究分别计算中央财政对新农保的年度补助数额占中央财政收入的比重以及地方财政对新农保的年度补助数额占地方财政收入的比重来评估新农保的财政支持能力。将采取政策仿真学的研究方法，预测 2016~2060 年财政补助数额的相关数据，具体包括 2016~2060 年各年财政收入总量及结构数据、2016~2060 年各年新农保人口覆盖率、2016~2060 年各年最低标准基础养老金和最低缴费标准、2016~2060 年各年农村人口总量及结构数据等。

（一）中国财政收入预测模型的建立

　　一般而言，财政收入与经济发展水平密切相关，故先绘制出 1978~2015 年中国 GDP 与财政收入的散点图，如图 5 - 3 所示。

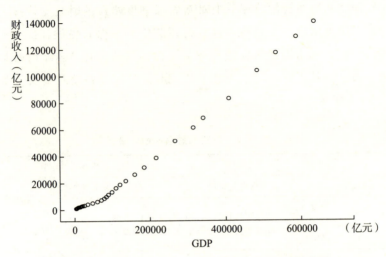

图 5 - 3　1978～2015 年中国财政收入和 GDP 散点图

从图 5 - 3 中可以发现,财政收入与 GDP 二者存在一定的线性相关,且在 1995 年后,这种线性相关关系更加明显,故本研究选择一元线性回归方程对 1995 年后的财政收入与 GDP 进行分析,结果如下:

$$REVE = -10253.480 + 0.235 \cdot GDP \qquad (5-7)式$$

$$SE = (536.855)(0.002)$$

$$t = (-19.099)(135.402)$$

$$R^2 = 0.999, \ F = 18333.614, DW = 0.634$$

从回归结果看,判决系数 $R^2 = 0.999$,模型的拟合效果较好,显示出二者具有高度相关性。根据国家统计局发布的数据,2015 年中国 GDP 为 676708 亿元[①],在上文对 GDP 增长率预测的基础上可以预测出 2016～2060 年的 GDP 数据;将 GDP 的相关数据代入 (5 - 7) 式,可测得 2016～2060 年每年政府财政收入数据,详见表 5 - 6。

---

① 数据来源于《2015 年国民经济和社会发展统计公报》。

表 5 - 6　2016～2060 年中国财政收入预测数据

单位：亿元

年份	财政收入	年份	财政收入	年份	财政收入
2016	159109.61	2031	377920.23	2046	686737.23
2017	170118.22	2032	394611.70	2047	711131.91
2018	181842.38	2033	412020.90	2048	736380.40
2019	194328.61	2034	430178.70	2049	762512.58
2020	207626.44	2035	449117.28	2050	789559.39
2021	219609.84	2036	468870.23	2051	805555.65
2022	232252.32	2037	489472.54	2052	821871.83
2023	245590.14	2038	510960.76	2053	838514.34
2024	259661.54	2039	533372.98	2054	855489.70
2025	274506.86	2040	556748.91	2055	872804.56
2026	290168.68	2041	576594.00	2056	890465.72
2027	306691.90	2042	597133.66	2057	908480.11
2028	324123.90	2043	618392.21	2058	926854.78
2029	342514.65	2044	640394.81	2059	945596.94
2030	361916.90	2045	663167.50	2060	964713.95

资料来源：本研究测算得到。

（二）2016～2060 年中央和地方财政收入预测

将 1978～2015 年中央和地方财政收入的比重绘制成图形，如图 5 - 4 所示。

从图 5 - 4 可以看到，在 1994 年以前，中央财政收入比重远低于地方财政收入比重，这之后由于实行了分税制改革，中央财政收入比重开始超过地方财政收入比重，中央财政收入最高占比达到 55.7%，是地方财政收入占比的 1.26 倍，并且大部分年份中央财政收入和地方财政收入比值在 1.1 左右浮动。从 2011 年起，中央财政收入占比开始低于 50%（为 49.4%），并且已经连续五年下降，2015 年中央财政收入占比下降到 45.5%。中共十八届三中全会明确提出，要"保持现有中央和地方财力格局总体

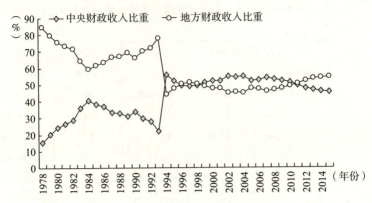

图 5 - 4 1978 ~ 2015 年中国中央和地方财政收入比重

资料来源：根据《中国统计年鉴 2015》和财政部网站相关数据绘制而成。

稳定"。据此，我们假定 2016 ~ 2060 年中国中央和地方财政收入比重为 1994 ~ 2015 年的几何平均值，即中央财政收入比重为 51.2%，地方财政收入比重为 48.8%，二者的比值为 1.05∶1。结合表 5 - 6 中有关预测数据，可计算出 2016 ~ 2060 年的中央和地方财政收入，如图 5 - 5 所示。

图 5 - 5 2016 ~ 2060 年中央和地方财政收入预测

下面分析东部地区和中西部地区的地方财政收入所占比重，以及根据相关数据计算出的 2016 ~ 2060 年东部和中西部财政收入预算（见图 5 - 6、图 5 - 7）。

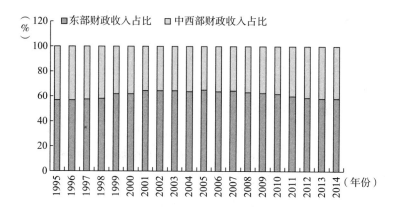

图 5 - 6　1995 ~ 2014 年东部和中西部地区财政收入占比

说明：中国统计年鉴仅列出了 1995 年以来的分地区财政收入数据。

从图 5 - 6 能够发现，从 1995 年到 2001 年间，中西部地区的财政收入占比有下降趋势，稳定在 36% 左右，后又开始缓慢上升，2014 年所占比重达到 42%。这一现象的主要原因在于，受国际金融危机的影响，东部地区财政收入增速放缓，而与此同时国家对中西部地区给予大力政策支持，使得该地区经济发展迅速，财政收入不断增多。但总体来看，1995 ~ 2014 年中西部地区财政收入占比的几何平均值为 38.9%。考虑到东部地区的区位优势依然明显，以及西部大开发战略、振兴东北老工业基地战略和中部崛起

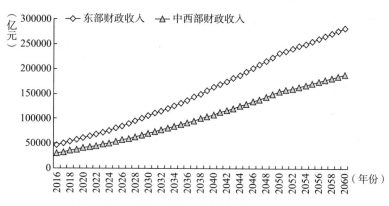

图 5 - 7　2016 ~ 2060 年分地区的财政收入预测

战略的长期性，假设 2016～2060 年中国东部和中西部地区所占全国财政收入的比重分别为 60%、40%，结合图 5-5 中预测出的有关地方财政收入数据，可进一步计算出 2016～2060 年东部和中西部地区财政收入数据，结果如图 5-7 所示。

（三）新农保人口覆盖率

新农保在 2009 年刚启动试点工作时，只覆盖了全国 10% 的县（市、区、旗），随后，新农保试点推广工作加快，随着试点范围的逐步扩大，新农保的覆盖率逐年增长，短短三年内，即在 2012 年年底时，新农保制度已实现了全覆盖。因为新农保制度是一个政府补贴农民养老、农民看得到实惠的制度，虽然是实行自愿参保，但随着新农保工作人员的宣传推广，越来越多的人会意识到制度的好处而选择参保，故本研究认为在 2016～2060 年，新农保人口覆盖率达到 100%。

（四）最低标准基础养老金预测

国发〔2009〕32 号文件规定新农保基础养老金最低标准为 55 元/（人·月），国家将根据经济发展以及物价变动等情况，对新农保基础养老金的最低标准进行适时的调整。国发〔2014〕8 号文件中也提出要适时调整基础养老金最低标准。从 2014 年 7 月 1 日起，国务院将全国新农保基础养老金最低标准提高到 70 元/（人·月）。据此假定 2015 年新农保全国最低标准基础养老金为 70 元/（人·月），之后国家将综合考虑经济增长、农村通货膨胀等因素，每年调整一次基础养老金的最低标准。

国家适时调整新农保的最低标准基础养老金是为了确保参保人基础养老金的相对水平不下降，并且能分享经济社会的发展成果，所以，在确定基础养老金调整系数时需要对经济增长率与农村通货膨胀率进行综合考虑。关于经济增长率，本研究前文已对 2016～2060 年中国的 GDP 增速做出过假定，对于农村通货膨胀率，可以通过查阅《中国统计年鉴 2015》和《2015 年国民经济和社会发展统计公报》获取，具体如图 5-8 所示。

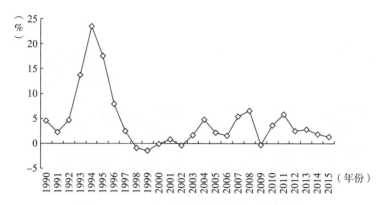

图 5 - 8 1990 年以来的中国农村通货膨胀率

从图 5 - 8 看出，1990 年以来中国农村通货膨胀率在某些年份过高，某些年份过低出现负增长，并不是稳定在某个水平，2012 年后通货膨胀率保持在 3% 左右。随着中国经济增速放缓、政府宏观调控能力增强，未来出现较高通货膨胀率的可能性不断降低。有学者认为中国通货膨胀率的最优目标区间是（0%，3.2%）（白仲林、赵亮，2011）；也有部分学者认为目前及未来一段时间里中国仍面临着较大的通货膨胀压力，通货膨胀率将在 -1% ~7%（周渭兵，2007）。综合各种因素，本研究假设 2016 ~2060 年中国农村年平均通货膨胀率的最大可能值为 2.5%。

假设老年人分享经济发展成果的比例为 50%，可进一步得到 2016 ~2060 年新农保最低标准基础养老金的调整系数：2016 ~2020 年为 2.5% + 6.5% × 50% = 5.75%；2021 ~2030 年为 2.5% + 5.5% × 50% = 5.25%；2031 ~2040 年为 2.5% + 4.3% × 50% = 4.65%；2041 ~2050 年为 2.5% + 3.5% × 50% = 4.25%，2051 ~2060 年为 2.5% + 2% × 50% = 3.5%。2015 年新农保最低标准基础养老金为 840 元/（人·年），据此可以预测出 2016 ~2060 年新农保最低标准基础养老金，具体如图 5 -9 所示。

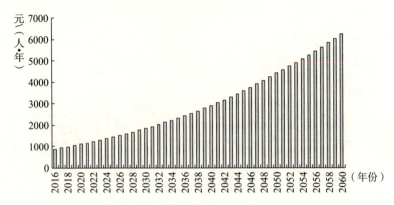

图 5 - 9 2016 ~ 2060 年新农保最低标准基础养老金预测值
资料来源：本研究测算得到。

（五）新农保最低缴费标准的预测

国发〔2009〕32 号及国发〔2014〕8 号文件中均明确规定了新农保最低档次的缴费标准为 100 元/年，并将根据城乡居民收入增长等情况对缴费档次标准进行适当调整。从国发〔2009〕32 号文件到国发〔2014〕8 号文件，新农保的最低缴费标准没有变化，仍然是 100 元/年，而且根据新农保实地调查的结果来看，农民因为短视及对制度不信任等原因更多地选择较低的缴费档次，根据多缴多补原则，选择较低缴费档次的农民获得的养老金补贴也少，其养老金待遇较低，无法满足其基本生活需要。为了保障农民的养老金权益，政府有必要逐步提高最低缴费标准，让农民多缴多得，以保障农民在退休时领取的养老金能够满足其基本生活需要。

依据国发〔2009〕32 号文件，假定国家根据农民人均纯收入的增长情况，每年调整一次缴费档次。前文已对 2016 ~ 2060 年农民人均纯收入数据进行了预测（见表 5 - 2），很容易求出 2016 ~ 2060 年农民人均纯收入增长率，假定 2015 年新农保最低缴费标准为 100 元/年，进而预测出 2016 ~ 2060 年农民的年最低缴费标准，具体如图 5 - 10 所示。

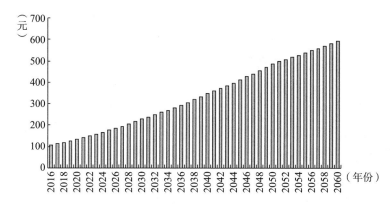

图 5 – 10　2016 ～ 2060 年新农保最低缴费标准预测值
资料来源：本研究测算得到。

（六）农村人口预测

本研究主要采用队列组元法对中国 2011 ～ 2060 年的农村人口规模进行预测，人口规模的变动主要受生育率及生育模式、死亡率及死亡模式、出生性别比以及人口迁移等因素的影响，本研究基于 2010 年第六次全国人口普查数据（简称"六普"数据）对中国 2011 ～ 2060 年的农村人口做出分年龄、分性别的动态预测，然后根据研究需要截取 2016 ～ 2060 年的农村人口分年龄数据。

1. 人口预测模型假设

第一，假定中国未来农村人口规模主要受生育率、死亡率以及人口迁移的影响，而不考虑其他因素对人口变动的影响。

第二，假定未来中国人口政策和社会环境保持基本稳定，不考虑人口政策做大的调整的情况或突发的社会变动对人口的影响。

第三，假定中国的人口迁移主要受"城乡人口迁移"的影响，而不考虑跨境人口迁移。

第四，只考虑农村人口向城镇迁移的城市化现象，而不考虑城镇人口向农村迁移的逆城市化现象。

第五，假定城镇化率能够反映中国人口由农村向城镇迁移的速度。

2. 参数设定

第一，初始人口。本研究以"六普"数据为初始人口数据，并设定分年龄、分性别的初始人口，预测年份为 2011～2060 年，参数调整间隔为 1 年。

第二，死亡率。本研究对死亡率的预测采用模型生命表法，选取的是联合国模型生命表，死亡模式选取的是死亡率较低的远东模式，平均预期寿命通过建立中国农村居民生命表来进行预测，2010 年中国农村男性 0 岁平均预期寿命为 72.47 岁，农村女性 0 岁平均预期寿命为 77.75 岁，利用插值方式和迭代模型可以计算出 2011～2060 年中国农村男性和女性的 0 岁平均预期寿命。

第三，生育率。生育率与死亡率相比更不稳定，波动性也更大，因而对未来妇女分年龄生育率的预测比较困难，决定生育率变化的是总和生育率，妇女总和生育率不受年龄结构的影响，基本可以反映妇女的生育水平（查瑞传，1991）。本研究的总和生育率预测数据选取联合国《世界人口展望 2010》中对中国总和生育率的有关预测数据（见图 5－11）。

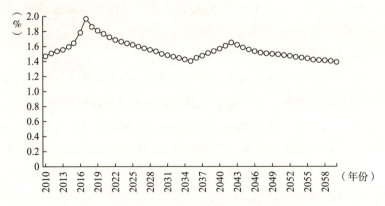

图 5－11　2010～2060 年中国总和生育率预测

说明：2010 年的总和生育率为"六普"数据的实际值。

资料来源：根据联合国《世界人口展望 2010》数据整理获得。

根据人口学相关理论，假定预测期内农村育龄妇女生育模式不会发生变动，并根据 2010 年"六普"数据中农村育龄妇女生育模式进行人口预测（见图 5 - 12）。

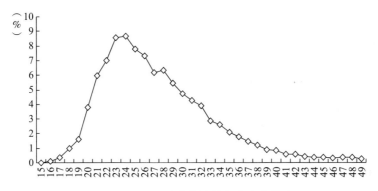

图 5 - 12　2010 年农村育龄妇女生育模式

说明：生育模式 = 育龄妇女年龄别生育率/总和生育率×100% 。

资料来源：根据"六普"数据整理获得。

第四，出生性别比。出生性别比是指新生婴儿性别比。一个国家正常的新生婴儿性别比为 103 ~ 107。中国 1982 年第三次人口普查的出生性别比为 108. 47，之后中国出生性别比逐年攀升，2008 年中国出生性别比达到 120 的水平，从 2009 年开始，中国出生性别比开始逐步下降。针对出生性别比逐年攀升的现象，中国出台了有关控制出生性别比恶性增长并使其回归到正常水平的人口政策，2010 年中国的出生性别比为 117. 94，本研究假设中国未来出生性别比逐年下降并最终回归到正常水平 103 ~ 107 的范围内，具体如图 5 - 13 所示。

第五，迁移水平与迁移模式。本研究假定中国的城镇化率可以反映出农村人口向城镇迁移的速度，据此将对净迁移率的预测转化为对未来中国城镇化率的预测，关于城镇化率的预测，这里直接采用本课题阶段性研究成果中提出的城镇化率时间序列模型[①]：

①　见本课题阶段性研究成果，详见薛惠元（2012a）。

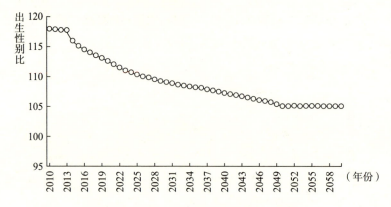

图 5 - 13　2010 ~ 2060 年中国出生性别比预测

说明：2010 年的出生性别比为"六普"数据的实际值。

资料来源：本研究设计。

$$y = \frac{1}{1 + 4.595144e^{-0.044t}} \tag{5-8式}$$

利用该模型预测 2011 ~ 2060 年中国的城镇化率，并与 1978 ~ 2014 年中国城镇化率的实际值进行对比，发现模型拟合度较高，具体见图 5 - 14。

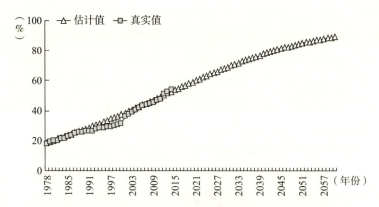

图 5 - 14　1978 ~ 2060 年中国城镇化率实际值、拟合值与预测值

对于分年龄别的人口迁移率，由于"六普"数据没有分年龄对人口迁移进行统计，本研究只能利用年份较近的 2005 年 1% 的抽样人口调查的数据，在抽样数据中，分年龄的迁移人口在 65 岁

以上没有分开统计，这需要对 65 岁及以上的人口堆积进行分解，本研究假设 90 岁以上的人口不存在人口迁移，利用本课题阶段性研究成果中提出的指数化模型对堆积人口进行分解，男性与女性的指数化模型分别为：[1]

$$y_{男性} = 7680.305e^{-0.065t} \qquad (5-9)式$$

$$y_{女性} = 6547.453e^{-0.068t} \qquad (5-10)式$$

对堆积人口进行分解后，可以得出分年龄、分性别的人口净迁移率，具体如图 5-15 所示。

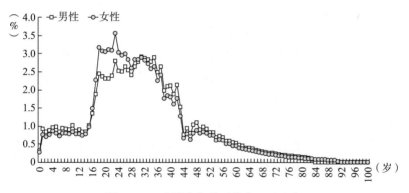

图 5-15　中国分年龄别的人口迁移率

3. 人口预测结果

本研究利用 PADIS-INT 人口预测软件进行人口预测，把初始人口、死亡水平（平均预期寿命）、死亡模式（远东模式）、生育水平、出生性别比、生育模式、迁移水平和迁移模式代入模型中，即可得到 2011～2060 年中国分性别、分年龄的农村人口预测数据。因为本研究需要的是中国 2016～2060 年的农村人口数据，故只需截取此时间段的数据，具体如图 5-16 所示。

从图 5-16 中能够发现，未来几十年里，在城镇化和计划生育政策的影响下，中国农村人口的数量将逐渐下降。其中，16～59 岁

①　见本课题阶段性研究成果，详见薛惠元（2012a）。

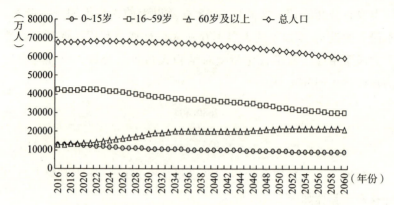

图 5 - 16　2016 ~ 2060 年中国分年龄的农村人口预测数据

的劳动人口数逐年下降，使得地方政府在缴费环节给予补贴的负担也会变得越来越轻。但与此同时，农村地区 60 岁及以上的人口数量则呈现不断增长的趋势，导致财政的"出口补贴"支出不断增加。

另外，根据 2000 年人口普查数据和《中国人口统计年鉴》（2001 ~ 2015）中的相关人口数据，可以分别计算出中国东部地区农村人口数占总农村人口数的比重和中西部地区农村人口数占总农村人口数的比重，如图 5 - 17 所示。

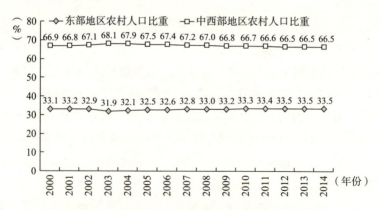

**图 5 - 17　2000 ~ 2014 年中国分地区农村人口数占
总农村人口数的比重**

资料来源：根据"五普"数据、"六普"数据、《中国人口统计年鉴》的数据计算得出。

从图 5 - 17 能够发现，2000～2014 年，东部与中西部地区农村人口数占总农村人口数的比重基本维持在 33% 和 67% 的水平上，且经计算发现，这期间东部和中西部地区农村人口占比的几何平均值正好为 33% 和 67%。按照该比例并结合前文的农村人口预测数据，能够分别计算出 2016～2060 年东部和中西部地区的农村人口数，详见图 5 - 18。

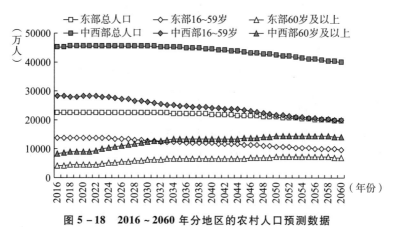

图 5 - 18　2016～2060 年分地区的农村人口预测数据

（七）财政养老金支出比重预测

1. 中央财政支持能力的可持续性评估

按照前文所选取的评估指标，需要先计算出中央财政对新农保年补助数额。根据相关政策文件规定可知，中央财政对新农保年补助数额 =（东部地区 60 岁及以上的农村人口数 × 50% + 该年中西部地区 60 岁及以上的农村人口数）× 该年最低标准基础养老金 × 该年 60 岁及以上农村人口的新农保覆盖率。

将上文已预测出的参数代入该公式，可测算出中央财政对新农保在 2016～2060 年的补助数额，从而进一步测算出其占中央财政收入的比重，具体如表 5 - 7 和图 5 - 19 所示。

表 5 – 7　2016～2060 年中央财政对新农保年补助数额及
占中央财政收入的比重

单位：亿元，%

年份	中央财政对新农保年补助数额	中央财政对新农保年补助数额占中央财政收入的比重	年份	中央财政对新农保年补助数额	中央财政对新农保年补助数额占中央财政收入的比重
2016	931.72	1.144	2039	4709.73	1.725
2017	1019.74	1.171	2040	4928.22	1.729
2018	1104.36	1.186	2041	5139.15	1.741
2019	1177.48	1.183	2042	5382.31	1.760
2020	1258.61	1.184	2043	5607.80	1.771
2021	1326.12	1.179	2044	5851.22	1.785
2022	1440.19	1.211	2045	6109.84	1.799
2023	1590.27	1.265	2046	6414.22	1.824
2024	1733.56	1.304	2047	6773.42	1.860
2025	1891.58	1.346	2048	7125.02	1.890
2026	2062.86	1.389	2049	7514.76	1.925
2027	2228.23	1.419	2050	7950.92	1.967
2028	2432.63	1.466	2051	8250.38	2.000
2029	2632.67	1.501	2052	8546.98	2.031
2030	2858.29	1.543	2053	8849.48	2.061
2031	3061.67	1.582	2054	9144.09	2.088
2032	3269.70	1.618	2055	9477.15	2.121
2033	3479.62	1.649	2056	9799.17	2.149
2034	3690.88	1.676	2057	10119.18	2.176
2035	3894.04	1.693	2058	10454.63	2.203
2036	4099.30	1.708	2059	10758.70	2.222
2037	4288.53	1.711	2060	11083.03	2.244
2038	4494.36	1.718			

资料来源：本研究测算得到。

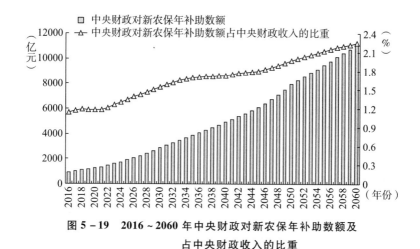

图 5 - 19　2016～2060 年中央财政对新农保年补助数额及
占中央财政收入的比重

从表 5 - 7 和图 5 - 19 可以看出，中央财政对新农保年补助数
额占中央财政收入的比重除少数年份（2019 年、2021 年）稍有下
降外，总体表现出不断增长的趋势。2016 年，中央财政对新农保
年补助数额占中央财政收入的比重为 1.144%，2051 年首次超过
2%，至 2060 年该比重上升到 2.244%。该比值持续升高的原因在
于：第一，受到人口老龄化的影响，不管是东部地区还是中西部
地区，60 岁及以上农村人口数总体呈现上升趋势；第二，随着未
来 GDP 增速放缓，从 2031 年开始，新农保基础养老金调整系数超
过了 GDP 增长率和财政收入增长率。总体来看，2016～2060 年，中
央财政对新农保年补助数额占中央财政收入的比重为 1.144%～
2.244%，考虑到当前中国的财政收支结构（2015 年中央财政收入
占比是 45.5%，而中央财政支出占比只有 14.5%，即中央财政收
多支少，地方财政收少支多），能够看出 1.144%～2.244% 的财政
补助支出比重还是较小的。故可以认为只要中国经济能在 2016～
2060 年保持持续稳定增长，则中央财政就能够承担起新农保的财
政补助责任。

2. 地方财政支持能力的可持续性评估

根据国发〔2014〕8 号文件，地方政府对个人缴费进行补

贴，个人选择的缴费档次越高，补贴越多，若参保者选择500
元及以上的缴费档次，则地方政府给予不低于60元/（人·
年）的补贴。依此假定2016年地方政府平均缴费补贴为60
元/（人·年）（相当于500元缴费档次的补贴标准）。考虑到
未来随着经济的发展，农民缴费能力和地方财政实力将不断提
升，假定地方政府每年都对平均缴费补贴标准进行调整，
2017~2038年每年提高5元，2039~2060年每年提高10元，2060
年提高至390元/（人·年）。

　　第二次中国残疾人抽样调查显示残疾人比重为6.34%，其中
重度残疾人比重是29.62%，故可以计算出重度残疾人占总人口的
比重大约是1.88%。不考虑年龄和城乡差异的影响，假定未来农
村16~59岁人口中重度残疾人比重也为1.88%，此外，我们不考
虑地方政府提高和加发部分基础养老金的补贴，可以得出不同地
区地方财政对新农保年补助数额测算公式：

　　东部地区地方财政对新农保年补助数额 =（该年东部地区16~59岁农村
人口数 × 地方政府缴费补贴 + 该年东部地区16~59岁农村重度残疾人口数 ×
该年最低缴费标准）× 该年16~59岁农村人口的新农保覆盖率 + 该年东部地
区60岁及以上的农村人口数 × 该年最低标准基础养老金 ×50% ×60岁及以上
的农村人口的新农保覆盖率
（5-11）式

　　中西部地区地方财政对新农保年补助数额 =（该年中西部地区16~59
岁农村人口数 × 地方政府缴费补贴 + 该年中西部地区16~59岁农村重度
残疾人口数 × 该年最低缴费标准）× 该年16~59岁农村人口的新农保覆
盖率
（5-12）式

　　再分别用东部和中西部地区对新农保年补助数额除以所对应
地区的财政年收入即可得到不同地区地方财政对新农保年补助数
额占比。如表5-8和图5-20所示。

表 5 - 8　2016～2060 年地方财政对新农保年补助数额
及占地方财政收入的比重

单位：亿元，%

年份	东部地区地方财政对新农保年补助数额	东部地区地方财政对新农保年补助数额占地方财政收入的比重	中西部地区地方财政对新农保年补助数额	中西部地区地方财政对新农保年补助数额占地方财政收入的比重
2016	270.34	0.580	175.07	0.564
2017	294.43	0.591	188.67	0.568
2018	317.99	0.597	202.56	0.571
2019	339.77	0.597	217.43	0.573
2020	363.24	0.598	232.54	0.574
2021	384.40	0.598	248.40	0.579
2022	413.67	0.608	262.07	0.578
2023	449.11	0.625	273.81	0.571
2024	483.71	0.636	286.58	0.565
2025	521.00	0.648	298.90	0.558
2026	560.40	0.660	310.16	0.548
2027	598.64	0.667	321.45	0.537
2028	643.64	0.678	330.82	0.523
2029	688.11	0.686	340.85	0.510
2030	737.10	0.696	349.80	0.495
2031	781.96	0.707	359.29	0.487
2032	827.72	0.716	368.73	0.479
2033	873.93	0.724	378.33	0.470
2034	920.47	0.731	388.06	0.462
2035	965.74	0.734	398.46	0.455
2036	1011.46	0.737	408.94	0.447
2037	1054.53	0.736	420.48	0.440
2038	1100.55	0.736	431.33	0.432
2039	1154.31	0.739	454.06	0.436
2040	1208.63	0.741	476.69	0.439

年份	东部地区地方财政对新农保年补助数额	东部地区地方财政对新农保年补助数额占地方财政收入的比重	中西部地区地方财政对新农保年补助数额	中西部地区地方财政对新农保年补助数额占地方财政收入的比重
2041	1261.13	0.747	498.66	0.443
2042	1319.19	0.755	518.99	0.445
2043	1374.29	0.759	540.40	0.448
2044	1432.53	0.764	560.98	0.449
2045	1493.42	0.769	580.85	0.449
2046	1562.17	0.777	598.32	0.446
2047	1640.37	0.788	612.97	0.442
2048	1717.34	0.796	628.19	0.437
2049	1800.95	0.807	641.57	0.431
2050	1892.58	0.819	652.62	0.423
2051	1959.23	0.831	667.81	0.425
2052	2025.39	0.842	683.12	0.426
2053	2092.54	0.852	698.10	0.427
2054	2158.35	0.862	713.53	0.427
2055	2230.77	0.873	726.92	0.427
2056	2301.34	0.883	741.01	0.426
2057	2371.60	0.892	755.28	0.426
2058	2444.55	0.901	768.80	0.425
2059	2512.17	0.907	784.10	0.425
2060	2583.36	0.915	798.53	0.424

资料来源：本研究测算得到。

从表 5-8 和图 5-20 可知，东部地区和中西部地区地方财政对新农保年补助数额占地方财政收入的比重均较低，均未超过1%。其中，东部地区地方财政对新农保年补助数额占地方财政收入的比重呈现上升趋势，从 2016 年的 0.580% 上升到 2060 年的0.915%。其上升的原因在于：第一，人口老龄化因素，东部地区

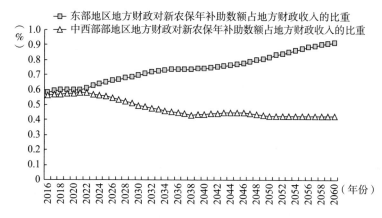

图 5 – 20　2016～2060 年地方财政对新农保年补助
数额占地方财政收入的比重

资料来源：本研究测算得到。

60 岁及以上人口的不断增加；第二，基础养老金、政府缴费补贴的不断增加，"入口补贴＋出口补贴"的增长速度超过了东部地区地方财政收入增长率。中西部地方财政对新农保年补助数额的占比呈现"先上升，后下降，然后趋于稳定"的趋势，该比重最高为 0.579%（2021 年），最低为 0.424%（2060 年）。总体来看，中西部地区地方财政由于不需要"补出口"（不考虑提高和加发部分的基础养老金），所以，其财政支出压力相对较小。

由此能够得出结论：从总体上看，2016～2060 年，无论是东部地区还是中西部地区，其财政对新农保的补贴负担都比较小，在中国经济保持持续稳定发展的基础上，地方政府对新农保的财政支持能力具备可持续性。

第二节　新农保制度功能的可持续性评估

只要新农保制度能够实现财务可持续，该制度就可以持续运行下去。但制度的持续运行只是一个最低的要求，不仅要实现财务的可持续，还要注重新农保制度功能的正常发挥，包括实现收

入再分配、促进社会公平的功能，保证老年人基本生活、减贫的
经济功能等。当前新农保制度的社会功能和经济功能到底如何？
在未来能否继续维持下去？这就需要对新农保制度的功能做出可
持续性评估。

一　新农保制度的社会功能可持续性评估

新农保制度作为一项社会政策，促进社会公平是其重要的功
能之一，新农保通过对不同地区实行不同的财政补助政策，具有
收入再分配效应，可以缩小居民收入差距，促进地区间和城乡间
的公平，并且使农民的养老金制度从无到有建立了起来，缩小了
城乡之间的社会保障差距，促进了城乡基本公共服务的均等化。

（一）　新农保对收入差距的影响评估——以湖北省为例①

长期以来，农民没有社会养老保险，新农保制度的建立打破
了社会养老保险"城有乡无"的局面；又由于政府对新农保制度
给予补贴，从理论上说，新农保制度有利于缩小城乡收入差距，
即它可以实现收入在农民和城镇居民之间的再分配，并使收入从
城镇居民流向农民。当然，这只是一个理论分析，现实情况如何
还需实证检验。基于此，本研究以泰尔指数为测量工具，测算
2004～2012年湖北省居民的收入差距，并运用多元线性回归模型
来探究新农保对收入差距的影响。

1. 收入差距测量工具与数据来源

（1）泰尔指数

泰尔指数是分析个人或者区域收入不平等的重要指标，与基
尼系数、阿特金森指数共同构成测量收入差距的重要指标。泰尔
指数是泰尔利用信息学中的熵的概念来计算收入差距的指标，利
用泰尔指数测量收入差距时可以将收入差距分解为组内差距和组
间差距，泰尔指数的公式可以表示为：

①　该部分参考了本项目的阶段性研究成果，详见王翠琴、田勇（2015）。

$$T(0) = \frac{1}{N} \sum_{i=1}^{N} \log \frac{\overline{y}}{y_i} \qquad (5-13)式$$

在 (5-13) 式中，$T(0)$ 为泰尔指数，N 为分组数目，y_i 为第 i 组的人均收入，$\overline{y}$ 为 y_i 的平均值。

用人口作为权重进行测算时，泰尔指数可分解为：

$$T(0) = \sum_{g=1}^{G} p_g T(0)_g + \sum_{g=1}^{G} p_g \log \frac{p_g}{v_g} \qquad (5-14)式$$

其中，g 为分组数目，p_g 表示第 g 组人口占总人口的比重，v_g 表示第 g 组收入占总收入的比重，$T(0)_g$ 为第 g 组的泰尔指数。在 (5-14) 式中，$\sum_{g=1}^{G} p_g T(0)_g$ 为组内差距，$\sum_{g=1}^{G} p_g \log \frac{p_g}{v_g}$ 表示组间差距，$\sum_{g=1}^{G} p_g T(0)_g / T(0)$ 为组内差距对总体差距的贡献率，$\sum_{g=1}^{G} p_g \log \frac{p_g}{v_g} / T(0)$ 为组间差距对总体差距的贡献率。

以收入为权重，泰尔指数可以分解为：

$$T = \sum W_i \log \frac{W_i}{N_i} + \sum W_i T_i \qquad (5-15)式$$

其中，i 为分组数目，W_i 为第 i 组收入占总收入的比重，N_i 为第 i 组人口占总人口的比重，T_i 的计算公式为：

$$T_i = \sum_j \frac{w_{ij}}{w_i} \log \frac{w_{ij}/w_i}{n_{ij}/n_i} \qquad (5-16)式$$

T_i 是未经过加权的组内泰尔指数，w_i 代表第 i 组的收入，w_{ij} 代表第 i 组第 j 市的收入，n_i 代表第 i 组的人口，n_{ij} 代表第 i 组第 j 市的人口。

泰尔指数的取值范围为 0~1，该数值越大，说明收入差距越大。

（2）数据来源及处理

计算泰尔指数时所使用的数据主要来自 2005~2013 年的《湖

北统计年鉴》、湖北省 17 个地级市（州、林区）的统计年鉴，以及这 17 个地区的国民经济和社会发展统计公报公布的有关数据。

测量湖北省城乡居民收入差距时，使用的是湖北省城镇居民和农村居民收入的相关数据。测量湖北省地区收入差距时，使用的是湖北省各地区的居民收入数据，本研究把湖北省划分为武汉市、鄂东北（孝感、黄冈）、鄂东南（鄂州、黄石、咸宁）、鄂西北（随州、襄阳、荆门、十堰、神农架）、江汉平原（荆州、天门、仙桃、潜江）以及鄂西南（宜昌、恩施）共六个地区，通过六个地区的泰尔指数来反映地区收入差距。在计算泰尔指数时，人口变量以常住人口为主，平均收入则通过加权处理的方法求出。

2. 湖北省收入差距的泰尔指数测量结果

（1）湖北省城乡收入差距的泰尔指数及其变化趋势

根据（5-13）式可以计算出湖北省城乡收入差距的泰尔指数。先将湖北省分为城镇和农村两组，分别计算出城镇居民收入差距的泰尔指数和农村居民收入差距的泰尔指数，将城镇地区和农村地区的泰尔指数代入（5-14）式，计算出总的泰尔指数，最后分别计算出城镇和农村对总体收入差距的贡献度。

表 5-9 2004~2012 年湖北省居民城乡收入差距的泰尔指数

年份	农村泰尔指数	城镇泰尔指数	城乡总体泰尔指数	组内差距	组间差距	农村内部贡献率	城镇内部贡献率	城乡之间的贡献率
2004	0.0019	0.0384	0.0723	0.0195	0.0528	0.0180	0.1888	0.7302
2005	0.0026	0.0399	0.0738	0.0163	0.0574	0.0223	0.1985	0.7791
2006	0.0052	0.0405	0.0764	0.0189	0.0575	0.0413	0.2063	0.7524
2007	0.0048	0.0417	0.0781	0.0195	0.0586	0.0373	0.2123	0.7505
2008	0.0070	0.0425	0.0790	0.0216	0.0574	0.0520	0.2211	0.7268
2009	0.0063	0.0412	0.0773	0.0214	0.0559	0.0462	0.2309	0.7230
2010	0.0091	0.0421	0.0754	0.0241	0.0513	0.0653	0.2547	0.6799
2011	0.0091	0.0417	0.0699	0.0247	0.0453	0.0681	0.2845	0.6473
2012	0.0082	0.0412	0.0680	0.0245	0.0435	0.0606	0.3001	0.6394

从图 5 - 21 可看出，2004 ~ 2012 年，农村地区的泰尔指数呈逐渐上升趋势，城镇地区的泰尔指数略有上升，但基本维持不变，城乡总体的泰尔指数在 2004 ~ 2008 年逐步上升，而在 2009 ~ 2012 年则呈现逐步下降的趋势。其中，组内差距在 2004 ~ 2009 年缓慢上升，而组间差距在 2004 ~ 2009 年先缓慢上升后略有下降趋势，在 2009 ~ 2012 年则逐步下降；城镇居民的收入差距要大于农村居民的收入差距，且城乡收入差距要大于城镇和农村内部的收入差距。

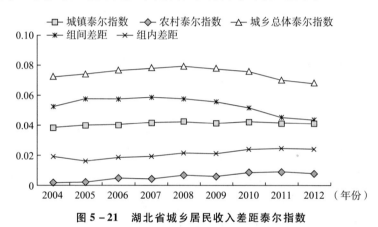

图 5 - 21　湖北省城乡居民收入差距泰尔指数

由图 5 - 22 可知，城乡间的收入差距对总体收入差距的贡献率最大，达到 75% 的比重。其次是城镇内部收入差距的贡献率，最

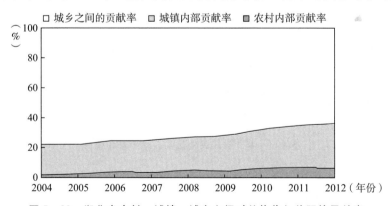

图 5 - 22　湖北省农村、城镇、城乡之间对总体收入差距的贡献率

低的是农村内部收入差距的贡献率。由此可知，湖北省总体收入差距过大主要是由城乡间的收入差距造成的，另外，城镇内部收入差距的影响也不容忽视，而农村内部收入差距的影响较小。

（2）湖北省居民地区收入差距的泰尔指数测算及其变化趋势分析

在测算居民收入的地区差距之前，如上文所述本研究将湖北省所辖的 17 个地级市（州、林区）划分为 6 个地区，通过（5 - 16）式先分别计算出各个地区的泰尔指数，将计算结果代入（5 - 15）式计算出总的收入差距泰尔指数。

由图 5 - 23 可知，鄂西南的收入差距最大，鄂西北的收入差距排第二，鄂东北的收入差距排第三，鄂东南的收入差距排第四，江汉平原地区的收入差距最小；鄂西北、鄂西南地区的内部收入差距要大于全省的地区收入差距的平均水平，鄂东北、鄂东南及江汉平原地区的收入差距要小于全省收入差距的平均水平；而地区总体收入差距，在 2004 ~ 2009 年呈现扩大的趋势，在 2009 ~ 2012 年则逐步缩小。

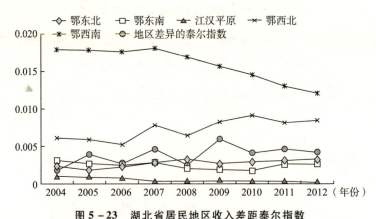

图 5 - 23　湖北省居民地区收入差距泰尔指数

3. 新农保对湖北省收入差距的影响分析

（1）新农保对居民城乡收入差距的影响

本研究采用回归模型探讨新农保的实施对湖北省城乡收入差

距的影响，被解释变量是湖北省城乡收入差距的泰尔指数，解释
变量是是否实施新农保、城乡经济发展水平差距（用城镇与农村
地区生产总值的差值表示，农村地区生产总值采用农林牧副渔业
的总产值表示）、城镇化率、对外依存度（进出口总额占 GDP 的
比例，人民币对美元的汇率以 2004～2012 年的平均汇率表示）、
第一产业占比、第二产业占比。解释变量数据如表 5－10 所示。

表 5－10　居民城乡收入差距解释变量的数据

年份	是否实施新农保	城乡经济发展水平差距（亿元）	城镇化率（％）	对外依存度	第一产业占比（％）	第二产业占比（％）
2004	否	4280.30	42.60	0.0841	19.25	47.38
2005	否	4344.88	43.20	0.0966	19.76	42.78
2006	否	5216.35	43.80	0.1079	17.94	44.87
2007	否	6304.41	44.30	0.1114	18.41	44.75
2008	否	7770.38	45.20	0.1271	18.64	43.81
2009	否	8999.72	46.00	0.0930	17.55	46.05
2010	是	11512.09	49.72	0.1136	15.72	49.12
2011	是	14455.59	51.83	0.1195	15.09	50.11
2012	是	16552.62	53.50	0.1005	14.68	50.29

根据 SPSS 软件所示的散点图，可知被解释变量与解释变量之
间呈线性关系，据此可以确定多元线性回归模型为：

$$y = \alpha + \beta_1 x_1 + \beta_2 x_2 + \beta_3 x_3 + \beta_4 x_4 + \beta_5 x_5 + \beta_6 x_6 + \mu \qquad （5-17）式$$

运用 SPSS 软件，采用多元线性回归方法，解释变量的选取采
取进入的方式，可得回归结果如表 5－11 所示。

表 5－11　居民城乡收入差距的回归分析结果

	B	SE	t	$Sig.$
constant	0.926	0.208	4.451	0.047
是否实施新农保	0.030	0.010	3.112	0.090

	B	SE	t	Sig.
城乡经济发展水平差距	9.609E−6	0.000	3.686	0.066
城镇化率	−1.540	0.390	−3.943	0.059
对外依存度	−0.010	0.057	−0.178	0.875
第一产业占比	−0.517	0.137	−3.769	0.064
第二产业占比	−0.292	0.081	−3.609	0.069

回归模型 R^2 为 0.971，$\overline{R^2}$ 为 0.883。从表 5-11 可以看出，是否实施新农保的回归系数显著性 p 值为 0.090，在 0.1 的显著性水平情况下，可以通过检验，故可以认为新农保制度的建立缩小了城乡居民收入差距。

（2）新农保对居民地区收入差距的影响

同样采用回归模型来探讨新农保对湖北省地区收入差距的影响。被解释变量是地区收入差距的泰尔指数，解释变量选取是否实施新农保、湖北省经济发展水平的地区差异（用 6 个地区的 GDP 的标准差表示）、湖北省各地区财政收入的地区差异（用 6 个地区财政收入的标准差表示）、第一产业占比的地区差异（用 6 个地区第一产业占比的标准差表示）以及非农产业占比的地区差异（用 6 个地区第二和第三产业占比的标准差表示）。

数据主要来自湖北省统计年鉴以及各市州的统计年鉴和统计公报，样本数据如表 5-12 所示。

表 5-12　湖北省居民地区收入差距解释变量的数据

单位：亿元，%

年份	是否实施新农保	经济发展水平地区差异	财政收入地区差异	第一产业占比地区差异	非农产业占比地区差异
2004	否	509.18	91.80	6.79	3.19
2005	否	616.17	126.00	8.10	4.86
2006	否	723.10	163.85	7.71	4.87

续表

年份	是否实施新农保	经济发展水平地区差异	财政收入地区差异	第一产业占比地区差异	非农产业占比地区差异
2007	否	880.77	207.63	7.75	4.68
2008	否	1116.58	259.71	7.69	4.49
2009	否	1292.61	332.85	7.59	4.04
2010	是	1578.17	472.55	7.32	4.63
2011	是	1925.30	600.30	6.89	4.98
2012	是	2297.63	696.24	6.50	5.13

运用 SPSS 软件进行回归分析，可得回归结果，具体如表 5 - 13 所示。

表 5 - 13　湖北省城乡居民地区收入差距的回归分析结果

	B	SE	t	$Sig.$
constant	-0.009	0.006	-1.398	0.056
是否实施新农保	-0.003	0.003	-0.901	0.434
经济发展水平地区差异	$-1.281E-5$	0.000	-1.263	0.296
财政收入地区差异	$4.772E-5$	0.000	1.407	0.254
第一产业占比地区差异	0.858	0.397	2.160	0.120
非农产业占比地区差异	-0.625	0.341	-1.834	0.164

回归模型 R^2 为 0.839，$\overline{R^2}$ 为 0.572。从表 5 - 13 可以看出，是否实施新农保的回归系数显著性 p 值为 0.434，在显著性水平 α 为 0.1 的情况下，未通过检验，据此可认为新农保制度对地区间收入差距产生的影响并不显著。

4. 研究结论

本研究通过对 2004~2012 年湖北省居民收入的泰尔指数进行计算，测量了湖北省居民收入差距的变化，并进一步构建回归模型以研究新农保制度对城乡和地区收入差距的影响，结果发现：新农保制度缩小了湖北省居民城乡收入差距，但其对湖北省地区收入差距的调节作用目前并未显现。究其原因在于，新农保制度实施的时间还比较短，不管是人均财政补助水平，还是人均基本养老金水平都比较低，对收入差距的影响还比较有限。

（二）新农保对城乡基本公共服务均等化的影响①

城乡基本公共服务均等化是指城乡公民都能公平地获得大体均等的基本公共服务，这是促进城乡协调发展的内在要求，该举措有利于缩小城乡差距，极大地促进社会公平公正，增进人民福祉。

1. 新农保制度的原则与城乡基本公共服务均等化的要求一致

从实施原则来看，新农保制度是与城乡基本公共服务均等化的要求一致的。首先，新农保制度坚持"广覆盖"原则，只要是农村居民都可以参加该制度。新农保的开展使得全国6亿农民②从以前没有任何养老保险的状态转变成可以与城镇居民享受同样的养老保险制度，这是养老保险这项基本公共服务均等化的重要举措。其次，新农保制度在筹资上，强调多方参与、共同努力，不再依靠个人力量。与以往农村支援城市发展不同，现在政府越来越重视农村的发展，给予三农领域越来越多的扶持。新农保的开展很重视政府的资金资助，中央和地方财政对基础养老金和参保者的缴费给予了一定补贴，全国农村参保的居民在60岁后都能领取数额相同的最低标准基础养老金，这体现了基本公共服务的普惠性和公平性。最后，新农保坚持"保基本、低水平"的原则，老人每月领取的养老金仅能保障其基本生活需要，这与基本公共服务的"基本"二字内涵是一致的。

2. 从实施效果上看新农保的实施对城乡基本公共服务均等化的影响

新农保试点工作开始于2009年9月，下面选取2009～2015年的数据，分析新农保的实施对城乡基本公共服务均等化的影响。

---

① 该部分参考了本项目的阶段性研究成果，详见王翠琴、龙小红（2013）。
② 《2015年全国1%人口抽样调查主要数据公报》数据显示，2015年中国农村人口为60599万人。

（1）城乡社会养老保险参保人数和待遇水平比较

表 5 - 14 显示，2009 年农村社会养老保险（老农保）参保人数为 8691.0 万人，城镇职工基本养老保险参保人数为 23549.9 万人，后者是前者的 2.71 倍；但随着新农保的试点、推广和全覆盖，新农保的参保人数不断增多，2011 年超过了城镇职工基本养老保险的参保人数，2015 年达到 50472.0 万人，2015 年城镇职工基本养老保险参保人数仅为新农保的 70%；2009～2015 年，新农保参保人数增长率为 34.1%，远高于城镇职工基本养老保险的 7.0%。可见，新农保制度从无到有，并在短短几年内（2012 年）实现了制度全覆盖，使得广大的农村居民享受到了社会养老保险优惠政策，在实现公共服务均等化的道路上迈出了坚实的一步。

表 5 - 14　2009～2015 年城乡养老保险制度参保人数、待遇水平比较

年份	城镇职工基本养老保险		农村社会养老保险		城乡养老保险参保人数之比	城乡人均养老金之比
	参保人数（万人）	月人均养老金（元）	参保人数（万人）	月人均养老金（元）		
2009	23549.9	1225	8691.0	41	2.71	29.9
2010	25707.3	1362	10276.8	58	2.50	23.5
2011	28391.3	1511	33182.0	57	0.86	26.5
2012	30426.8	1721	48369.5	72	0.63	23.9
2013	32218.4	1893	49750.1	80	0.65	23.7
2014	34124.4	2082	50107.5	89	0.68	23.4
2015	35361.0	2291	50472.0	119	0.70	19.3

注：表中的农村社会养老保险数据，2009 年为老农保数据，2010～2011 年为新农保数据，2012～2015 年为城乡居民基本养老保险数据；新农保月人均养老金 = 当年基金支出/年末待遇领取人数/12。

资料来源：参保人数来源于历年《中国统计年鉴》《人力资源和社会保障事业发展统计公报》；城镇职工月人均养老金数据根据史寒冰学者的研究成果以及历年的养老金调整幅度测算得到。

进一步比较城乡养老保险制度的待遇水平。从表 5 - 14 可以看到，2009 年城乡人均养老金之比为 29.9:1，这是因为 2009 年为老

农保数据，老农保的待遇水平本来就较低，二者差距巨大不足为怪；2010 年城乡人均养老金之比下降为 23.5∶1，这主要是由于新农保基础养老金的作用，新农保从无到有，60 岁及以上的农村老年居民 55 元/（人·月）基础养老金的发放，产生了较大的边际效应；2011 年城乡人均养老金之比有了较大的攀升，此后呈现下降趋势，2015 年降为 19.3∶1，但城乡之间仍然存在巨大的养老保险待遇差距。分析其原因，固然有城镇职工基本养老保险和新农保制度模式不一、存在"双轨制"的因素，但近年来城镇职工基本养老金连续 12 年上调（2005～2016 年，年均上调 10% 左右），而新农保最低标准基础养老金自 2009 年试点以来只上调了一次，不能不说也是重要的原因之一。

综上，新农保制度的建立对于缩小城乡间的收入差距、推动实现基本公共服务均等化起到了一定作用，但总体效果并不明显，城乡养老保险待遇差距依然较大。

（2）城乡居民人均收入比较

由表 5-15 可以看出，新农保制度实施后城乡居民人均收入差距均有了一定程度的缩小，2009 年城乡居民人均收入比为 3.33∶1，2015 年下降为 2.90∶1。究其原因在于，2010～2015 年，农村居民人均纯收入的增速快于城镇居民。农民人均纯收入的迅速增长与新农保制度试点推广、覆盖范围扩大不谋而合。这表明城乡居民收入差距的缩小，在剔除了其他因素的作用后，与新农保制度不无关系。

表 5-15　2009～2015 年城乡居民人均收入对比

年份	城镇居民人均可支配收入		农民人均纯收入		城乡居民人均收入比
	数额（元）	增长率（%）	数额（元）	增长率（%）	
2009	17174.7	8.83	5153.2	8.25	3.33
2010	19109.4	11.26	5919.0	14.86	3.23
2011	21809.8	14.13	6977.3	17.88	3.13

续表

年份	城镇居民人均可支配收入		农民人均纯收入		城乡居民人均收入比
	数额（元）	增长率（%）	数额（元）	增长率（%）	
2012	24564.7	12.63	7916.6	13.46	3.10
2013	26955.1	9.73	8895.9	12.37	3.03
2014	29381.0	9.00	9892.0	11.20	2.97
2015	31195.0	6.17	10772.0	8.90	2.90

资料来源：根据《中国统计年鉴》（2010~2015）、《2015年国民经济和社会发展统计公报》上的数据整理计算得到。

（3）城乡居民恩格尔系数比较

恩格尔系数通常用居民家庭食品支出总额占个人消费支出总额的比重表示，该指标能反映城乡居民的生活水平，恩格尔系数越小，表明居民的生活水平越高。

该指标值大于60%表示居民生活水平为贫穷；50%~60%为温饱；40%~50%为小康；30%~40%属于相对富裕；20%~30%为富裕；20%以下为极其富裕。

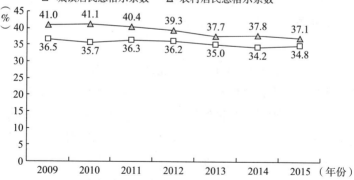

图5-24　2009~2015年城乡居民恩格尔系数对比

资料来源：根据《中国统计年鉴》（2010~2014）、中国产业信息网（http://www.chyxx.com/industry/201609/445170.html）的数据绘制而成。

考察居民恩格尔系数，新农保实施初的2009年，城镇居民恩格尔系数为36.5%，农村为41.0%；2015年城镇为34.8%，农村为 37.1%。由此可见，2009～2015 年城镇居民家庭平均处于相对富裕水平，而农村居民家庭逐步由小康迈进了相对富裕行列。进一步分析发现，在新农保制度实施前后的 2009～2015 年，农村居民恩格尔系数下降的幅度较大（3.9 个百分点），是城镇居民恩格尔系数下降幅度（1.7 个百分点）的 2 倍多。这说明在新农保制度实施后，农村居民的生活水平有了一定程度的提高，这里面不无新农保的功劳。

3. 从产生的社会心理影响上看新农保的实施对城乡基本公共服务均等化的影响

2012 年 5 月，本课题在河北省涞源县开展调查，发现随着新农保的实施，参保农民的心理已发生了一些变化，对制度和政府的认同度都有极大的提升，参保的积极性也提高了。

在调查过程中，有 80% 的领取了新农保待遇的老人表示新农保能够满足其养老保障需求，超过 20% 的参保者不再选择 100 元的最低缴费档次，主动提高了缴费档次。在对调查对象进行访谈的过程中，调查对象认为他们现在跟城镇居民是一样的，也可以享受政府提供的养老保险，不再低人一等，新农保制度的实施使得多数农民感觉被尊重，体会到生命的尊严，社会公平感有了较大程度的提升。

此外，新农保制度的开展，使得农民群体对政府的信任和拥护度都有了很大的提升，他们认为新农保是政府出台的一项惠农政策，他们已切身体会到了该政策的好处，今后对于政府出台的其他惠农政策，他们也会大力拥护。可以认为新农保的实施使得农民对政府的疑虑态度减少了许多，会更加信任和拥护政府，这有利于促进其他惠农公共政策的实施，推进城乡基本公共服务的均等化。

4. 研究结论

从理论上看，新农保和城乡基本公共服务均等化原则一致、标准契合，新农保充分体现了城乡基本公共服务均等化的原则和标准。新农保的实施提高了农村居民尤其是老年居民的收入和生活水平，在一定程度上缩小了城乡收入差距，并在社会心理上实现了农民的认同、信任和拥护，对实现城乡基本公共服务均等化起到了一定的促进作用，但由于新农保的保障水平较低，且基础养老金正常调整机制尚未建立，新农保制度促进城乡基本公共服务均等化的总体效果并不是很明显，城乡养老保险待遇差距依然较大。

二　新农保的经济功能可持续性评估

新农保的经济功能主要包括养老保障功能、减贫功能、扩大内需进而促进经济发展的功能等。受时间和篇幅的限制，本研究主要对新农保养老保障功能的可持续性，以及新农保的减贫效应做出评估。

（一）养老保障功能的可持续性评估[①]

新农保一项重要的经济功能便是其养老保障功能，即保障农民年老后基本生活需要的功能。新农保制度的养老保障功能主要由新农保制度的保障水平决定。本研究从最微观的层面采用"新农保的替代率"来测量新农保的保障水平，即多高的新农保替代率能满足农民的养老保障需求？本研究引进两个概念——新农保供给替代率和新农保需求替代率。供给替代率是指制度所能提供的养老金水平替代率，需求替代率是能满足农村老人基本生活需要的养老金替代率，它回答的是替代率应该为多少的问题。对二者进行比较即可对新农保养老保障功能的可持续性做出评估。

1. 供给替代率的测算

（1）供给替代率的精算模型

将 2009 年设为基准年，把参保人分成"老人"、"中人"和"新人"[②] 三类，由于"老人"没有个人账户养老金，只领取基础

养老金，故"老人"与"中人"、"新人"的制度供给替代率不同。

"老人"的供给替代率 $RR^s_{老}$ 的测算公式为：

$$RR^s_{老} = \frac{P_0}{Y_0} \qquad (5-18)式$$

其中，P_0 为基准年的基础养老金标准，Y_0 为基准年的全国农民人均纯收入。

对于"中人"和"新人"来说，基础养老金和个人账户养老金两部分的替代率共同构成供给替代率。假定国家每年调整一次基础养老金的最低标准，此时"中人"和"新人"的基础养老金替代率 RR^s_1 的测算公式为：

$$RR^s_1 = \frac{P_1}{Y} = \frac{P_0}{Y_0}\left(\frac{1+f}{1+g}\right)^{b-a} \qquad (5-19)式$$

其中，P_1 为参保者年满 60 岁后每月能领取的基础养老金水平，Y 为参保者年满 60 岁时当年度的全国农民人均纯收入，a 为参保者开始缴费的年龄，b 为参保者开始领取养老金的年龄，f 为基础养老金的调整系数，g 为农民人均纯收入增长率。

根据国发〔2009〕32 号、国发〔2014〕8 号文件，"中人"和"新人"退休时每年能领取的个人账户养老金为个人账户全部储存额除以个人账户养老金计发年数。假定农民参保后连续缴费不断保，国家根据农民人均纯收入增长率每年对缴费档次进行一次调整，测算期内政府缴费补贴标准不上调，于是得到"中人"和"新人"个人账户养老金年标准的测算公式为：

$$P_2 = \frac{C\sum_{i=1}^{b-a}(1+g)^{b-a-i}(1+r)^i + (A+G)\sum_{k=1}^{b-a}(1+r)^k}{m} \qquad (5-20)式$$

式中，P_2 为参保者每年能领取的个人账户养老金，C 为起始年份参保者的年缴费标准，A 为村集体的年补助标准，G 为政府的年缴费补贴标准，r 为个人账户年收益率，m 为个人账户养老金计发年数。

则"中人"和"新人"的个人账户养老金替代率 RR_2^s 的测算公式为：

$$RR_2^s = \frac{P_2}{Y} = \frac{C \sum_{i=1}^{b-a} (1+g)^{b-a-i}(1+r)^i + (A+G) \sum_{k=1}^{b-a} (1+r)^k}{mY_0(1+g)^{b-a}}$$

$(5-21)$式

其制度供给替代率 $RR_{中新}^s$ 为：

$$RR_{中新}^s = RR_1^s + RR_2^s$$

$(5-22)$式

（2）参数假设

第一，参保年龄与养老金领取年龄。根据相关文件，假定"中人"参保年龄 a 的取值范围为 46～59 岁；"新人"参保年龄 a 取 16～45 岁。"中人"和"新人"开始领取养老金的年龄 b 为 60 岁，开始领取养老金的年份为 2010～2053 年。

第二，个人初始年缴费标准、集体补助与政府缴费补贴。最初农民的缴费标准共 100～500 元 5 个档次，国发〔2014〕8 号文件又增设了 600～1000 元、1500 元、2000 元这几个缴费档次，在此基础上本研究假定个人初始缴费标准 C 的取值为 100～1000 元、1500 元、2000 元 12 个档次。同时由于中国绝大部分农村地区村集体基本无力对村民缴费进行补助，故假定村集体补助 $A = 0$。根据国发〔2014〕8 号文件规定，本研究将 G 设定为 30 元（$C = 100～400$ 元时）和 60 元（$C = 500～1000$ 元、1500 元、2000 元时）。

第三，农民人均纯收入及其增长率。2009 年农民人均纯收入 Y_0 为 5153 元，根据中国统计年鉴的数据，很容易计算出 2010～2015 年农民人均纯收入的增长率：14.9%、17.9%、13.5%、12.4%、11.2%、8.9%。因为人民的生活水平是随着经济发展水平一起提高的，2016 年后的农民人均纯收入增长率直接以经济增长率代替。在本章第一节中，课题组根据《国民经济和社会发展第十三个五年规划纲要》和高盛全球首席经济学家吉姆·奥尼尔的预测数值将 2016 ~ 2053 年的 GDP 增长率设定为：6.5%（2016 ~ 2020 年）、5.5%（2021 ~ 2030 年）、4.3%（2031 ~ 2040 年）、3.5%（2041 ~ 2050 年）、2%（2051 ~ 2060 年）。经计算，得到 2010 ~ 2053 年农民人均纯收入增长率的实际值和预测值的几何平均数为 5.0%。据此，假定 2010 ~ 2053 年中国农民人均纯收入增长率 g 为 5%。

第四，基础养老金标准与个人账户养老金计发年数。根据相关政策文件，在不考虑地方政府提高和加发基础养老金的情况下，假定 P_0 为每人每年 660 元；因为新农保个人账户养老金计发月数为 139 个月，据此，可计算出计发年数 m 为 11.5833 年。

第五，基础养老金调整系数。在本章第一节"新农保最低标准基础养老金预测"部分，本研究综合考虑经济发展和物价变动两个因素，将 2016 ~ 2053 年新农保最低标准基础养老金调整系数设定为：5.75%（2016 ~ 2020 年）、5.25%（2021 ~ 2030 年）、4.65%（2031 ~ 2040 年）、4.25%（2041 ~ 2050 年）、3.5%（2051 ~ 2053 年）；2009 ~ 2015 年，新农保最低标准基础养老金仅上调了一次，从 55 元/（人·月）上调到 70 元/（人·月），六年间年均增幅为 4.1%。据此，可以计算出 2010 ~ 2053 年新农保基础养老金调整系数的几何平均值为 4.6%。故假定 2010 ~ 2053 年的基础养老金调整系数 f 为 4.6%。

第六，个人账户收益率。根据国发〔2009〕32 号文件，新农保个人账户累积金额参照中国人民银行公布的金融机构人民币一年期存款利率计息。在本章第一节"新农保基金收支平衡的可持续性评估"部分，课题组曾对中国人民银行公布的金融机构人民币一年期存款利率进行过考察，这里个人账户收益率 r 的取值与前文一致，即取 2000 ~ 2016 年一年期存款利率的平均值 2.5%。国发〔2014〕8 号文件没有给出具体的个人账户计息方式，考虑到

《基本养老保险基金投资管理办法》（国发〔2015〕48号）已经出台，新农保个人账户里的基金将进行市场化投资运营，故将 r 再假定为5%。如表5-16所示。

表5-16　基本参数设定

a	b	C	A	G	Y_0	P_0	m	g	f	r
16~59	60	100~1000、1500、2000	0	30、60	5153	660	11.58	5%	4.6%	2.5%、5%

（3）测算结果

将表5-16中的假定参数值代入（5-18）式，可计算出 $RR_{老}^s$ = 12.81%。而世界银行提出养老金替代率需不低于70%以维持退休前的生活水平不下降，国际劳工组织建议的最低标准养老金替代率为55%。可见，"老人"的新农保基础养老金替代率（同时也是"老人"的基本养老金替代率，因为"老人"没有个人账户）非常低，与世界银行和国际劳工组织要求的标准相去甚远。

对"中人"和"新人"而言，制度的供给替代率为基础养老金替代率和个人账户养老金替代率的和。由于新农保基础养老金调整系数4.6%比农民人均纯收入增长率5%要小，根据（5-19）式可知，2010~2053年退休的"中人"和"新人"，其基础养老金替代率 RR_1^s 将呈现不断下降的趋势。

将设定的基本参数代入（5-19）式、（5-21）式、（5-22）式，可测算出不同情形下"中人"和"新人"的制度供给替代率，具体如表5-17和表5-18所示。

由表5-17可知，当个人账户收益率为2.5%时，"中人"如果最初选择100元的缴费档次，新农保供给替代率为12.97%~14.54%，若他们提高缴费档次，新农保供给替代率也会相应地提高；若最初选择1000元缴费档次，新农保供给替代率为14.5%~32.7%；如果初始年缴费标准选择2000元档次，新农保供给替代率达到16.1%~52.3%。

表 5 - 17　"中人"和"新人"的新农保供给替代率（r = 2.5%）

单位：%

参保年龄	始领年份	初始年缴费标准 C											
		100 元	200 元	300 元	400 元	500 元	600 元	700 元	800 元	900 元	1000 元	1500 元	2000 元
新人													
16 岁	2053	15.79	20.3	24.8	29.3	34.2	38.7	43.2	47.7	52.2	56.7	79.1	101.6
17 岁	2052	15.78	20.2	24.6	29.1	34.0	38.4	42.8	47.3	51.7	56.1	78.3	100.5
18 岁	2051	15.77	20.14	24.5	28.9	33.7	38.1	42.5	46.9	51.2	55.6	77.5	99.3
19 岁	2050	15.75	20.06	24.4	28.7	33.5	37.8	42.1	46.4	50.7	55.0	76.6	98.2
20 岁	2049	15.74	20.0	24.2	28.5	33.2	37.5	41.7	46.0	50.2	54.5	75.7	97.0
21 岁	2048	15.72	19.9	24.1	28.3	33.0	37.1	41.3	45.5	49.7	53.9	74.8	95.7
22 岁	2047	15.70	19.8	23.9	28.1	32.7	36.8	40.9	45.0	49.2	53.3	73.9	94.5
23 岁	2046	15.68	19.7	23.8	27.8	32.4	36.4	40.5	44.6	48.6	52.7	72.9	93.2
24 岁	2045	15.66	19.6	23.6	27.6	32.1	36.1	40.1	44.1	48.0	52.0	71.9	91.9
25 岁	2044	15.63	19.5	23.5	27.4	31.8	35.7	39.6	43.5	47.5	51.4	70.9	90.5
26 岁	2043	15.61	19.4	23.3	27.1	31.5	35.3	39.2	43.0	46.9	50.7	69.9	89.1
27 岁	2042	15.58	19.3	23.1	26.9	31.2	34.9	38.7	42.5	46.2	50.0	68.8	87.7
28 岁	2041	15.55	19.2	22.9	26.6	30.8	34.5	38.2	41.9	45.6	49.3	67.8	86.2
29 岁	2040	15.52	19.1	22.7	26.4	30.5	34.1	37.7	41.3	45.0	48.6	66.6	84.7

续表

参保年龄	始领年份	初始年缴费标准 C											
		100 元	200 元	300 元	400 元	500 元	600 元	700 元	800 元	900 元	1000 元	1500 元	2000 元
30 岁	2039	15.48	19.0	22.6	26.1	30.1	33.7	37.2	40.8	44.3	47.8	65.5	83.2
31 岁	2038	15.44	18.9	22.4	25.8	29.8	33.2	36.7	40.1	43.6	47.1	64.3	81.6
32 岁	2037	15.40	18.8	22.1	25.5	29.4	32.8	36.2	39.5	42.9	46.3	63.1	80.0
33 岁	2036	15.36	18.6	21.9	25.2	29.0	32.3	35.6	38.9	42.2	45.5	61.9	78.3
34 岁	2035	15.32	18.5	21.7	24.9	28.6	31.8	35.0	38.2	41.4	44.6	60.6	76.6
35 岁	2034	15.27	18.4	21.5	24.6	28.2	31.3	34.4	37.5	40.7	43.8	59.3	74.8
36 岁	2033	15.22	18.2	21.3	24.3	27.8	30.8	33.8	36.9	39.9	42.9	58.0	73.1
37 岁	2032	15.17	18.1	21.0	23.9	27.4	30.3	33.2	36.1	39.1	42.0	56.6	71.2
38 岁	2031	15.11	17.9	20.8	23.6	26.9	29.8	32.6	35.4	38.2	41.1	55.2	69.3
39 岁	2030	15.05	17.8	20.5	23.2	26.5	29.2	31.9	34.6	37.4	40.1	53.7	67.4
40 岁	2029	14.99	17.6	20.2	22.9	26.0	28.6	31.2	33.9	36.5	39.1	52.3	65.4
41 岁	2028	14.92	17.4	20.0	22.5	25.5	28.0	30.6	33.1	35.6	38.1	50.7	63.4
42 岁	2027	14.85	17.3	19.7	22.1	25.0	27.4	29.8	32.3	34.7	37.1	49.2	61.3
43 岁	2026	14.78	17.1	19.4	21.7	24.5	26.8	29.1	31.4	33.7	36.0	47.6	59.1
44 岁	2025	14.70	16.9	19.1	21.3	24.0	26.1	28.3	30.5	32.7	34.9	45.9	56.9
45 岁	2024	14.62	16.7	18.8	20.9	23.4	25.5	27.6	29.7	31.7	33.8	44.2	54.7

续表

参保年龄	始领年份	初始年缴费标准 C											
		100元	200元	300元	400元	500元	600元	700元	800元	900元	1000元	1500元	2000元
中人													
46岁	2023	14.54	16.5	18.5	20.4	22.8	24.8	26.8	28.7	30.7	32.7	42.5	52.3
47岁	2022	14.45	16.3	18.1	20.0	22.3	24.1	25.9	27.8	29.6	31.5	40.7	50.0
48岁	2021	14.36	16.1	17.8	19.5	21.7	23.4	25.1	26.8	28.6	30.3	38.9	47.5
49岁	2020	14.26	15.9	17.5	19.1	21.0	22.6	24.2	25.8	27.4	29.0	37.0	45.0
50岁	2019	14.15	15.6	17.1	18.6	20.4	21.9	23.3	24.8	26.3	27.7	35.1	42.5
51岁	2018	14.05	15.4	16.7	18.1	19.7	21.1	22.4	23.8	25.1	26.4	33.1	39.8
52岁	2017	13.93	15.1	16.3	17.5	19.1	20.3	21.5	22.7	23.9	25.1	31.1	37.1
53岁	2016	13.81	14.9	15.9	17.0	18.4	19.4	20.5	21.6	22.6	23.7	29.0	34.3
54岁	2015	13.69	14.6	15.5	16.5	17.6	18.6	19.5	20.4	21.3	22.3	26.9	31.5
55岁	2014	13.56	14.3	15.1	15.9	16.9	17.7	18.4	19.2	20.0	20.8	24.7	28.6
56岁	2013	13.42	14.1	14.7	15.3	16.1	16.8	17.4	18.0	18.6	19.3	22.4	25.6
57岁	2012	13.28	13.8	14.2	14.7	15.3	15.8	16.3	16.8	17.2	17.7	20.1	22.5
58岁	2011	13.13	13.5	13.8	14.1	14.5	14.8	15.2	15.5	15.8	16.1	17.7	19.4
59岁	2010	12.97	13.1	13.3	13.5	13.7	13.8	14.0	14.2	14.3	14.5	15.3	16.1

资料来源：本研究测算得到。

表 5-18 "中人"和"新人"的新农保供给替代率（r=5%）

单位：%

参保年龄	始领年份	初始年缴费标准 C											
		100 元	200 元	300 元	400 元	500 元	600 元	700 元	800 元	900 元	1000 元	1500 元	2000 元
新人													
16 岁	2053	19.1	26.5	33.9	41.2	49.6	56.9	64.3	71.7	79.0	86.4	123.3	160.1
17 岁	2052	19.0	26.2	33.4	40.6	48.7	55.9	63.1	70.4	77.6	84.8	120.8	156.8
18 岁	2051	18.9	25.9	32.9	40.0	47.9	55.0	62.0	69.0	76.1	83.1	118.3	153.5
19 岁	2050	18.7	25.6	32.5	39.3	47.1	54.0	60.9	67.7	74.6	81.5	115.8	150.2
20 岁	2049	18.6	25.3	32.0	38.7	46.3	53.0	59.7	66.4	73.1	79.8	113.3	146.8
21 岁	2048	18.5	25.0	31.5	38.1	45.5	52.0	58.6	65.1	71.6	78.2	110.8	143.5
22 岁	2047	18.3	24.7	31.1	37.4	44.7	51.1	57.4	63.8	70.2	76.5	108.4	140.2
23 岁	2046	18.2	24.4	30.6	36.8	43.9	50.1	56.3	62.5	68.7	74.9	105.9	136.9
24 岁	2045	18.1	24.1	30.1	36.2	43.1	49.1	55.1	61.2	67.2	73.2	103.4	133.5
25 岁	2044	17.9	23.8	29.7	35.5	42.3	48.1	54.0	59.8	65.7	71.6	100.9	130.2
26 岁	2043	17.8	23.5	29.2	34.9	41.4	47.1	52.8	58.5	64.2	69.9	98.4	126.9
27 岁	2042	17.7	23.2	28.7	34.3	40.6	46.2	51.7	57.2	62.7	68.3	95.9	123.6
28 岁	2041	17.5	22.9	28.3	33.6	39.8	45.2	50.5	55.9	61.3	66.6	93.4	120.2
29 岁	2040	17.4	22.6	27.8	33.0	39.0	44.2	49.4	54.6	59.8	65.0	90.9	116.9

续表

参保年龄	始领年份	初始年缴费标准 C											
		100元	200元	300元	400元	500元	600元	700元	800元	900元	1000元	1500元	2000元
30岁	2039	17.3	22.3	27.3	32.3	38.2	43.2	48.2	53.3	58.3	63.3	88.4	113.6
31岁	2038	17.1	22.0	26.8	31.7	37.4	42.2	47.1	51.9	56.8	61.6	85.9	110.2
32岁	2037	17.0	21.7	26.4	31.1	36.5	41.2	45.9	50.6	55.3	60.0	83.4	106.9
33岁	2036	16.9	21.4	25.9	30.4	35.7	40.2	44.8	49.3	53.8	58.3	81.0	103.6
34岁	2035	16.7	21.1	25.4	29.8	34.9	39.3	43.6	48.0	52.3	56.7	78.5	100.2
35岁	2034	16.6	20.8	25.0	29.1	34.1	38.3	42.4	46.6	50.8	55.0	76.0	96.9
36岁	2033	16.4	20.5	24.5	28.5	33.2	37.3	41.3	45.3	49.3	53.4	73.5	93.6
37岁	2032	16.3	20.2	24.0	27.9	32.4	36.3	40.1	44.0	47.8	51.7	71.0	90.2
38岁	2031	16.2	19.8	23.5	27.2	31.6	35.3	39.0	42.7	46.3	50.0	68.5	86.9
39岁	2030	16.0	19.5	23.1	26.6	30.8	34.3	37.8	41.3	44.8	48.4	65.9	83.5
40岁	2029	15.9	19.2	22.6	25.9	29.9	33.3	36.6	40.0	43.3	46.7	63.4	80.2
41岁	2028	15.7	18.9	22.1	25.3	29.1	32.3	35.5	38.7	41.8	45.0	60.9	76.9
42岁	2027	15.6	18.6	21.6	24.6	28.3	31.3	34.3	37.3	40.3	43.3	58.4	73.5
43岁	2026	15.4	18.3	21.1	24.0	27.4	30.3	33.1	36.0	38.8	41.7	55.9	70.2
44岁	2025	15.3	18.0	20.7	23.3	26.6	29.3	32.0	34.6	37.3	40.0	53.4	66.8
45岁	2024	15.2	17.7	20.2	22.7	25.8	28.3	30.8	33.3	35.8	38.3	50.9	63.5

续表

参保年龄	始领年份	初始年缴费标准 C											
		100 元	200 元	300 元	400 元	500 元	600 元	700 元	800 元	900 元	1000 元	1500 元	2000 元
中人													
46 岁	2023	15.0	17.4	19.7	22.0	24.9	27.3	29.6	32.0	34.3	36.6	48.4	60.1
47 岁	2022	14.9	17.0	19.2	21.4	24.1	26.2	28.4	30.6	32.8	35.0	45.8	56.7
48 岁	2021	14.7	16.7	18.7	20.7	23.2	25.2	27.2	29.3	31.3	33.3	43.3	53.4
49 岁	2020	14.6	16.4	18.2	20.1	22.4	24.2	26.1	27.9	29.7	31.6	40.8	50.0
50 岁	2019	14.4	16.1	17.8	19.4	21.5	23.2	24.9	26.5	28.2	29.9	38.3	46.7
51 岁	2018	14.3	15.8	17.3	18.8	20.7	22.2	23.7	25.2	26.7	28.2	35.7	43.3
52 岁	2017	14.1	15.4	16.8	18.1	19.8	21.1	22.5	23.8	25.2	26.5	33.2	39.9
53 岁	2016	13.9	15.1	16.3	17.5	18.9	20.1	21.3	22.5	23.6	24.8	30.7	36.5
54 岁	2015	13.8	14.8	15.8	16.8	18.1	19.1	20.1	21.1	22.1	23.1	28.1	33.2
55 岁	2014	13.6	14.5	15.3	16.1	17.2	18.0	18.9	19.7	20.6	21.4	25.6	29.8
56 岁	2013	13.5	14.1	14.8	15.5	16.3	17.0	17.7	18.3	19.0	19.7	23.0	26.4
57 岁	2012	13.3	13.8	14.3	14.8	15.5	16.0	16.5	17.0	17.5	18.0	20.5	23.0
58 岁	2011	13.1	13.5	13.8	14.1	14.6	14.9	15.3	15.6	15.9	16.3	17.9	19.6
59 岁	2010	13.0	13.1	13.3	13.5	13.7	13.9	14.0	14.2	14.4	14.5	15.4	16.2

资料来源：本研究测算得到。

当个人账户收益率为 2.5% 时，"新人"如果最初选择 100 元的缴费档次，新农保供给替代率为 14.62% ~ 15.79%，若他们提高缴费档次，新农保供给替代率也会相应地提高；如果最初选择 1000 元的缴费档次，新农保供给替代率为 33.8% ~ 56.7%；如果初始年缴费标准选择 2000 元档次，新农保供给替代率达到 54.7% ~ 101.6%。

当个人账户收益率为 2.5% 时，由于缴费年限较短，同等缴费档次下"中人"的新农保供给替代率要低于"新人"。对于"中人"来说，可以通过选择较高的缴费档次、补缴养老保险费至 15 年等方式来提高供给替代率水平；而"新人"可以通过早参保早缴费、选择较高的缴费档次等方式来提高供给替代率。

如果个人账户基金能获得更高的收益率，"中人"和"新人"在年满 60 岁时将能获得更高的供给替代率。表 5 – 18 显示，当个人账户收益率为 5% 时，如果初始年缴费标准选择 100 元档次，新农保供给替代率为 13.0% ~ 19.1%；如果初始年缴费标准选择 1000 元档次，新农保供给替代率达到 14.5% ~ 86.4%；如果初始年缴费标准选择 2000 元档次，新农保供给替代率达到 16.2% ~ 160.1%。可见，个人账户收益率越高，制度供给替代率水平就越高，因此，应按照《基本养老保险基金投资管理办法》（国发〔2015〕48 号）的要求，尽快进行新农保基金的投资运营以提高供给替代率水平。

将表 5 – 17、表 5 – 18 中的数据绘制成折线图（如图 5 – 25 所示）以更好地观察各参数与新农保供给替代率的关系。从图 5 – 25 中可以看出，新农保供给替代率与参保年龄负相关（即参保年龄越大，缴费年限越短，新农保供给替代率越低），与缴费档次和个人账户收益率正相关。因此，可以从降低参保年龄、延长缴费年限、选择较高缴费档次和提高个人账户收益率等方面提高新农保制度的供给替代率。

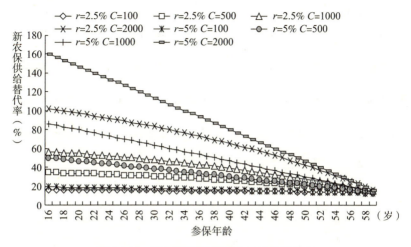

图 5 - 25　不同情形下的新农保供给替代率

2. 需求替代率的测算

新农保需求替代率是指未来农村年满 60 岁的老人的基本生活消费支出占当年农民人均纯收入的比重。本研究假定居民的基本生活消费不受年龄的影响,[①] 即假定农村老人与农村居民的基本生活消费支出相等。将预测出来的未来农村老人的基本生活消费支出代入上述需求替代率的计算公式,即可测算出未来的新农保需求替代率。对于往年农村居民基本生活消费支出,本研究采用扩展线性支出系统模型（ELES 模型）进行测算,并在此基础上预测未来的农村居民基本生活消费支出。

（1）中国农村居民基本生活消费支出测算

1973 年经济学家 Liuch 提出了 ELES 模型。ELES 模型表达式为：

$$P_i X_i = P_i X_i^0 + b_i (I - \sum_{j=1}^{n} P_j X_j^0), \qquad i, j = 1, 2, \cdots, n \quad (5-23) 式$$

---

① 其有力的佐证是中国的最低生活保障线没有针对不同的年龄群体设置不同的保障标准。

$P_i X_i$ 和 $P_i X_i^0$ 分别表示对第 i 种商品的实际需求支出和基本需求支出，实际需求支出除基本需求之外，还包括超过基本需求之外的需求 $b_i \left(I - \sum_{j=1}^{n} P_j X_j^0 \right)$。$P_i$ 表示第 i 类商品价格，X_i 表示第 i 类商品消费量，b_i 表示边际消费倾向，I 表示收入。$X_i^0 > 0$，$0 \leqslant b_i < 1$，$\sum_{i=1}^{n} b_i \leqslant 1$。消费者会将满足基本消费需求之后的收入按不同比例在各种商品、劳务和储蓄之间进行分配。

令 $C_i = P_i X_i$ 和 $C_i^0 = P_i X_i^0$ 分别表示对第 i 类商品的实际和基本消费支出，（5 - 23）式可以表示为：

$$C_i = C_i^0 + b_i \left(I - \sum_{j=1}^{n} C_j^0 \right), \qquad i, j = 1, 2, \cdots, n \qquad (5-24) 式$$

对（5 - 24）式变形可以得到：

$$C_i = \left(C_i^0 - b_i \sum_{j=1}^{n} C_j^0 \right) + b_i I \qquad (5-25) 式$$

采取截面数据时，（5 - 25）式中的 C_i^0 和 $\sum_{j=1}^{n} C_j^0$ 都是不变的常数，从而可以令

$$a_i = C_i^0 - b_i \sum_{j=1}^{n} C_j^0 \qquad (5-26) 式$$

将（5 - 26）式代入（5 - 25）式，可以得到：

$$C_i = a_i + b_i I + \mu_i \qquad (5-27) 式$$

采用 OLS 方法可估计出该式中的 a_i 和 b_i 的值，分别为 $\hat{a}_i$ 和 $\hat{b}_i$。再对（5 - 26）式两边求和可得：

$$\sum_{i=1}^{n} a_i = \left(1 - \sum_{i=1}^{n} b_i \right) \sum_{i=1}^{n} C_i^0$$

即

$$\sum_{i=1}^{n} C_i^0 = \frac{\sum_{i=1}^{n} a_i}{1 - \sum_{i=1}^{n} b_i}$$　　　　（5-28）式

将 $\dot{a}_i$、$\dot{b}_i$ 代入（5-28）式，可算出对 n 种商品的基本消费总支出 $\sum_{i=1}^{n} C_i^0$，用符号 C^0 表示，即 $C^0 = \sum_{i=1}^{n} C_i^0$。

本研究采用中国统计年鉴中"按收入五等份分的农民人均纯收入、农民人均生活消费支出"这两个指标的截面数据来估计参数值和。中国统计年鉴只有 2002~2012 年的"按收入五等份分的农民人均生活消费支出"数据，且根据统计年鉴农村居民生活消费支出分为衣着、交通通信、家庭设备用品及服务、食品、居住、医疗保健、文教娱乐用品及服务、其他商品及服务8大类。将相关数据代入（5-27）式，即可得出待估参数值 $\hat{a}_i$、$\hat{b}_i$，如表5-19所示。

表5-19　农村居民 ELES 模型的参数估计

年份	参数值	衣着	交通通信	家庭设备用品及服务	食品	居住	医疗保健	文教娱乐用品及服务	其他商品及服务
2002	$\dot{a}_i$	32.55*	-16.11***	13.73*	452.61*	1.06	30.34*	50.24*	0.77
	$\dot{b}_i$	0.028*	0.057*	0.026*	0.156*	0.117*	0.029*	0.063*	0.022*
	R^2	0.998	0.997	0.998	0.995	0.993	0.999	0.998	0.996
2003	$\dot{a}_i$	33.58*	-17.01	9.86	472.08*	10.99	34.17*	62.31*	3.20***
	$\dot{b}_i$	0.028*	0.066*	0.027*	0.154*	0.110*	0.030*	0.064*	0.015*
	R^2	1.000	0.993	0.993	0.994	0.988	0.996	0.996	0.998
2004	$\dot{a}_i$	35.02*	-13.09	6.38	568.17*	6.56	38.02*	57.88*	4.72***
	$\dot{b}_i$	0.028*	0.068*	0.027*	0.154*	0.105*	0.031*	0.063*	0.014*
	R^2	0.999	0.997	0.986	0.993	0.981	0.999	0.999	0.997

年份	参数值	衣着	交通通信	家庭设备用品及服务	食品	居住	医疗保健	文教娱乐用品及服务	其他商品及服务
2005	$\hat{a}_i$	53.35*	27.55***	27.75*	662.33*	86.93**	67.50*	86.58*	11.57*
	$\hat{b}_i$	0.029*	0.065*	0.025*	0.150*	0.085*	0.030*	0.063*	0.013*
	R^2	0.999	0.997	0.997	0.995	0.992	0.995	0.999	0.999
2006	$\hat{a}_i$	52.48*	33.47**	28.33*	637.18*	70.74***	67.55*	70.32*	13.71*
	$\hat{b}_i$	0.032*	0.070*	0.027*	0.159*	0.109*	0.034*	0.064*	0.013*
	R^2	0.999	0.997	0.999	0.998	0.991	0.994	0.997	0.998
2007	$\hat{a}_i$	66.71*	37.30**	34.74*	756.51*	93.32**	85.78*	46.11**	12.68*
	$\hat{b}_i$	0.030*	0.069*	0.027*	0.150*	0.114*	0.030*	0.062*	0.015*
	R^2	0.999	0.998	0.998	0.996	0.994	1.000	0.997	0.999
2008	$\hat{a}_i$	72.97*	37.39	47.30*	889.66*	79.18	94.58*	53.82**	18.78*
	$\hat{b}_i$	0.029*	0.067*	0.026*	0.147*	0.124*	0.031*	0.054*	0.012*
	R^2	0.998	0.992	0.999	0.998	0.983	0.999	0.997	1.000
2009	$\hat{a}_i$	83.24*	41.24	71.16*	908.07*	155.02***	116.07*	59.37**	16.21**
	$\hat{b}_i$	0.029*	0.069*	0.026*	0.139*	0.124*	0.033*	0.054*	0.013*
	R^2	0.998	0.990	0.993	0.997	0.985	0.997	0.997	0.996
2010	$\hat{a}_i$	91.41*	23.36	81.00*	1015.01*	150.17**	128.035*	57.72*	19.33*
	$\hat{b}_i$	0.029*	0.073*	0.026*	0.131*	0.114*	0.033*	0.051*	0.012*
	R^2	0.999	0.988	0.997	0.996	0.992	0.999	0.999	0.998
2011	$\hat{a}_i$	140.48*	126.46**	121.88*	1249.50*	326.56*	279.01*	96.59*	38.45*
	$\hat{b}_i$	0.028*	0.059*	0.027*	0.122*	0.090*	0.022*	0.042*	0.012*
	R^2	0.997	0.991	0.996	0.998	0.992	0.991	0.996	0.998
2012	$\hat{a}_i$	162.90*	123.76	137.09*	1352.84*	436.96*	339.03*	105.79*	45.13*
	$\hat{b}_i$	0.029*	0.066*	0.026*	0.121*	0.081*	0.022*	0.042*	0.013*
	R^2	0.996	0.980	0.998	0.996	0.991	0.976	0.996	0.998

注：*、**、***分别表示在1%、5%、10%水平上显著。

资料来源：本研究测算得到。

将表 5-19 中计算出的 $\hat{a}_i$、$\hat{b}_i$ 值代入（5-28）式，可计算出

中国农村居民的基本消费支出数据，具体如表 5 - 20 所示。

表 5 - 20　中国农村居民基本生活消费支出测算

年份	$\sum\limits_{i=1}^{n} a_i$	$1 - \sum\limits_{i=1}^{n} b_i$	基本生活消费支出 C^0（元）	农民人均纯收入 I（元）	需求替代率（%）
2002	565.19	0.502	1125.88	2475.63	45.48
2003	609.18	0.506	1203.91	2622.24	45.91
2004	703.66	0.510	1379.73	2936.40	46.99
2005	1023.56	0.540	1895.48	3254.93	58.23
2006	973.78	0.492	1979.23	3587.04	55.18
2007	1133.15	0.503	2252.78	4140.36	54.41
2008	1293.68	0.510	2536.63	4760.62	53.28
2009	1450.38	0.513	2827.25	5153.17	54.86
2010	1566.04	0.531	2949.22	5919.01	49.83
2011	2378.93	0.598	3978.14	6977.29	57.02
2012	2703.50	0.600	4505.83	7916.58	56.92

资料来源：本研究测算得到。

（2）中国农村居民基本生活消费支出预测

根据表 5 - 20 的数据，中国农村居民基本生活消费支出在 2002~2012 年呈现随时间递增的趋势。用 t 表示时间，对 2002~2012 年的中国农村居民基本生活消费支出进行直线拟合，2002 年设为 $t = 1$，2003 年设为 $t = 2$，……，2012 年设为 $t = 11$，利用 SPSS 软件可得出农村居民基本生活消费支出拟合曲线，如图 5 - 26 所示。

也可以得出农村居民基本生活消费支出的拟合方程：

$$C^0 = 505.312 + 319.328t \tag{5-29}$$

$$SE = (187.225)(27.605)$$

$$t = (2.699)(11.568)$$

$$sig. = (0.024)(0.000)$$

$$R^2 = 0.937, F = 133.815$$

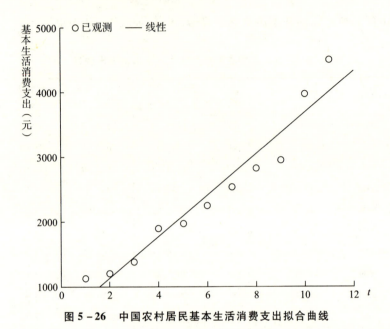

图5-26 中国农村居民基本生活消费支出拟合曲线

由（5-29）式可对中国2010～2053年的农村居民基本生活消费支出进行预测，预测结果见表5-21。

（3）需求替代率的测算结果

为了使需求替代率与供给替代率具有可比性，仍然假定未来农民人均纯收入年增长率为5%，2009年的农民人均纯收入为5153元，据此可预测出2010～2053年的农民人均纯收入，将其代入需求替代率计算公式，可得如下结果，具体如表5-21所示。

表5-21 2010～2053年中国新农保需求替代率的测算

单位：元，%

年份	基本生活消费支出	需求替代率	年份	基本生活消费支出	需求替代率	年份	基本生活消费支出	需求替代率
2010	2949.22	54.51	2013	4337.25	69.24	2016	5295.23	73.03
2011	3978.14	70.02	2014	4656.58	70.80	2017	5614.56	73.74
2012	4505.83	75.53	2015	4975.90	72.05	2018	5933.89	74.23

续表

年份	基本生活消费支出	需求替代率	年份	基本生活消费支出	需求替代率	年份	基本生活消费支出	需求替代率
2019	6253.22	74.50	2031	10085.15	66.90	2043	13917.09	51.41
2020	6572.54	74.57	2032	10404.48	65.73	2044	14236.42	50.08
2021	6891.87	74.47	2033	10723.81	64.53	2045	14555.74	48.77
2022	7211.20	74.21	2034	11043.14	63.28	2046	14875.07	47.47
2023	7530.53	73.81	2035	11362.46	62.01	2047	15194.40	46.18
2024	7849.86	73.27	2036	11681.79	60.72	2048	15513.73	44.90
2025	8169.18	72.62	2037	12001.12	59.41	2049	15833.06	43.64
2026	8488.51	71.87	2038	12320.45	58.08	2050	16152.38	42.40
2027	8807.84	71.02	2039	12639.78	56.75	2051	16471.71	41.18
2028	9127.17	70.09	2040	12959.10	55.42	2052	16791.04	39.98
2029	9446.50	69.09	2041	13278.43	54.08	2053	17110.37	38.80
2030	9765.82	68.02	2042	13597.76	52.74			

注：本表中2010～2012年需求替代率不同于表5-20的原因在于，为使新农保供给替代率与需求替代率具有可比性，本表在计算需求替代率时，农民人均纯收入采用的预测值。

资料来源：本研究测算得到。

3. 新农保保障水平评估

（1）供给替代率与需求替代率的比较

从测算结果可以看出，对"老人"而言，供给替代率仅为12.81%，远低于需求替代率54.86%。说明当前新农保制度给老人提供的养老金水平偏低，若老人没有其他的经济来源，仅依靠新农保养老金生活则其基本生活需要得不到保障。

接下来通过比较"中人"和"新人"的新农保供给替代率与需求替代率，来评估新农保的保障水平。为便于直观地比较，我们将表5-17、表5-18和表5-21中测算出的"中人"和"新人"的新农保供给替代率和需求替代率的数据绘制成图形，具体如图5-27和图5-28所示。

根据图5-27，若个人账户收益率为2.5%，"中人"的新农

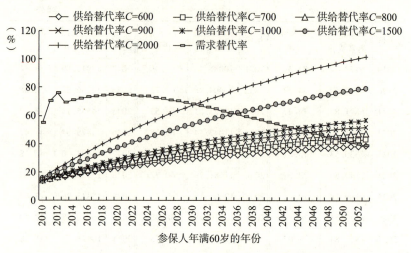

图 5 - 27　$r = 2.5\%$ 时新农保供给替代率与需求替代率的比较

保需求替代率均大于供给替代率，这说明无论"中人"选择什么缴费档次，其年满 60 岁时每月领取的新农保养老金均无法满足其基本生活需求。在个人账户收益率为 2.5% 时，对于"新人"来说，若起始缴费标准选择 100～600 元的档次，即使缴费达到 44年，其年满 60 岁后每月能领取的养老金也无法满足基本生活需要；若最初选择 700～1000 元的缴费档次，只有初始参保年龄为 16～18 岁、16～21 岁、16～23 岁、16～25 岁的人群，并且连续缴费直到 60 岁，对应的养老金水平才能保障其基本生活需要；若最初选择 1500 元、2000 元的缴费档次，则只有初始参保年龄分别为 16～33 岁、16～38 岁的人群，且分别满足连续缴费 27 年及以上和 22年及以上，其将来能领的养老金才能保障其基本生活需要。

　　从图 5-28 可以看出，若个人账户收益率为 5%，"中人"的需求替代率均大于供给替代率，意味着无论"中人"选择何种缴费档次，其"退休"时能领取的养老金都不能保障其基本生活需求。在个人账户收益率为 5% 时，对于"新人"来说，若初始缴费档次选择 100～300 元，则需求替代率也大于供给替代率；若最初选择 400～1000 元的缴费档次，只有参保时的年龄为 16～17 岁、

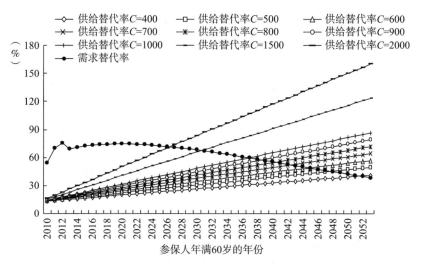

图 5 - 28　r = 5% 时新农保供给替代率和需求替代率的比较

16 ~ 21 岁、16 ~ 24 岁、16 ~ 26 岁、16 ~ 28 岁、16 ~ 30 岁、16 ~ 32 岁的人群，并连续缴费至 60 岁，其"退休"时的养老金才能保障其基本生活需要；若初始缴费档次选择 1500 元、2000 元，只有初始参保年龄为 39 ~ 45 岁、43 ~ 45 岁的群体，年满 60 岁时领取的养老金无法满足其基本生活需求，其他的群体供给替代率均大于需求替代率。

（2）新农保保障水平的评估结果

通过以上对新农保供给替代率和需求替代率的比较分析，发现：①新农保制度无法满足"老人"的基本生活需要；②不管个人账户收益率为 2.5% 还是 5%，无论起始缴费标准选择 100 ~ 2000 元之间的任何档次，新农保制度提供的养老金都无法满足"中人"的基本生活需要；③若选择较低的缴费档次（r = 2.5% 时 100 ~ 600 元缴费档次，r = 5% 时 100 ~ 300 元缴费档次），新农保制度无法满足"新人"的基本生活需要；④若选择中档缴费标准（r = 2.5% 时 700 ~ 1000 元缴费档次，r = 5% 时 500 ~ 900 元缴费档次），新农保制度无法满足一半及以上"新人"的基本生活需要；⑤若选择较高缴费档次（$r = 2.5\%$ 时 1500 元、2000 元缴费档次，$r = 5\%$ 时 1000 元、1500 元、2000 元缴费档次），新农保制度可以满足大部分"新人"的基本生活需要。

因此，可以得出新农保养老保障功能可持续性评估的结论：在当前的制度供给替代率水平下，"老人"、"中人"和选择低档次缴费标准的"新人"的基本生活并不能得到保障；有一半及以上的选择中档缴费标准的"新人"，新农保制度无法满足其基本生活需要；新农保制度可以满足大部分选择较高缴费档次的"新人"的基本生活需要。

（二）新农保的减贫效应评估[①]

1. 宏观视角下的新农保政策减贫效应评估

本研究通过建立倍差法模型来评估新农保政策的减贫效应。因为新农保试点政策具有自然实验的特征，可将非试点县作为参照组，将试点县作为实验组，通过比较试点县与非试点县的差异来判断新农保的减贫效应。本研究选取湖北省部分县市作为样本县，由于条件所限无法获取各县具体的贫困人口数据，将通过比较试点县和非试点县的农民人均纯收入，若试点县在实施了新农保政策后，农民人均纯收入的增长快于非试点县，则可以认为新农保有助于农民收入的增长，具有一定的减贫效应，否则可以认为新农保政策的减贫效应不明显。

自国发〔2009〕32 号文件颁布后，湖北省鄂州市梁子湖区、随州市曾都区、武汉市黄陂区、南漳县、宜都市、安陆市、团风县、竹溪县、石首市、钟祥市、赤壁市、来凤县、黄石市西塞山区 13 个地区作为首批试点县于 2009 年 12 月 31 日正式启动试点，并于 2010 年 1 月 1 日开始发放国家基础养老金；湖北省第二批试点县于 2010 年 10 月 1 日开始试点，具体县市为鄂州市华容区、大悟县、通山县、秭归县、荆门市掇刀区、保康县、丹江口市、洪

---

① 该部分参考了本项目的阶段性研究成果，详见薛惠元（2013a）。

湖市、黄梅县、巴东县、大冶市、神农架林区、武汉市江夏区。本研究选取湖北省48个县的2009年和2010年的经济数据用于分析。其中试点县有24个（由于未找到黄石市西塞山区和荆门市掇刀区的相关数据，故将这两个县剔除），其余的为非试点县。本研究所选取的非试点县与试点县经济发展水平相近，最大限度地保证了参照组与实验组样本县市的同质性，具体样本县市名单如表5-22所示。

表5-22 样本县的选取

试点县（24个）	非试点县（24个）
丹江口市、洪湖市、赤壁市、黄陂区、秭归县、宜都市、江夏区、安陆市、巴东县、石首市、南漳县、钟祥市、团风县、保康县、大冶市、通山县、大悟县、黄梅县、鄂州市华容区、曾都区、竹溪县、梁子湖区、来凤县、神农架林区	咸丰县、鄂城区、汉南区、蔡甸区、英山县、麻城市、崇阳县、潜江市、鹤峰县、长阳县、通城县、天门市、松滋市、东宝区、黄州区、兴山县、应城市、红安县、孝南区、广水市、随县、五峰县、公安县、宣恩县

通过查阅《湖北统计年鉴2010》和《湖北统计年鉴2011》，可得样本县市的经济情况，如表5-23所示，非试点地区农民人均纯收入以及2009年人均地区生产总值的均值都超过了试点地区，试点地区2010年人均地区生产总值的均值高于非试点地区。为验证所选样本县市的同质性，对试点和非试点地区的人均地区生产总值、农民人均纯收入进行均值比较，显著性水平均大于0.05，说明所选样本县市同质性较高。

表5-23 样本县基本经济指标

指标与项目	2009年		2010年	
	人均地区生产总值	农民人均纯收入	人均地区生产总值	农民人均纯收入
总体均值（元）	16567.66	4729.24	20166.21	5474.81
总样本量（个）	48	48	48	48

指标与项目	2009 年		2010 年	
	人均地区生产总值	农民人均纯收入	人均地区生产总值	农民人均纯收入
非试点地区均值（元）	16754.96	4756.57	19506.35	5489.18
非试点地区样本量（个）	24	24	24	24
试点地区均值（元）	16380.36	4701.92	20826.07	5460.44
试点地区样本量（个）	24	24	24	24
显著性检验 p 值	0.878	0.889	0.670	0.952

通过构建倍差法模型来评估新农保宏观上的减贫效应，即考察新农保是否增加了试点地区的农民人均纯收入。时间虚拟变量为 D_t，政策虚拟变量为 P_i，具体赋值如下：

$$D_t = \begin{cases} 0 & t = 2009（新农保实施前） \\ 1 & t = 2010（新农保实施后） \end{cases} \quad P_i = \begin{cases} 0 & i \in \text{control}（非试点地区） \\ 1 & i \in \text{treatment}（试点地区） \end{cases}$$

农民人均纯收入的倍差法模型为：

$$y_{it} = \beta_0 + \beta_1 D_t + \beta_2 P_i + \delta D_t P_i + \varepsilon, \quad i = 1, 2, 3, \cdots, 48; \ t = 2009, 2010$$

$$(5-30) 式$$

在该式中，y 是农民人均纯收入，i 代表不同的样本县，t 代表时间，β_0、β_1、β_2、δ 都是待估参数，ε 为残差项。根据表 5-23 可得到：

$$\beta_0 = E(y \mid t = 2009, i \in control) = 4756.57$$

$$\beta_0 + \beta_1 = E(y \mid t = 2010, i \in control) = 5489.18$$

$$\beta_0 + \beta_2 = E(y \mid t = 2009, i \in treatment) = 4701.92$$

$$\beta_0 + \beta_1 + \beta_2 + \delta = E(y \mid t = 2010, i \in treatment) = 5460.44$$

在模型（5-30）式中，农民人均纯收入 y 是被解释变量，待估参数 β_0 是常数项，β_1 代表新农保实施前后不同年份对农民人均纯收入的影响，β_2 代表是否为试点地区对农民人均纯收入的影响，δ 代表年份与是否为试点地区对农民人均纯收入的交互影响，也即试点地区实施新农保政策对农民人均纯收入的影响，如表 5 - 24 所示。

表 5 - 24　新农保对农民人均纯收入的净影响

差分项目	2009 （S_1）	2010 （S_2）	差分 （$\Delta S = S_2 - S_1$）
非试点地区 （R_1）	$\beta_0 = 4756.57$	$\beta_0 + \beta_1 = 5489.18$	$\beta_1 = 732.62$
试点地区 （R_2）	$\beta_0 + \beta_2 = 4701.92$	$\beta_0 + \beta_1 + \beta_2 + \delta = 5460.44$	$\beta_1 + \delta = 758.52$
差分 （$\Delta R = R_2 - R_1$）	$\beta_2 = -54.64$	$\beta_2 + \delta = -28.74$	$\delta = 25.90$

根据倍差法的测算结果，δ 的符号为正，新农保对农民人均纯收入的影响是正向的，故可以认为新农保的实施具有一定的减贫效应。

2. 微观视角下的新农保减贫效应评估

（1）数据来源

课题组成员于 2011 年 7 月对湖北省团风县、宜都市、仙桃市的农户进行了调研。[①] 团风县和宜都市皆于 2010 年 1 月开始试点，仙桃市截至 2011 年 7 月尚未开展试点工作。本次调研共回收有效问卷 1045 份，其中团风县、宜都市 605 份，仙桃市 440 份。由于没有各县的贫困人口数据，仍然通过新农保对居民收入及日常花销的影响来分析其减贫效应。

（2）对农村老年居民的减贫效应

团风县和宜都市共有 204 位 60 岁及以上的农村老年居民，他们均已开始按月领取养老金。如表 5 - 25 所示，可以看出，当前农村老年居民每月领取的养老金待遇水平非常低。养老金待遇水平低的主要原因在于曾经参加过"老农保"或补缴养老保险费至 15 年的"老人"很少，大多数"老人"只能领取 55 元/（人·月）

---

① 2011 年 7 月，本课题组成员薛惠元副教授带领博士、硕士研究生对湖北省首批新农保试点县团风县、宜都市，以及尚未开展新农保试点的仙桃市进行了为期 12 天的实地调研。

或 60 元/（人·月）的基础养老金。

表 5 - 25   60 岁及以上老年人领取的养老金待遇

	月养老金待遇	频数 （人）	有效百分比 （%）	累积百分比 （%）	最大值 （元）	平均值 （元）
有效	55 元	80	39.4	39.4	600	67.07
	60 元	77	37.9	77.3		
	60 元以上	46	22.7	100		
缺失	系统	1				
合计		204				

低水平养老金待遇直接影响老人基本生活需要的满足程度。34.0% 的老人认为每月领取的养老金远远不能满足其基本生活需要，31.5% 的老人认为稍微不能满足，20.7% 的老人认为基本能满足，只有 0.5% 的老年居民认为完全能满足其基本生活需要，剩下的 13.3% 的老年居民表示对其生活影响不大。故可以认为，绝大多数农村人（占比为 78.8%）认为当前每月领取的养老金不能满足其基本生活需要或者认为对生活的改善程度不大，可见，平均仅为 67.07 元的养老金水平偏低，使得新农保的减贫效应很有限。

养老金待遇也影响老人收入水平，而收入是影响个人消费行为的重要因素，可以从农村老年居民参保前后的收入是否够其花销大致判断新农保对农村老年居民的增收（减贫）效应。根据本研究的调查数据，对于参保前的状态，有 55.7% 的老人表示其收入不够日常花销，35% 的老人会主动找子女要钱。参保之后，表示收入不够日常花销的农村老年居民比例下降至 49.5%，会主动找子女要钱的老人占比下降为 33.9%。可见，虽然新农保养老金水平较低，但其在一定程度上增加了老年居民的收入，并对其日常花销产生了影响。

（3）新农保对整个农户的减贫效应评估

另外，我们将本次调研过程中的试点地区和非试点地区进行比较来考察新农保对农户的减贫效应。通过查阅《湖北统计年鉴

《2010》，发现团风县 2009 年的农民人均纯收入（3287 元）与宜都市（6516 元）、仙桃市（5856 元）相比过低，而宜都市和仙桃市农民人均纯收入相差不大（仅相差 660 元），因此我们剔除团风县的数据，仅对比宜都市和仙桃市。

本研究计算农民家庭人均纯收入的公式为：农民家庭人均纯收入＝（去年家庭总收入－农业生产资料支出）/家庭常住人口数。[①] 根据调查数据可计算出 2010 年宜都市和仙桃市的农民家庭人均纯收入分别为 6890 元和 6954 元[②]，对这两个地区的农民家庭人均纯收入进行独立样本 t 检验，在 95% 的置信度下，发现二者并不存在显著性差异，详见表 5 - 26。故新农保对整个农户家庭的增收（减贫）效应并不明显。

表 5 - 26　参保地区和未参保地区的农户家庭人均纯收入的比较

			均值方程的 t 检验				
	均值差值	标准误差值	差分的 95% 置信区间		t	df	Sig.（双侧）
			下限	上限			
宜都市农民家庭人均纯收入－仙桃市农民家庭人均纯收入	-64.009	638.971	-1318.494	1190.476	-0.100	715	0.920

资料来源：根据课题组 2011 年 7 月湖北省新农保调研数据计算得出。

综上所述，运用倍差法对湖北省首批试点县与非试点县进行比较发现，新农保确实增加了农民收入，具备减贫效应；从课题组的实地调研来看，新农保对农村老年居民产生了一定的增收、减贫效应，收入够花销的农村老年居民的比例上升，但因为农村老年居民每月领取的养老金水平偏低，新农保的减贫效应十分有

---

① 统计年鉴上，纯收入＝总收入－家庭经营费用支出－税费支出－生产性固定资产折旧－赠送农村内部亲友。
② 该数值低于统计年鉴上的数值主要由样本的代表性所致。

限；对整个农户家庭来说，已参保和未参保地区的农户家庭人均纯收入并不存在显著性差异，这说明新农保对整个农户家庭的增收和减贫效应并不明显。

第三节 新农保基金管理和经办管理服务的可持续性评估

一 新农保基金管理的可持续性评估

根据国发〔2009〕32 号和国发〔2014〕8 号文件，新农保基金需纳入财政专户中，实行基金收入与支出分开管理的模式，单独对新农保基金进行记账与核算，在政策规定范围内实现基金保值增值；各级人力资源和社会保障部门对基金的筹集、上解、划拨、发放、存储、管理等进行监控和检查，并按照规定披露相关信息，接受来自社会的监督；财政、审计部门按照相关规定对基金的收支管理进行实时监督，按照相关职责对基金的投资运营进行监察；对冒领养老金、挤占挪用基金、贪污养老金等违法行为，相关部门将按国家法律严肃处理。

（一）新农保基金保值增值的可持续性评估

国家为每位参保者建立一个终生记录的养老保险个人账户，而个人账户的资金除了个人的缴费、地方政府对参保者缴费的补贴、集体补助以外，也包括各种形式的组织和个人进行资助的资金。《基本养老保险基金投资管理办法》（国发〔2015〕48 号）出台以前，新农保个人账户积累的金额每年按照中国人民银行公布的人民币一年期存款利率计息。从新农保开始试点的 2009 年至新农保基金投资运营前的 2015 年，六年间中国农村通货膨胀率的平均值为 2.48%，而同期一年期银行存款利率的平均值为 2.70%，实际利率仅为 0.22%（见表 5 - 27）。这意味着新农保个人账户基金如果不进行投资运营，将会面临严重的贬值风险。

为应对基本养老保险基金面临的贬值风险，2015 年 8 月国务院出台了《基本养老保险基金投资管理办法》（国发〔2015〕48号），明确提出基金的投资务必坚持市场化、多元化和专业化的原则，务必使投资的资产保持其安全性，最终达到保值增值这一目标，并详细规定了基本养老保险基金的投资范围、投资比例等。如果新农保基金按照该文件规定进行投资运营，达到全国社会保障基金成立以来（2000～2015 年）年均 8.82% 的投资收益率，[①]新农保基金的贬值风险将完全可以避免，从长期来看，新农保基金的保值增值也是可持续的。

表 5 - 27　2009～2015 年一年期银行存款利率
与农村通货膨胀率的比较

单位：%

年份	一年期银行存款利率	农村通货膨胀率	实际利率
2009	2.25	- 0.3	2.55
2010	2.30	3.6	- 1.30
2011	3.28	5.8	- 2.52
2012	3.24	2.5	0.74
2013	3.00	2.8	0.20
2014	2.97	1.8	1.17
2015	2.12	1.3	0.82
平均值	2.70	2.48	0.22

注：数据来源于中国人民银行网站和《中国统计年鉴 2015》，一年期银行存款利率的平均值为加权平均值，权重为利率的实际执行天数；农村通货膨胀率的平均值为几何平均值；实际利率＝一年期银行存款利率－农村通货膨胀率。

（二）新农保基金监管的可持续性评估[②]

美国的一位经济学专家在谈论新加坡设置的中央公积金制度

---

① 数据来源于全国社会保障基金理事会网站，http://www.ssf.gov.cn/cwsj/tzsy/201606/t20160602_7082.html。

② 该部分参考了本课题的阶段性研究成果，详见薛惠元（2011）。

时说过：当政府拥有的闲置资金达到一定规模时，就可能会"不由自主"地想要使用它（唐钧，2009）。按照其说法新农保基金被挤占和挪用的风险是不容忽视的。我国新农保基金实行的是县级管理，而一旦因为某些原因县级政府在使用财政资金时发生了困难，就很有可能通过其他途径来解决财政资金问题，而新农保基金正好在县政府的管理和掌控中，此时县级政府就极有可能挤占和挪用新农保基金。

上海社保基金被挪用的案件发生之后，国家加大力度对社保基金进行监管，原劳动和社会保障部于2006年9月发布的《关于进一步加强社会保险基金管理监督工作的通知》强调要将社会保险基金纳入社会保障基金财政专户，实行收支两条线管理，强调基金的专用性。同时对中央财政用于基本养老保险补助资金的分配使用也进行了规范。提出将对违规操作基金的行为进行严惩。在该通知发布后，新农保基金被挤占挪用的风险大大降低。2010年，审计署组织对9个省份新农保工作进行的审计调查，未发现资金的违规挪用拖欠现象。① 在2010年11月颁布的《社会保险法》中也明确强调了社会保险基金的专用性。《基本养老保险基金投资管理办法》（国发〔2015〕48号）规定，人保部、财政部依据相关法律监管开展养老基金投资管理业务的相关机构及主体，加强对投资风险的防范；"一行三会"要按照各自职责，对托管机构、投资管理机构的经营活动进行监督；对新农保基金运营的行为主体明确了法律责任，若相关人员违反了法规条款的规定，则要承担相应的法律责任。《社会保险法》明确提出社会保险基金应当按照相关规定进行投资运营，坚决杜绝违规投资现象的发生 。由此可见，国家加大了对社保基金的监管力度，并且正在逐步健全和完善相关的法律法规，对社保基金违法、违规操作已成为不得触

---

① 《未发现新农保资金方面有违规挪用拖欠现象》，http://www.cnss.cn/new/gdsy/201009/t20100902_249731.htm，最后访问日期：2017年3月12日。

碰的"高压线"，因此新农保基金被非法挤占和挪用的可能性极小，被违规进行投资运营的风险也很小。换言之，从长远来看，新农保基金监管具有较好的可持续性。

二　新农保经办管理服务的可持续性评估

新农保经办管理服务是指新农保机构为参保农民提供的养老保险服务，如养老保险的缴费登记、个人权益记录和养老保险的待遇支付等。新农保经办机构工作人员的经费、机构的运行费用及管理费用由同级财政按政策规定提供。由于新农保的服务对象是农村居民，其基层化特征非常明显，这也使得相应的经办管理服务体系凸显出许多问题，亟须进一步完善中国新农保经办管理服务体系。

（一）经办机构和经办人员的配置严重不足[①]

首先，中国新农保经办主体方面，采取县、乡（镇）、村三级经办模式，经办服务投入的力量存在明显的不足。根据 2012 年统计数据，中国有 368 个县级市、1453 个县、117 个自治县、860 个市辖区，总计 2798 个县级行政区划，而在 2012 年中国仅有 1364 个县区有新农保的经办机构，所占比例为 48.75%，所占的比例尚未过半，由此可见政府经办机构设置总量偏少（郑秉文，2014）。新农保虽然在乡镇一级设置了经办机构，但是参保对象的社保档案无法在乡镇一级的新农保经办机构得到妥善的统一管理。

其次，经办机构人员配备不够。来自人力资源和社会保障部的数据表明，2010 年和 2011 年参加新农保的人数分别为 1.03 亿人、3.26 亿人。在这一年的时间内，新农保的参保人数骤然增加了三倍之多，而经办机构的工作人员总数并未增加。2012 年后新农保与城镇居民养老保险制度合并实施，从城乡居民养老保险的人数变化来看，2012 年参保的总人数为 48369.5 万人，2015 年为

---

① 该部分参考了本课题的阶段性研究成果，详见薛惠元（2011）。

50472.2 万人，三年之内参保人数增加了 2100 多万人，经办人员数却始终保持在 18 万人左右。故可以得知，参保人数在逐年快速上升，而经办机构人员的总数近乎保持不变，这极易导致经办机构人员承担超负荷的工作任务，从而降低工作效率。从经办人员的人均负荷比来看，2012 年中国城乡居民养老保险的经办人员总数为 18161 人，人均负荷比是 1∶26634，2015 年经办人员的人均负荷比高达 1∶9692；来自南充市的数据也表明，2015 年南充市参加城乡居民养老保险的总人数为 292.17 万人，而经办人员仅有 170 人，人均负荷比为 1∶17186，该负荷比相当于全国平均水平的 2 倍，而其中新农保经办人员的人均负荷比更大（张晓艳、喻琳，2014）。机构人员配备不足，既无法建立起一个高效办公的新农保经办机构，还会衍生出其他风险，如经办人员粗心或疲于应付导致录入参保人信息时出错、审核养老金给付条件不够严格等。所以，新农保经办人员配备不足所带来的隐患不容忽视。

（二）服务质量难以保证

新农保制度实施全覆盖的速度较快，参保人数和服务对象骤增，导致经办业务量骤然增多，经办机构仅能借调其他政府部门工作人员或临时招聘协管员来保证业务的正常开展。这部分人员主要是村干部（包括村支书、村主任、村会计、大学生村官等），此外，还包括一些从社会上招聘的公益性岗位的工作人员。这些人员未接受过社会保障专业教育，新农保经办服务培训较简单，其对新农保政策的内容了解程度不够，造成其向村民进行政策宣传的时候无法讲解清楚，这会影响农民积极参保和主动选择较高缴费档次（王文静、王小春，2013）。

各级财政对基层经办机构运行费用的支持力度不够，使得新农保业务的经办人员尤其是协管员的待遇较低。例如，课题组 2012 年在江苏省洪泽县调研的时候发现，协管员的报酬与缴费人数相挂钩，即每收取一份养老保险费，协管员获得 0.5 元报酬，而协管员的报酬与农民缴费档次的高低无关，这直接导致农民普遍选择最低档次（2012 年洪泽县最低缴费档次为 200 元/年）来缴费。这种只重数量、不重质量，只注重参保人数、不重视保障水平的做法，注定是不可持续的。另外，许多县乡级经办机构招聘了一些公益性岗位协管员，公益性岗位工资仅略高于最低工资标准，且部分地区公益性岗位协管员的工资与新农保推广业绩不挂钩，导致其经办服务积极性不高，人员流动性较大，即使留下来的协管员也是怀着对新农保事业的热爱和一腔热血而留下来的。总体来看，乡镇和村的协管员推进新农保工作的积极性不足，甚至一些协管员进入农民家中，只是让农民缴费，也不对新农保政策进行讲解，导致农民对新农保政策的了解度很低甚至有抵触情绪（田青、张盈华，2014）。

（三）经办机构工作经费严重紧缺

目前，中国新农保经办机构采取属地化管理的方式，由同级财政拨付工作经费。新农保经办机构经费主要来源于县、乡（镇）两级财政，对每位服务对象每年补助 2～5 元工作经费是全国平均水平（扈映、米红，2012）。农村人口居住分散，加上部分偏远地区交通不便，使得办理新农保业务的工作量非常大，对基层经办机构补助的经费不足以支付开展新农保业务的相应开支。新农保是政府为全体农民开展的一项公共服务事业，经办管理服务所需经费颇高，然而大多数县级政府，受到经济水平等因素的影响，财政对新农保的支持力度不够，导致新农保经办经费不足，而对于中西部不发达地区的县级政府来说，其财政支持力度不够的问题更为突出。

从各地反映的情况来看，新农保仍存在经办机构设置数量不够、经办人员总数偏少、工作经费不足等问题，新农保基层经办管理服务体系落后已经成为不争的事实，且新农保经办管理服务体系的落后已成为制约新农保制度可持续发展的瓶颈。近年来，新农保"断保"人数的增加，与此不无关系。未来如何完善新农保经办管理服务体系，实现新农保经办管理服务的可持续性，已经成为一个亟待解决的问题。

第四节 新农保制度外部支持条件的可持续性评估

一 经济支持条件的可持续性评估

（一）经济发展水平对新农保制度可持续性的影响评估

经济发展水平一方面影响农业经济收入，从而影响农民的收入，影响农民的缴费能力；另一方面也会影响政府的财政收入，从而对新农保的财政支持能力造成影响。

若经济增长速度过快，政府财政收入增加，财政支持能力增强，农民收入增加，缴费能力增强，则新农保的筹资会较容易，且新农保基金可以投资的范围更广，获得的投资回报也会更大；但是，经济过快增长也使得新农保基金面临较大的贬值风险，若新农保基金的投资收益率赶不上经济增长率和农民人均纯收入增长率，会使得农民的实际收益受损。若经济增长过慢，政府的财政收入会减少，对新农保的补贴会降低，农民的养老金待遇水平也会降低，并且经济增速过慢，农民的收入也会下降，造成农民缴费能力降低，不利于基金的筹集，对制度的可持续发展构成威胁。

中国自 2009 年新农保制度实施以来，经济增长速度一直较快，虽然从 2012 年以来开始放缓，但是 GDP 年增长速度还是维持在 7% 左右（见图 5 - 29）。而新农保个人账户基金目前仍按一年期存款利率计息（2009 ~ 2015 年一年期存款利率的平均值为 2.70%，具体见表 5 - 27），远低于 GDP 增长率，显然不利于维护参保农民的正当权益。未来，受经济结构调整、经济转型的影响，中国 GDP 增长速度还会稳步下降，但是，经济发展会更健康，不会出现经济过热或过冷的现象，届时，政府只需妥善处理新农保筹资与待遇水平的关系，保证政府补贴的可持续性，确保参保农民既能享受经济发展的成果，又有能力进行缴费，这样才能保证新农保的可持续运行。

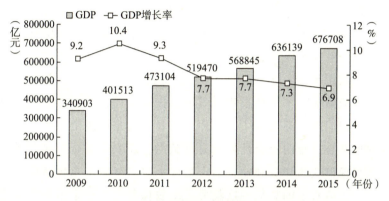

图 5 - 29　2009 ~ 2015 年中国 GDP 及增长率

资料来源：《中国统计年鉴 2015》《2015 年国民经济和社会发展统计公报》。

（二）资本市场对新农保基金可持续性的影响评估

2015 年 8 月《基本养老保险基金投资管理办法》（国发〔2015〕48 号）的出台，意味着新农保基金可以进入资本市场投资运营。资本市场的完善程度与新农保基金的投资收益存在密切的关系，良好的资本市场会为新农保基金的保值增值提供有利条件。

当前，中国资本市场尚存在结构不合理、参与主体投机风气严重、市场透明度低、缺乏风险投资的退出机制以及中小企业的融资渠道、直接融资与间接融资比例不合理等问题。针对这些问题，国发〔2015〕48 号文件对新农保基金的受托机构、投资管理机构、托管机构的准入资格做出了严格规定，并对新农保基金投资资本市场上高风险产品的比例进行了严格限制。

另外，中国政府正在不断出台相关举措来完善资本市场，如推行股票发行注册制，发展债券市场，培育私募市场，推进期货市场建设，扩大资本市场开放，便利境外主体跨境投融资，建立多层次的资本市场体系，等等。可以肯定中国的资本市场环境在不断好转，未来的资本市场会更加成熟，这为新农保基金入市保值增值提供了良好的外部条件。首先，成熟的资本市场为新农保基金提供了更合理的资产配置方式和更多样的风险分散手段，使新农保基金在风险一定的范围内实现最大的收益，从而降低市场价格风险和新农保基金负债风险。而较高的收益又可以降低新农保基金缴费率和人口老龄化的压力，促进新农保财务的可持续性。其次，成熟的资本市场投机风气弱，投资人的投机理念会更加科学，投机心理会逐渐退去，转而追求长期稳定的投资方式。这与新农保基金投资的安全性要求是一致的。新农保基金直接关系到广大参保群众的切身利益，很大程度上决定着其未来生活质量的好坏、生活水平的高低，这就要求新农保基金在资本市场投资时必须以稳健和安全为首要原则。新农保基金规模比较大，不适宜经常进出股市，故应注重选择长期稳定的投资方式，这种交易行为较为确定，使得新农保基金每年的收支总量相对稳定。而在成熟的资本市场中，投机性较弱，资产价格在短期内相对稳定，这对追求长期稳定投资方式的新农保基金来说，有利于降低市场价格风险和提高投资的安全性。

综上所述，从中国大的经济环境来看，是有利于新农保制度的可持续发展的。

二　社会支持条件的可持续性评估

（一）城镇化的加速对新农保制度可持续性的影响评估

中国于20世纪80年代进入加速城镇化发展时期，在城镇化过程中，大量农村居民失去土地，投入市场化的建设浪潮中，没有土地做保障，农民的生活存在更多的不确定性，市场化程度的增加使得农民面临更多的市场风险，从而使得农民对来自政府提供的稳定的社会保障的需求变大，参保的积极性提升。

另外，城镇化过程中，农村居民的流动性增加，跨地区甚至跨省流动就业成为常态，会使农民对新农保的转移接续要求更高，若政策设计者不能很好地处理新农保制度跨地区转移以及与其他保障制度的衔接问题，会使得大量农民"断保"，从而影响制度的可持续性，2010 年以前就曾出现过大量农民工因为在跨地区流动时职工基本养老保险的统筹账户基金不能跟随转移而选择退保的现象。2014 年 2 月，《城乡养老保险制度衔接暂行办法》（人社部发〔2014〕17 号）的出台，实现了城镇职工基本养老保险制度与新农保制度的无缝衔接，为参保农民跨制度转移养老保险关系提供了政策依据；国发〔2014〕8 号文件对农民跨统筹地区流动时城乡居民基本养老保险关系的转移接续问题做出了规定。这两项法规、规章的出台，能确保农民在城乡之间、跨统筹地区之间流动时养老金权益不受损，有利于提高农民参加新农保的积极性，从而有助于提高新农保制度的可持续性。

（二）老龄化、少子化对新农保制度可持续性的影响评估

中国正面临越来越严重的老龄化，老龄化使得农村居民的养老风险变大，使其认识到靠自己及子女养老是越来越不现实的，从而更愿意选择加入新农保，同时老龄化意味着人口预期寿命的延长，从而意味着农村居民领取养老金的时间变长，必然导致新农保基础养老金和个人账户养老金的收支平衡压力增大，[①] 在 139 个月的个人账户计发月数和支付终身的现行政策下，新农保个人账户里的钱将会收不抵支。

与老龄化相伴的是少子化，自 20 世纪 70 年代开展计划生育以来，中国的计划生育政策已实施 40 多年，妇女的总和生育率连续多年下降，中国已进入少子化时期，根据 2010 年第六次全国人口普查公布的结果，2010 年全国总和生育率仅为 1.18。少子化的趋势使得农民越来越意识到家庭养老的脆弱性，而选择参加新农保

[①] 新农保基础养老金全部来源于财政补贴，因此，新农保基础养老金收支平衡的压力，也就是财政支持压力。

的意愿更强。同时，在土地保障功能弱化、靠子女养老越来越不现实的背景下，政府也开始认识到新农保制度的重要性，并会不断出台政策完善该制度，这是有利于新农保制度的可持续发展的。

三 法律支持条件的可持续性评估

中国现在正处于加快法治化建设时期，十八届四中全会特别强调要依法治国，这不仅是实现国家治理体系现代化的必然要求，也是实现治理能力现代化的必然要求。不容否认，中国社会保障法治建设起步晚，社会保障法是中国法律体系中的薄弱环节，很多社会保障法律法规不完善，还存在很多问题。尽管社会保障制度在改革开放后进入了快速发展的阶段，但中国至今尚未出台"社会保障法"。目前仅仅出台了《社会保险法》（2011 年 7 月 1 日实施）、《军人保险法》（2012 年 7 月 1 日实施）、《慈善法》（2016 年 9 月 1 日实施）三部法律，除此以外，都是些国务院的行政法规或部委的部门规章。关于新农保制度，除了《社会保险法》中一些原则性的规定外，具体的实施主要依据国务院的行政法规。国发〔2009〕32 号文件对参保对象、筹资渠道、缴费档次等进行了详细的规定，国发〔2014〕8 号文件提出要将新农保与城镇居民养老保险合并实施，并对制度的相关规定进行了补充。国发〔2015〕48 号文件《基本养老保险基金投资管理办法》对基金的投资运营做出了明确的规定。此外就是一些部门规章，如《城乡养老保险制度衔接暂行办法》（人社部发〔2014〕17 号）、《关于做好新型农村和城镇居民社会养老保险制度与城乡居民最低生活保障农村五保供养优抚制度衔接工作的意见》（人社部发〔2012〕15 号）、《关于做好新型农村社会养老保险制度与人口和计划生育政策衔接的通知》（国人口发〔2009〕101 号）、《新型农村社会养老保险基金财务管理暂行办法》（财社〔2011〕16 号）等。总体来看，新农保立法的法律层次还不高，基本还停留在法规、部门规章的层面，约束性及稳定性远没有法律强。

法律关系本质上是契约关系，法律可以保护契约双方的权利与义务得到实现。新农保制度可以理解为政府与农民之间的一种契约，农民在劳动期间定期向政府缴纳保险费用，在年老之后从政府那里领取养老金来保证晚年生活，政府则需按契约在参保农民年老时定期为他们发放足额的养老金。因此，法律协议与契约精神的维护，在一定程度上能够保证新农保的可持续发展。反之，契约与法制水平遭到破坏，则不利于制度的可持续发展。从老农保的经验来看，就是因为缺少法律的保护，政府在制度的设计、基金筹集及管理运营等方面出现诸多问题，导致参保农民对制度的信任度降低，参保积极性降低，中断养老保险缴费，最后导致老农保制度难以维持下去。从长远来看，随着中国法治化建设进程的加快，社会保障法治建设也将得到大力发展，社会保障的各个项目都会由国家法律制定或认可，由国家强制力保证实施。届时新农保制度也会有相应的法律制度来保证实施，将大大提升新农保制度的可持续性。

四　技术支持条件的可持续性评估

新农保技术主要涉及信息化管理技术和精算技术。信息化管理技术集信息技术、计算机技术、通信技术及管理技术等多学科的技术于一体，在不同部门之间实现联网和信息共享，通过建立全方位、全包容的综合信息系统对新农保进行统一集中的有效管理。精算技术支撑离不开精算学，它是由数学、统计学、经济学、金融学及财务学交叉而成的学科技术，其在保险及投资等领域应用广泛。

信息化已经成为推动国民经济和社会发展的驱动力，成为衡量一个地区现代化程度和综合实力的重要指标。目前，中国大部分农村地区仍然沿用传统的管理模式，不利于参保人员基本信息、账户信息、养老金的管理。随着新农保覆盖面的迅速扩大，参保人数的激增，基金积累规模的加大，传统手段已经难以实现科学有效的管理。加强技术设备的支持和相关信息网络系统的建设，采用现代的管理思想和管理方法进行科学有效的管理迫在眉睫。当前各地正围绕中央统一部署纷纷尝试发挥信息化手段在社会管理中的作用，旨在建立全面覆盖、动态跟踪、联通共享、功能齐全的社会保险信息管理系统（又称为"金保工程"），构建管理信息化平台，并大力推行社会保障卡，可以预见，随着管理信息化水平的提高，新农保制度的可持续性也会进一步提升。

精算技术是新农保制度需要运用的另一重要技术，随着人口老龄化、通货膨胀、经济新常态等外部因素的影响，中国新农保基金正面临着严重的收不抵支的风险。而精算技术可以通过建立新农保精算模型并编制计算机程序，对新农保基金的收支状况进行动态跟踪，对其未来发展趋势进行更好的拟合，及时发现新农保制度运行过程中存在的问题，并及时进行参数修正，设计出更科学、合理的新农保方案。随着中国精算技术的进步以及社会保障管理部门对精算技术运用的重视，新农保制度将更多地受益于精算技术，精算技术将为新农保制度的可持续发展提供有力的技术支撑。

五 政府支持条件的可持续性评估

当前中国正经历着从计划经济向市场经济、从传统社会向现代社会的转型，转型期出现了很多问题，如城乡发展不平衡、公共服务供给不够、社会不公平程度加剧等问题，需要政府调整自身行政机制，转变治理理念，实现职能转变，以适应经济、社会发展的需要。政府在治理理念转变过程中，开始追求现代价值理念，如效率政府、强调公民参与治理、强调法治及建设法制环境，注重维护社会公平，尤其在社会保障这个关系到民生的领域，政府更加注重社会公平，维护公民的基本权利，这是有利于新农保制度可持续发展的。

首先，现代政府治理更加注重民生。公共服务型政府要求保障社会成员的基本权益，客观要求政府公共财政向民生领域倾斜，尤其是社会保障、公共医疗卫生等领域。当前，中国政府正处于向公共服务型政府转型的重要时期，公共财政投入民生领域的力度不断加强（见表 5-28 和图 5-30）。2009~2014 年，各级财政用于教育的支出从 10437.54 亿元增长至 23041.71 亿元，年均增长 17.16%；用于社会保障和就业的支出从 7606.68 亿元增长至 15968.85 亿元，年均增长 15.99%；用于医疗卫生方面的支出从 3994.19 亿元增长至 10176.81 亿元，年均增长 20.57%；用于住房保障方面的支出从 725.97 亿元增长至 5043.72 亿元，年均增长 47.36%。政府公共财政向民生、公共服务领域的倾斜，一定程度上能够充实新农保基金，确保基金的稳定与安全，促进制度的可持续发展。

表 5-28　2009~2014 年公共财政用于民生的支出

单位：亿元

年份	教育支出	社会保障和就业支出	医疗卫生支出	住房保障支出
2009	10437.54	7606.68	3994.19	725.97
2010	12550.02	9130.62	4804.18	2376.88
2011	16497.33	11109.40	6429.51	3820.69
2012	21242.10	12585.52	7245.11	4479.62
2013	22001.76	14490.54	8279.90	4480.55
2014	23041.71	15968.85	10176.81	5043.72

资料来源：《中国统计年鉴》（2010~2015）。

其次，现代政府治理更加注重公平、正义，这样的服务理念有助于新农保的可持续发展。中国长期处于城乡二元结构，农村居民为支援城市发展做出了巨大的牺牲，农村各方面发展远远落后于城市，而应有的社会保障项目近几年才开始建立，这不利于社会的公平程度，现代政府治理理念要求尽快建立覆盖城乡居民的社会保障体系，实现公共服务的均等化。建立新农保制度的基

图 5-30 2009~2014 年公共财政用于民生支出的变动趋势

资料来源:《中国统计年鉴》(2010~2015)。

本原则有四个。如"全覆盖"是保障全体农村居民公平享有基本生存权利,"保基本"是从农村实际出发,筹资标准和待遇标准与农村经济发展水平相适应。另外,新农保基金筹集是个人、集体与政府共同出资,这体现了权利与义务的统一;新农保基础养老金的确立,能够保证农村居民缴费的起点公平。可见,政府向公共服务型政府转型中的公平正义理念有利于新农保制度的可持续发展。

最后,新公共管理理念有助于新农保制度可持续发展。政府向公共服务型政府转型过程中,凸显出"小政府、大市场"理念。在此理念指导下,政府只需制定规章制度、做好监督管理,充分发挥市场在资源配置中的决定性作用。据此,新农保基金可充分交由市场进行投资、运营,政府则需完善市场准入制度、做好市场监管任务。同时,"小政府、大市场"理念能够减轻政府机构臃肿状况,减少行政审批程序,提高政府行政管理效率。新农保是在政府主导下进行的,政府行政管理效率的提高,有利于实现新农保制度的平稳、健康与可持续发展。

第六章　促进新农保制度可持续发展的对策建议

第一节　提升新农保制度的财务可持续性

一　保证新农保基金筹集的可持续

（一）个人筹资可持续的政策建议①

虽然经过筹资能力长期可持续性的评估，从全国来看，2016~2060年，中国农民完全具备可持续的个人参保缴费能力。但是分省份来看，较为落后的西部地区省份农民个人最大缴费能力低于最高缴费率，这些省份的农民不适宜选择最高档次的缴费标准，根据多缴多补的原则，这些地区的农民养老保障利益会受到损害。过低的养老金收益会影响其继续缴费的积极性，故政府还需出台相关政策，确保农民个人缴费的可持续。

1. 扩大"缴费困难群体"的范围

在国发〔2009〕32号文件中，国家已经考虑到了地方政府为缴费困难群体代缴部分或全部最低标准的养老保险费，但并未明确界定该群体的具体范围，只提到了农村重度残疾人，导致各地区把"缴费困难群体"的对象指定为残疾等级为1~2级的农村居民，即"农村重度残疾人"，并仅针对这类重度残疾者为其代缴养

---

① 该部分参考了本项目的阶段性研究成果，详见薛惠元（2012a）。

老保险费用，其他困难群体没有考虑在内。如湖北首批 13 个试点县市都是将缴费困难群体定位为农村重度残疾人。很显然这种做法是对政策的错误理解，对其他缴费困难群体而言有失公平。有许多专家学者针对该问题呼吁人保部门出台相关政策，明确界定"缴费困难群体"所属范围。本研究建议，缴费困难群体应该针对所有个人最大缴费能力低于最低缴费标准的农村贫困居民，其中应包括享受农村低保人员、五保户、重点优抚对象等，这部分困难群体也应当由当地人民政府为其代缴部分或全部最低标准的养老保险费。

2. 采取各种措施，努力提高农民的收入水平

根据前文的分析，农民的收入水平直接影响其缴费能力，收入提高了，农民的最大缴费能力就能得到提高，因此，本研究建议采取各种措施提高农民的收入水平。可以从以下方面采取措施：加强大规模农田水利等基础设施建设，推广先进适用的良种和各种各样的技术，依靠科技创新提高农业的效率；创新农业经营方式，发展适度规模经营，提高农业的效益；顺应市场，推进农产品的产业化，让农民能通过农产品的加工与销售赚取应得的利润，而不是始终处于农产品价值链的底端；在城镇化的大背景下，让更多的农村富余劳动力流入城市中，促进农地合理流转，提升土地经营收益；加大对农村医疗、教育、卫生等公共服务的投入，缩小城乡差距。

3. 加大精准扶贫的力度，努力减少贫困人口

响应中央精准扶贫的思想，笔者提出以下建议。第一，精准识别，通过有效、合规的程序，把贫困居民识别出来。在识别的过程中，要让老百姓参与进来，要依靠基层群众的力量，让他们掌握识别权，让老百姓按自己的"标准"去识别穷人，并且做到程序透明，让每个农村居民知道贫困户是怎么选出来的，这样可以保证贫困户的认定公开、透明、公正，选出最需要帮扶的贫困户。第二，精准帮扶，识别出贫困居民后，要针对扶贫对象的贫

困情况确定扶贫责任人并制定出具体的帮扶措施，确保帮扶效果。可通过进村入户，分析掌握致贫原因后，按照缺啥补啥原则，因人因户而异，给予贫困人口帮扶，并实现动态管理，建立脱贫自动退出机制。第三，精准管理，建立贫困户管理信息系统，将扶贫对象的基本资料及动态情况录入其中，为每户贫困户设立一本台账、制定一个脱贫计划和一套具体的帮扶措施，每年的年终根据扶贫对象的发展状况，重新调整扶贫对象，使已稳定脱贫的农户及时退出，并及时纳入新的需要帮扶的扶贫对象，实现扶贫对象的动态管理。

（二）实现财政支持能力可持续的政策建议

基于前文新农保财政支持能力长期可持续性的评估结果，中央财政和地方财政对新农保的支持能力均具备可持续性，为了进一步保证中央与地方财政支持能力的可持续，笔者提出以下政策建议。

1. 大力发展经济，实现中国经济的持续稳定增长

政府对新农保的财政支持主要来自财政收入，而据前文的分析，经济发展水平（GDP）和财政收入之间存在高度的正相关关系，经济增长是财政收入增长的前提和基础。本研究对财政支持能力长期可持续性评估的结果认为不管是中央财政还是地方财政，其对新农保的资金支持均是可持续的，这一结论是在中国经济能够实现持续稳定增长的前提下的，前文已对2016~2060年中国经济的正常增长率做出了假定，如果经济不是按照假定的速度正常增长，而出现严重的经济衰退或经济危机，则中央和地方财政就没有能力支持新农保，财政风险就会出现。发展是硬道理，要实现中国经济的持续稳定增长，政府必须毫不动摇地坚持以经济建设为中心，坚持创新、协调、绿色、开放、共享的发展理念，实现中国经济健康和持久的增长。

2. 增加中央财政收入占比，确保中央和地方政府事权与财权的一致

前文在预测中央和地方财政压力的时候，是假设中央财政与

地方财政收入的比值为 1.5:1，因为中央财政收入的占比要达到 60% 才会有足够的财力来推动公共服务的均等化，自 1994 年实行分税制改革以来，中央财政实力大大增强，占总财政收入的比重基本稳定在 52% 左右，大部分年份中央财政与地方财政收入比值在 1.1 上下浮动。从 2011 年开始，中央财政收入占比开始小于 50%，且已连续四年下降，2015 年中央财政收入占比是 45.48%，仅为地方财政收入的 83%。从测算结果来看，中央财政对新农保年补助数额占中央财政收入的比重从 2016 年的 0.97% 开始逐年上升，到 2060 年时，达到 2.3%，东部发达地区财政对新农保的财政补助占比从 2016 年的 0.65% 逐年上升到 2060 年时仅为 1.29%，西部地区财政对新农保的资助占比从 2016 年的 0.31% 逐年下降到 2060 年时仅为 0.13%，若中央财政收入占比还是维持在当前不到 50% 的水平，随着未来公共服务型政府的建设，各种公共支出的增加，若不增加中央财政收入占比，确保中央与地方政府间事权与财权相匹配，显然是不利于当前中央政府财政支持能力的可持续的。

3. 合理划分地方各级财政之间的责任[①]

对于地方财政对新农保的补贴责任，国家并未出台统一的文件来规定省市县各级政府的财政负担，鉴于此，本研究认为可以根据各地区不同的经济发展水平和财政能力制定不同的补贴政策。由于县级政府是新农保制度方案执行、经办管理、基金管理等事项的主要实施者，故县级政府应该是新农保的责任主体，根据各行政区域经济发展情况，制定符合实际情况的财政分担比例，比如经济发展较好财政资金充裕的县，应承担一半或一半以上的财政负担，省、市、县三级财政负担可以按照 1:1:2 或者 1:1:3 分担（在实行省管县的地区，财政负担可以按照省、县 1:1 或者 1:2 来分担）；对于经济发展较差，较为贫困、财政收入低的县，可以由省、市承担大

---

① 该部分参考了本项目的阶段性研究成果，详见薛惠元、邓大松（2012）。

部分财政负担，省、市、县按 1∶1∶1 来分担，省管县区域省、县财政负担可以按 2∶1 分担。根据各地区实际情况，先进行试点探索各级财政的责任划分问题，最后由各地的省级人民政府制定具体分担比例。

二　及时调整新农保基金的各种参数，确保基金的平衡[①]

笔者的前期研究发现，个人账户养老金计发月数、个人账户基金收益率和 60 岁农村居民的平均预期余命是影响新农保个人账户基金收支平衡的重要因素。[②] 因为农民的平均预期余命无法改变，故可以从以下几方面着手保证基金的平衡。

（一）在精算平衡的基础上适时提高个人账户养老金计发月数

基于精算平衡原则，综合考虑个人账户基金收益率和 60 岁农村居民的平均预期余命两个因素的基础上，构建出个人账户养老金计发月数精算模型，测算后发现：当前，我国新农保个人账户养老金计发月数偏小，存在农民个人尚未死亡，但个人账户中的基金就发放完毕的现象。随着科技发展、医疗水平和人民生活水平的提高，未来农村居民的平均预期寿命还将呈现不断增长的趋势。因此，建议未来人力资源和社会保障部门在精算平衡的基础上适时提高个人账户养老金计发月数，但为了保证制度的稳定性和连续性，个人账户养老金计发月数的调整不宜过频，可以每五年进行一次调整。

（二）提高个人账户收益率

当前，中国新农保个人账户基金的投资渠道主要是存银行买国债，投资的范围过于狭窄。虽然中国已经出台《基本养老保险基金投资管理办法》，但各地还没有行动起来，建议尽快归集各地结余的新农保基金，在预留 9 个月的支付后，尽快归集到省级社保

---

① 该部分参考了本项目的阶段性研究成果，详见薛惠元、曹立前（2012）和薛惠元（2014）。

② 该部分参考了本项目的阶段性研究成果，详见王翠琴、薛惠元（2011a）。

部门为投资运营做准备，同时要尽快遴选一批新农保基金受托机构负责基金的投资运营，建议成立专门的养老保险基金管理公司，此外，要公开招聘一批专门的基金投资人才，为尽快投资做准备。

（三）设立新农保储备金，专门用于弥补未来个人账户基金缺口

由于新农保个人账户养老金计发月数过小，对个人而言，必然出现个人账户收不抵支的现象。为了实现新农保个人账户基金的长期收支平衡，本研究建议学习工伤保险的做法，建立储备金制度，专门用于弥补未来个人账户基金的收支缺口。新农保储备金主要来源于新农保个人账户基金的投资收益高于记账利息的差额以及全国社会保障基金划拨的资金。目前新农保个人账户与城镇职工基本养老保险个人账户一样，均采用记账利率形式，记账利率的确定主要参考了一年期银行存款利率以及人社部门与银行之间的协议存款利率。2015 年《基本养老保险基金投资管理办法》颁布以后，新农保结余基金（主要是个人账户基金）将可以进行市场化投资运营，若投资策略适当，将很容易获得高于记账利率的投资收益率，高出的投资收益部分，可以划入新农保储备金中。2015 年全国社会保障基金累计余额达到 19138 亿元，[①] 可以考虑将全国社会保障基金按照一定的数额逐年划入新农保储备金一部分。当然，新农保储备金应设立一个上限，如达到 8 个月的养老金支付后就不再提取。

（四）进行新农保个人账户基金给付的年金化改革

现今学者以及政策执行者过多强调新农保个人账户基金的"个人产权属性"，更多地将新农保个人账户看作一个储蓄积累计划，忽视了个人账户是对未来养老金权益的一种"对价"（刘万、庹国柱，2010）。新农保个人账户基金类似于商业保险中的生存年金，农村老年居民的死亡分布基本符合正态分布，即大约有 50%的农村老年居民在平均预期余命之前死亡，剩余 50%的农村老年

居民在平均预期余命之后死亡，只要平均预期余命预测准确、农村老年居民死亡后新农保个人账户余额不再返还，新农保个人账户基金就基本能保持收支平衡，这也符合中共十八届三中、五中全会提出的"坚持精算平衡原则"。但国发〔2014〕8 号文件规定，参保人死亡后个人账户资金余额（含政府补贴）可以依法继承，这必然会导致个人账户基金出现收支缺口。对于如何实现新农保个人账户基金自动收支平衡的问题，本研究认为可以进行新农保个人账户基金给付的年金化改革。具体有两种方式：一是对新农保制度进行内部年金化，即赋予新农保个人账户收入再分配功能，按照保险资金从短寿者向长寿者横向转移的年金保险运行原理，实现个人账户基金在短寿者和长寿者之间的收入再分配，此时，参保人死亡后的个人账户余额就不再允许继承；二是要求参保人在达到领取养老金年龄的时点上用个人账户基金一次性购买商业年金保险（如生存年金），采用强制性手段来实现商业年金化（邓大松、刘昌平，2002）。新农保个人账户基金给付的年金化改革，一方面可以实现不同寿命人群之间的风险互济，另一方面又可以避免个人账户基金缺口的出现和财政兜底的压力。

第二节　保证新农保制度养老保障
水平的可持续性[①]

实现保障水平的可持续性是保证新农保制度可持续发展的重要举措。根据前文的测算，现行新农保制度设计提供的养老金不能保障"老人"、"中人"和大部分"新人"的基本生活需要，即新农保的养老保障水平过低，制度"保基本"的目标无法实现。由于新农保需求替代率反映的是保障老人基本养老需求的替代率

---

① 该部分参考了本项目的阶段性研究成果，详见薛惠元（2012a）和薛惠元、仙蜜花（2015a）。

水平，老人的基本养老需求水平不能降低，只能通过提高新农保供给替代率这一途径来保证基本的养老保障水平。

一　加大各级财政对新农保的资金支持

（一）提高基础养老金水平

根据中央规定的新农保最低标准基础养老金水平，可以计算出基础养老金的替代率为 12.81%，显然该指标反映出新农保的基础养老金水平过低，需要加大中央及地方政府对新农保的财政支持力度，提高基础养老金替代率水平，具体操作可以参照已经实施多年的城镇企业职工基本养老保险制度，提高基础养老金替代率水平至 15%~20%。当前的基础养老金主要由中央财政提供，所以水平不高，为了进一步提高基础养老金的水平，在考虑各地实际情况的条件下，地方财政要落实加发地方基础养老金，以提高基础养老金的整体水平。

（二）加大地方政府对参保农民的缴费补贴力度

国发〔2009〕32 号文件和国发〔2014〕8 号文件都规定地方政府应对参保者进行缴费补贴，补贴标准不低于 30 元/（人·年），但这两个文件均未提及对缴费补贴标准进行调整。由于中国经济不断增长、地方财政收入不断增加、物价水平在正常通货膨胀情况下也会上涨，所以，地方政府对参保农民缴费的补贴标准不能一直不变，若补贴一直保持不变会降低其对农民参保的激励效果，故应当根据地方财政实力定期上调缴费补贴，如可以每 2~3 年调整一次。

（三）增加财政投入，落实"长缴多补""多缴多补"

根据前文的测算，农民的参保年龄越早，缴费的时间越长，所选的缴费标准越高，新农保制度的供给替代率水平越高，将来领取的养老金水平也越高。因此，政府应该鼓励农民尽早参保，并且缴费的时间要尽可能长，这样农民会享受到更多的财政补贴。一方面政府要加大新农保政策的宣传力度，可以用"算账"的方法让农民知晓早参保的好处；另一方面，也是更重要的即政府要拿出具体措施对农民早参保和长缴费进行鼓励和支持。国发〔2009〕32号文件中提出"对于长期缴费的农村居民，可适当加发基础养老金"，"对选择较高档次标准缴费的，可给予适当鼓励"。可见，在政策设计之初，国家已经考虑到对长缴费和多缴费人群给予一定的激励措施，但从目前各地新农保实施情况来看，仍然有很多地区没有出台"多缴多补"的政策。以湖北省为例，在首批13个新农保试点县中，有5个试点县未出台"长缴多补"的政策，其他试点县虽然出台了鼓励政策，但标准很低，少的仅有2元，最多的也不超过20元。笔者在对湖北省新农保试点县的调研中发现，大多数农民都不约而同地选择了100元的缴费档次，这固然有收入水平低的原因，但"多缴多补"鼓励政策的缺位或低标准不能不说是重要的原因。因此，建议所有地方政府均出台"长缴多补""多缴多补"的鼓励政策，并随着缴费水平的提高不断提高鼓励标准。

二　实行比例缴费制，及时调整养老保险缴费水平

当前新农保制度规定设立多个缴费档次供参保农民选择的做法与"老农保"相同。实际上是定额缴费制度，其优点主要体现在整数的缴费金额便于农民理解和费用征收，但其缺点也很明显，它不能依据农民人均纯收入增长情况自动调整缴费水平。虽然制度规定要适时调整缴费档次，但农民收入每年增长，若每年调整缴费档次则非常不利于政策的实施，若每隔数年调整，个人账户中积累的资金增速会慢于农民收入的增速，会导致实际的养老金水平下降。本研究认为应采用比例缴费模式，以上一年农民人均纯收入作为缴费基数，按一定比例缴纳养老保险费以保证个人账户养老金替代率的稳定。在具体操作中，应考虑各地区的经济水平和消费状况，缴费比例可以设定2%、4%、6%、8%、10%、12%、14%、16%、18%、20%依次递进的十个档次供农民选择，

各地还可根据实际需要增加缴费档次。

三 鼓励补缴养老保险费至 15 年

按照相关政策文件规定,"老人"自己不需要缴纳养老保险费就可以每月领取基础养老金,所以"老人"一般不会主动补缴养老保险费至 15 年;对于"中人"而言,即使其补缴养老保险费至 15 年政府也不会对其缴费给予补贴,而且国家并未要求其一定要缴费满 15 年,[①] 因此"中人"也不愿意补缴养老保险费至 15 年。因为"老人"和"中人"不愿意补缴养老保险费,导致其个人账户中没有养老金或养老金过少,从而导致养老金水平偏低。为从根本上解决该问题,部分地区强制要求"老人"和"中人"补缴养老保险费至 15 年,这种做法违背了国家政策初衷,并且强制性的补缴政策会加重民众对政策的反感甚至降低参保率,本研究并不提倡。为增加个人账户中的养老金从而提高养老金水平,本研究认为可以对补缴满 15 年的"老人"和"中人"进行一定的资金鼓励,即当地政府根据实际情况制定出具体的补缴激励政策,如对一次性补缴费用至 15 年者,可给予每年 10 元的缴费补贴。

四 适时延长农民的"退休"年龄

根据国发〔2009〕32 号文件的规定,无论男女,农民领取养老金的年龄均为 60 周岁。本研究认为可以适时延长农民的"退休"年龄,这样农民的缴费时间变长,而领取养老金的时间相应变短,个人账户里积累的养老金就会增多,这样农民"退休"后每月领取的养老金会增加,养老金水平会有所提升。另外,通过对第六次全国人口普查数据进行测算,发现中国 60 岁农村居民的平均预期余命为 20.34 岁,当前个人账户养老金计发月数是 139 个

---

① 国发〔2009〕32 号文件规定,"距领取年龄不足 15 年的,应按年缴费,也允许补缴,累计缴费不超过 15 年"。可见,"中人"补缴养老保险费不是硬性规定,可以补缴,也可以不补缴。

月，会导致养老金提前支付完毕，剩余年份的养老金欠缺，最后只能将养老风险转嫁给政府。因此，本研究建议，应依据农村居民预期寿命的延长情况，适时延长农民的"退休"年龄。这既可以应对长寿风险，又可以提高新农保养老金待遇水平。

五　建立新农保基础养老金正常调整机制

在鼓励居民选择较高缴费档次，早参保早缴费，落实好长缴多补政策，提高新农保个人账户替代率的同时，应适时对基础养老金的最低标准进行调整。从长远来看，应建立新农保基础养老金正常调整机制。新农保基础养老金调整是一项系统工程，国发〔2009〕32号文件提出，要在综合考虑经济发展和物价变动因素的基础上，适时调整基础养老金的最低标准。基础养老金的调整涉及调整幅度和调整时机两个方面。我们在设计新农保基础养老金调待方案时要考虑方案对保障水平和财政支付能力的影响。

关于新农保基础养老金调整的时机，选取经济增长率（GDP增长率）和物价变动率分别来衡量经济增长和物价变动。本研究认为只有三种情况才开始启动基础养老金调整机制：物价变动率和经济增长率都大于0、物价变动率小于等于0、经济增长率大于0且经济增长率大于物价变动率的绝对值。

关于调整幅度，本研究认为，新农保基础养老金的调整应坚持适度原则，调整幅度过低无法保证农村老年居民的基本生活，调整幅度过高又会给财政带来压力，因此基础养老金调整的难点在于如何在保障水平和财政支付能力之间实现平衡。本研究认为基础养老金的调整应坚持两个原则：①调整系数不低于物价上涨率；②在物价上涨率小于经济增长率时，基础养老金调整系数应为物价上涨率加经济增长率的一定比例，如50%，或者调整系数等于经济增长率，要求调整系数不高于经济增长率。

可以根据不同的调整时机及调整幅度组合制定不同的调待方案，测算不同的调待方案对保障水平及财政支付能力的影响，并选择不同情形下最合适的调待方案。总之，对基础养老金进行调整应在不损害效率的前提下，为农民提供尽可能多的养老金。

第三节　提升新农保制度经办管理效率和服务质量

在前文对新农保经办管理服务的可持续性评估中，发现中国新农保经办管理服务主要存在经费严重匮乏、经办机构数目少、服务人员队伍不健全以及最终由此导致的经办服务质量和效率低下的问题。故需从以下几方面提升新农保经办管理服务的质量和效率。

一　增加对新农保经办管理服务的经费投入

新农保经办管理服务工作的经费直接决定工作的硬件设施和人才队伍软件条件的建设，会影响工作人员的积极性。目前所有经办人员的费用全部来源于政策财政的预算拨款，不能从农民缴纳的基金里提取任何管理费用，这样有利于农民养老基金的完整性和安全性，但是，当前财政对新农保经办管理的经费投入过少不利于新农保工作的开展，本研究认为新农保经办管理服务的经费应主要由地方财政承担，每年可以根据参保人数多少核算工作经费，将工作经费纳入地方财政预算，对于经济条件相对较差的地区，可以采取中央财政对地方财政转移支付的形式，给予工作经费的支持。

二　加快新农保经办流程的相关法规建设

新农保经办规程的法规规章应该对新农保经办的整个流程都进行立法规范，包括总体的经办规程的进一步法治化、基金管理的法治化、档案管理的法治化。

（一）　加快新农保经办规程的立法建设

为确保新农保试点工作的实施，人力资源和社会保障部于2009 年制定了《新型农村社会养老保险经办规程（试行）》。该规程明确规定了新农保经办工作包括的具体内容及各岗位的职责。但是颁布的规程只是一个试行办法，新农保自试点以来已经实施了近 7 年时间，还没有出台正式的法规文件，不利于新农保经办工作的开展。张德江委员长也提出要求要建立起新农保信息管理服务系统，对农民的参保记录一生、跟踪一生、服务一生；大力推行社会保障卡，让农民一卡在手就可以实现缴纳保费、领取待遇和查询信息。这就要求各相关部门不仅要加强新农保经办规程的建设，而且要加大执行力度，保证新农保经办规程的顺利实施，从而保证新农保工作的顺利开展。

（二）　完善新农保基金监管的立法

对于新农保基金，目前只有一些关于基金投资运营的规章制度，还没有基金监管方面的明确的法律，导致许多地区钻了法律的空子，挤占挪用基金现象频繁发生，应尽快出台相关法律约束政府的行为，从法律层面保证基金的安全。

2010 年 10 月，十一届全国人大常委会第十七次会议高票通过《社会保险法》，《社会保险法》对基金监管工作进行了相关规定，如由统筹地区人民政府成立监督委员会，成员主要有用人单位代表、参保人员代表、工会代表、专家等。该委员会主要对社会保险基金的收支、管理和投资运营情况进行分析，对社会保险实施过程中的具体问题提出咨询建议并实施社会监督；各级人大常务委员会也会对本级政府的社会保险基金相关事项进行审议，组织执法检查等。由上可见，《社会保险法》对于养老保险基金的监管仅仅是原则性的规定，不够详细、具体，具体到各级社保经办机构如何操作则没有明确的指示，所以该部法律的具体可操作性不强，亟须在后期出台"社会保险基金监管条例"，通过法律手段规范新农保基金的操作，从根本上实现对新农保基金的规范化管理和有效监督。

三 注重新农保经办管理效率的提高

（一）加快新农保管理信息系统的建设

管理信息系统建设最重要的是健全新农保档案管理的相关制度和规范，要根据现实需求和实际条件出台科学的档案管理规章制度，实现档案管理工作的规范化、制度化。在对参保人员资料的收集过程中，若出现字迹书写潦草、签字印章信息模糊、个人信息填写不全，以及资料衔接不畅等对归档造成困难的资料，都要做退回整改处理，从源头上确保参保人员档案的质量。另外，对档案的整理要求制定详细的索引目录，明确档案所属范围，同时确定档案的保管期限，真正实现新农保建档工作的规范化。只有这样，才能保证新农保管理信息系统的正常使用。规范化的档案不仅存有纸质版，而且要实现以电子档案为辅的动态管理，在保证新农保参保人员的纸质档案准确无误的基础上，建立新农保参保信息数据库和管理信息系统，该系统集办公、存档、对外查询于一体，建立的参保信息数据库需要进行联网，实现纵向上市、县（区）、乡镇贯通，横向上与银行联网，使得所有参保数据可以集中、统一、安全管理。

目前，部分地区已开发出并使用了新农保管理信息系统，该系统用来对新农保档案进行管理，以及处理相关的日常事务，具体包括：对参保人员个人资料和投保情况进行登记，管理其缴费、领取、退保、转保、亡故注销等信息，该系统还具有强大的信息查询功能，完成所需数据的转化，根据需要生成相关报表。可以永久保存投保人从投保至亡故全部环节的个人参保资料。但是，还是有部分偏远地区实行纸质办公，新农保管理信息系统的建立最初可以以县为单位开发新农保信息系统，待条件成熟时再开发出全省统一或全国统一的新农保信息管理系统。

（二）在加大财政投入的基础上，加强软硬条件设施建设

在硬件设施建设上，为了便于长期保存和方便查询，必须完善相应的硬件设施，如房屋、柜子、档案盒、文件夹等，改变现在档案不规范、随意摆放的状态，做到统一编号、统一质量、统一装具。软件条件主要指高素质的新农保经办管理人才，提高新农保经办管理效率还需加强人才队伍建设，应该通过培训等方式培育一批踏实肯干、工作热情高、业务能力强的经办管理人才，使得经办管理人员符合年轻化、知识化和专业化的要求。

（三）建立高效的新农保基金监管机制

首先，应建立基金出口监督机制。建立完善的人员公示以及资格认证制度，对首次领取新农保待遇的人员基本情况进行社会公示，公开接受社会和大众的监督，各地新农保代办点每年对参保人员进行资格认证，对于未通过认证以及未在规定日期进行资格认证的将停止向其发放养老金。同时对冒领养老金的违法行为进行严惩，可建立举报奖励制度，对勇于举报违法行为的人员进行现金奖励并保障举报者的人身安全。

其次，明确各部门的责任，各司其职，加强部门间的监督与约束。新农保基金实行收支两条线管理，基金存入财政专户，经办机构定期向财政部门申请养老金发放计划，财政部门对计划进行审核，通过后向经办机构拨发养老金。同时，财政部门必须加强监督，对基金账户的管理情况开展定期和不定期的检查，确保基金收支有序进行。

最后，新农保基金还必须接受其他部门的监督和检查。新农保基金管理既需要规章制度的规范，也需要审计等相关部门对基金管理的各环节进行监督，防止出现漏洞和隐患。同时，可以引进社会监督，成立社会监督委员会对基金进行监督，委员会由参保农民、政府相关机构以及各类社会组织共同构成。各级人民代表大会也应当履行监管的职责，基金的运营管理情况应向人大代表汇报，人大代表向社会进行报告，切实保障参保人对基金使用

的知情权。另外，还可引入新闻媒体和社会公众的力量，通过多种方式实现对基金的监督。

四　强化对新农保可持续发展的人才支撑，提升服务质量

新农保经办管理服务质量的提升主要取决于经办人员的服务水平，针对当前基层新农保经办机构工作人员数量较少、文化水平较低、业务素质较差及人员队伍不稳定与制度普及宣传不到位等问题，本研究认为应首先加强新农保服务人员的队伍建设，保证有合理数量的经办服务人员，其次要采取措施来提升经办人员的综合素质，提升其业务水平，这样有助于提升新农保的经办管理服务质量和效率，从而有利于新农保制度的长期可持续发展。

（一）落实相关政策，建设一支健全的新农保经办服务人员队伍

对于新农保经办机构人员不足、队伍不稳定的问题，应该由地方政府拿出切实可行的方法来增加人员编制，各个地区应出台关于新农保劳动保障服务平台建设的具体政策法规，如湖北省机构编制委员会在首批新农保试点不久的 2010 年 2 月 10 日就出台了《关于加强和完善全省新农保试点县（市、区）劳动保障服务平台建设有关问题的意见》，对县、乡镇新农保机构编制等问题做出了规定。地方政府可以从其他相关部门精减人员到新农保经办管理部门，也可以通过增加财政支出来增设新编制，增加编制后，每个县新农保经办管理服务在编人员应不少于 10 人。具体到每一个乡镇，可以设置 2~3 个新农保经办管理服务工作的事业编制。每个村可以制定一名村干部作为村协保员，所需经费由村集体或乡镇财政负担。新农保经办管理服务工作人员配备的原则是既要保证新农保工作的顺利开展，又不会造成人浮于事的现象。在设置了新农保经办机构的人员编制之后，每个岗位的工作人员应像其他正规部门一样通过公开招聘、考试等方式来选拔。

（二）注重对新农保经办人员的培养，提升其综合素质

对新农保经办人员首先要制定一个培养方案，在培养方案里明确经办人员应具备哪些知识和素质，并明确通过何种方式使经办人员具备相应的素质。以培养方案为依据，定期对经办人员进行培训，具体可以从行政工作的基础知识、专业知识、经办服务的业务技能、职业道德素养四方面的培训来提升经办人员的综合素质。其中，行政工作的基础知识主要指作为一名有编制的政府工作人员应具备的基本知识和素质，也即工作人员的行政职业能力；专业知识指与新农保政策相关的专业知识，包括新农保政策的内容、政策未来的发展趋势等，新农保经办人员必须深入理解新农保政策并能够向参保人员讲解政策内容；经办服务的业务技能主要指能够熟练操作业务流程，掌握新农保经办的程序和要求，能熟练使用网络电子信息平台，能对参保人员进行缴费流程、待遇发放规则的讲解，能对新农保参保登记、缴费管理、账户管理、待遇支付等业务进行具体的操作。除了定期对经办工作人员进行培训之外，平时各地也可以根据当地实际情况编写新农保经办人员培训教材或业务操作指导手册，以供经办人员学习和借鉴。

（三）完善新农保经办人员的考核和奖惩机制

新农保经办人员有了编制并不意味着岗位的一成不变，与岗位挂钩的考核和奖惩机制的建立也是必需的，每年年终要对所有新农保经办人员进行统一考核，考核结果与奖惩挂钩，并作为评优、评先、职称评定、职务晋升的重要依据，从而有利于督促经办机构人员加强学习和提高自己能力的自觉性和主动性。2012 年课题组在江苏省洪泽县调研中发现，协保员的劳酬是以参保人数为基数的，即每增加一人参保，协保员将获得 0.5 元的工资报酬，当然其劳酬不是从新农保基金中提取的，而是从县市财政预算中列支的。

第四节　提升新农保制度的外部支持条件

一　保证新农保制度的经济支持条件

(一) 保证宏观经济的正常运转

中国自计划经济向市场经济转轨以来，国内经济一直以较快的速度发展，国家经济实力及居民收入水平都有了突飞猛进的提高，但是中国经济长期的高速增长一直是以高能耗、高污染作为代价的，产业结构严重不合理，产能相对过剩，近年来，中国开始进行经济结构调整，经济增速放缓，GDP 增速于 2012 年首次降到 7% 以下，经济放缓会导致大量失业现象出现，企业运营困难，国家财政收入下降，居民收入减少，这些都不利于新农保制度的正常运行。故政府应该在保证就业的前提下，逐步进行经济结构调整，大力发展新兴产业、高新技术产业，保证整个国家的经济良好运转，在此过程中，尤其需要加快农村经济的发展，因为相对于城镇地区，农村地区经济发展水平整体相对落后，而农村又是具有很大经济发展潜力的地区，故政府应继续推行惠农措施，加快农村经济发展，一方面可以提高农民收入，从而提高农民的参保缴费能力，另一方面可以增加政府税收收入，保证新农保财政资助资金的来源。

(二) 完善我国资本市场，提升新农保基金运营收益

当前中国的资本市场还存在诸多问题，主要集中在资本市场的结构和制度方面，故应重点解决我国资本市场结构和制度这两方面的问题以完善资本市场。

在解决资本市场结构问题方面，需要完善资本市场的投资主体结构、上市公司结构和金融产品结构。当前中国的投资主体以个人为主，其投资行为带有较大的投机性，而机构投资者更注重对投资面的分析，其资金量大但投资行为规范。投资行为对市场

影响较大，故从改善投资主体的角度，应该着力增加机构投资者，增加投资资金而非投机资金，从而提升资本市场的活力。对于上市公司结构，需要加大业绩良好、运营规范的民营企业和三资企业的比重；对于金融产品，应根据市场的需求，创新金融产品，建立产品创新机制，同时拓展债券市场规模和加大债券发行量，发展金融衍生工具并理顺其与货币、股票、保险等的关系，促进各要素在资本市场的持续健康发展。

在解决资本市场制度问题方面，需要建立与市场经济体制相适应的资本市场。首先，需要转变政府职能，政府应当减少对市场的过度干预，要充分发挥市场的作用，实现资源的合理配置。其次，对于上市公司而言，要建立起现代企业制度，企业的权力、决策、监督机构和经营管理者之间要形成制衡机制，互相监督、约束。再次，还可以向国外先进企业学习企业管理的技术和经验，建立起适合中国国情的上市公司高层管理人员的激励约束机制。最后，需要完善我国资本市场法制建设。通过对现有规章制度中不合理的部分进行改革，提高上市公司的质量和标准；建立起诚信制度来规范市场行为；要依法对资本市场进行监管，以维护正常的市场秩序。

当然，资本市场的完善是个逐步的过程，需要政府加大信心力促资本市场的改革及完善，唯有此，才能保证新农保基金有个健康的投资环境，新农保基金投资运营的收益才有可能得到提升。

二　进一步创设新农保制度良好的社会支持条件

（一）增加农民群众对新农保制度的认可

新农保制度是一项重大的惠民政策，但实际上很多农民并不了解该项制度，且部分农民对这一项新政策持怀疑态度，如他们质疑参保后是否一定能获得养老保障，质疑参保后是否能真正得到实惠，等等。根据本课题的调研，一些中青年农民认为养老问题离自己还很遥远，参保意识淡薄，大多数农民在参保时选择最低缴费档次，这其实也说明了农民对新农保制度的不了解和不信任。这就要求有关部门加大宣传力度，增强农民的参保意识，消除农民的顾虑。除了发放宣传资料、召开村民大会之外，还要设立专门的政策培训机构，对参保农民进行政策讲解和宣传，使年轻人和短期外出打工的农民工都能通过一定渠道深入了解新农保的相关政策。对于文化程度不高的参保人，应该让每个村的协保员上门为其讲解新农保的政策，以算账的方式使其明白参加新农保的好处。

另外，政府要定期对该制度的运行情况、基金的收支情况向全体村民公示，政府应设立相关部门对农民在参保过程中遇到的问题进行答疑解惑，以提高制度的透明度，从而提升村民对制度的认可度。

（二）积极应对城镇化、老龄化、少子化，降低农民的养老风险

据前文分析，城镇化的加速、老龄化和少子化的加剧均会增加农民的养老风险，而新农保制度的建立则可以较好地应对这些风险，为了更好地应对这些风险，新农保制度应从以下几方面进行完善。在应对城镇化带来的高流动性时，新农保制度应做好与城镇养老保险制度的转移接续以及地区间新农保制度的转移接续。老龄化的加剧需要我们为老年人提供全方位的养老服务，当前新农保制度每月的养老金数额较小，且只是物质上的资助，未来新农保的发展还可以考虑与养老服务结合起来。少子化意味着家庭养老功能的弱化，但是老人对家庭亲情的需求是很强烈的，所以新农保制度在发展过程中还需要继续和家庭一起发挥良好的养老功能，随着二胎政策的放开，各级政府应出台一些实际的激励政策鼓励一对夫妇生育两个小孩。

（三）获取非政府组织等社会组织的支持

随着"小政府，大社会"的趋势，非政府组织等社会组织在公共管理领域发挥着越来越重要的作用。对于新农保事业，非政府组织也可以从以下几方面发挥作用。

1. 资金支持

新农保很重要的筹资方式是农民自主缴费，但是受经济发展水平所限，部分地区的农民的可支配收入仍然很低，地方政府对新农保的投入也有限，对于这些经济发展落后地区，非政府组织等社会组织应该大力发挥作用，给予资金上的支持。一方面，非政府组织可以利用自身影响力向国家获取政策或资金上的支持，将筹集资金设立专门账户，专款专用，如可协助建立养老院、老年活动中心建设，改善新农保办公设备，促进办公系统信息化建设等。另一方面，非政府组织还可以通过向社会大众和其他组织筹集资金，直接将所筹资金在缴费和养老金发放环节对新农保予以资助，以弥补农民和政府对新农保财力投入的不足。

2. 人员支持

如前所述，目前，中国农村养老保险的经办机构人员配备严重不足，人才队伍建设落后，在政府编制有限、用人成本较高的情况下，可以利用非政府组织来提供人才支持，非政府组织具体可通过培养专门的人员服务于农村基层新农保事业，或者以志愿者身份对农民进行新农保知识的普及宣传，有了非政府组织的人员支持，新农保的发展速度和服务质量都将得到提高。

3. 监督政府部门的实施情况

当前，政府部门是新农保政策制定、执行的唯一主体，政府既是运动员又是裁判员，新农保制度的执行缺少良好的外部监督，导致部分地方政府违规挪用新农保资金或者不作为的现象时有发生，使得新农保政策执行的效果大打折扣。而非政府组织来源于民间社会、独立于政府，具备第三方监督的先天优势，非政府组织可以监督政府对新农保制度的实施情况，及时发现新农保制度运行过程中的问题并反馈给政府，督促地方政府保证新农保制度的正常运行。

（四）获取媒体的支持

现代社会，媒体发挥的作用越来越大，对于新农保，媒体也可以从以下三方面发挥其作用。

1. 加大对新农保的宣传力度

对农民而言，电视是一种非常普遍的宣传媒介，大多数农民通过电视来接收外部信息，故地方政府可以通过电视新闻、专题片讲解、新农保专家现场直播答疑等形式对农民进行新农保知识的宣传，帮助农民了解该制度，提高其参保的热情和积极性。还可以通过电视台记者走基层进行宣传，在记者到农村采访的时候，可以利用自身掌握的信息对农民进行政策的讲解和分析，从而起到推动政策实施的目的。

2. 加强对新农保实施过程的监督

除了上文所说的非政府组织可以对新农保实施监督之外，新闻媒介也可以很好地发挥其监督作用。如对于新农保基金管理不透明的现象，媒体可以通过跟踪报道、采访参保农民或者经办机构等形式了解更多的信息；对新农保的待遇审核、待遇领取人身份的审核及公示都需要媒体介入，媒体定期公布新农保待遇领取人的详细信息，并接受广大民众的监督，可以防止新农保待遇的重复领取、冒领的现象发生；在发现新农保实际运行过程中存在的问题时，也可以通过媒体提请有关部门参考，以促进及时解决问题。

3. 加强对新农保相关人员的教育作用

对于基层工作中业务不熟的工作人员，或者是文化素质较低的村组干部，媒体可以通过正面的宣传把相关政策信息传递给他们，及时纠正他们工作过程中的一些错误思想，防止违法行为的发生。对于参保的农户，则主要是让其不瞒报家庭成员人数，打消其在参保过程中的一些不恰当的想法，鼓励其多缴费、坚持长期缴费。

三　加快城乡养老保险制度的一体化

目前参加新农保的人群远大于参加城镇职工基本养老保险的

人群，且新农保制度的保障水平低、对财政补助的依赖度过大，随着城镇化的进程和农村人口的减少，未来将会有越来越多的农村居民转移到城镇中来。故可以考虑加快实现城乡基本养老保险制度的一体化，逐步取消参加城镇职工基本养老保险的户籍限制，鼓励有条件的农村居民以灵活就业人员的身份参加城镇职工基本养老保险，这样可以减轻新农保财政资助的压力。目前东部地区的很大一部分农村居民已经具备参加城镇职工基本养老保险的缴费能力，中西部一些富裕农民也具备了这一缴费能力，这部分人群若脱离新农保而加入城镇职工基本养老保险，就可以减轻财政补贴的压力，可以把这部分节省下来的财政补贴用于提高新农保参保农民的基础养老金，这样可以有效缩小农村居民与城镇职工之间的养老金差距，并进而推动城乡养老保险制度的融合。本研究认为，新农保制度只能作为农村不具备较高缴费能力的低收入群体的养老保险制度，通过鼓励有条件的农村居民参加城镇职工基本养老保险从而逐步减少新农保的参保人群，是提高新农保制度可持续性的可行方法。

四　提升新农保的统筹层次

针对前文所述新农保制度在东中西部地区各省的不同发展趋势，需要提升新农保的统筹层次，进行省份的优势互补与调节。另外，养老保险的统筹层次提升后，可以集中对养老基金进行规模投资管理，降低养老基金的贬值风险。故提升新农保的统筹层次可以增强制度的抗风险能力，提高制度的可持续性。

提升新农保的统筹层次建立与之相适应的财政管理体制，实现全国新农保基金的统一管理，要逐步建立新农保制度的中央调剂金制度，增强中央财政的调控与支配能力。当前东部地区新农保基金收入压力较小，制度的可持续性较强，而中西部省份制度的缴费压力较大，出现新农保收支不平衡的危机较为严重，这就需要调剂东部的富余资金去支援中西部。在这个过程中，可能会出现经济条件较好的地区不愿意将本地区的养老金协调给经济发展落后的地区，为解决此困境，中央政府可以通过加大对经济落后地区的转移支付力度，来扩大其养老基金的绝对规模，同时经济发达地区分配给经济落后地区差额养老金，以增强其提高统筹层次的意愿。在条件具备的情况下，中央政府可以采用强制的行政手段以及法律手段，强制提高新农保制度的统筹层次，首先实现新农保制度的省级统筹，然后实现新农保制度的全国统筹。

参考文献

艾慧、张阳、杨长昱，2012，《中国养老保险统筹账户的财务可持续性研究——基于开放系统的测算》，《财经研究》第2期。

安德森，詹姆斯，1990，《公共决策》，唐亮译，华夏出版社。

奥斯本，戴维、盖布勒，特德，1996，《改革政府——企业精神如何改革着公营部门》，上海译文出版社。

巴尔，尼古拉斯，2003，《福利国家经济学》，郑秉文译，中国劳动社会保障出版社。

白仲林、赵亮，2011，《我国通货膨胀率的最优目标区间几何?》，《统计研究》第6期。

蔡向东，2011，《统账结合的中国城镇职工基本养老保险制度可持续性研究》，经济科学出版社。

查瑞传，1991，《人口普查资料分析技术》，中国人口出版社。

常芳、杨矗、王爱琴、王欢、罗仁福、史耀疆，2014，《新农保实施现状及参保行为影响因素——基于5省101村调查数据的分析》，《管理世界》第3期。

陈工、谢贞发，2003，《论我国实现养老保险可持续发展的条件》，《厦门大学学报》(哲学社会科学版) 第6期。

陈华帅、曾毅，2013，《"新农保"使谁受益：老人还是子女?》，《经济研究》2013年第8期。

陈淑君，2009，《新型农村社会养老保险的财政支持研究》，《学术交流》第7期。

陈晓安、张彦，2012，《我国新型农村养老保险制度可持续发展的保障体系研究》，《青海社会科学》第 2 期。

陈仰东，2012，《新农保可持续发展的六个抓手》，《中国社会保障》第 12 期。

陈振明，2003，《公共政策分析》，中国人民大学出版社。

陈志国，2005，《发展中国家农村养老保障构架与我国农村养老保险模式选择》，《改革》第 1 期。

程杰，2011，《新型农村社会养老保险制度的财政负担测算——兼论"十二五"期间实现全覆盖的可行性》，《社会保障研究》第 1 期。

程令国、张晔、刘志彪，2013，《新农保改变了中国农村居民的养老模式吗?》，《经济研究》第 8 期。

戴军，2001，《开展农村社会养老保险工作的必要性及对策》，《江西社会科学》第 9 期。

邓大松，2014，《可持续发展的中国新型农村社会养老保险制度研究》，经济科学出版社。

邓大松、李琳，2008，《新型农村养老保险的政策探讨》，《光明日报》11 月 25 日。

邓大松、刘昌平，2002，《受益年金化：养老金给付的有效形式》，《财经科学》第 5 期。

邓大松、仙蜜花，2016，《民族地区基础养老金统筹中的问题及对策——基于基础养老金全国统筹的视角》，《西南民族大学学报》（人文社会科学版）第 8 期。

邓大松、薛惠元，2010a，《新农保财政补助数额的测算与分析——基于 2008 年的数据》，《江西财经大学学报》第 2 期。

邓大松、薛惠元，2010b，《新型农村社会养老保险替代率的测算与分析》，《山西财经大学学报》第 4 期。

邓大松、薛惠元，2010c，《新型农村社会养老保险替代率精算模型及其实证分析》，《经济管理》第 5 期。

邓大松、薛惠元，2010d，《新型农村社会养老保险制度推行中的难点分析——兼析个人、集体和政府的筹资能力》，《经济体制改革》第1期。

丁煜，2011，《新型农村社会养老保险制度的缺陷与完善》，《厦门大学学报》（哲学社会科学版）第3期。

杜栋、庞庆华，2005，《现代综合评价方法与案例精选》，清华大学出版社。

范辰辰、李文，2015，《新农保如何影响农村居民消费——以山东省为例》，《江西财经大学学报》第1期。

封进、郭瑜，2011，《新型农村养老保险制度的财政支持能力》，《重庆社会科学》第7期。

封铁英、贾继开，2009，《基于状态转移矩阵（STM）模型的城镇职工基本养老保险制度可持续性研究》，《西北人口》第6期。

封铁英、李梦伊，2010，《新型农村社会养老保险基金收支平衡模拟与预测》，《公共管理学报》第4期。

高富锋，2004，《公共政策评估主体的缺陷及对策分析》，《求实》第6期。

顾天安，2005，《日本农村养老保险制度探析及其启示》，《日本研究》第4期。

桂世勋，2012，《完善我国新型农村社会养老保险的思考》，《华东师范大学学报》（哲学社会科学版）第1期。

郭士征、曹艳春，2006，《可持续发展养老保险制度的外部环境分析》，《上海财经大学学报》第1期。

郭永芳，2011，《城镇职工基本养老保险制度财务平衡与可持续性研究》，《经济问题》第7期。

何晖、周素芬，2011，《新型农村社会养老保险县级财政补贴风险识别——以湖北为例》，《海南大学学报》（人文社会科学版）第6期。

何立新，2007，《中国城镇养老保险制度改革的收入分配效应》，

《经济研究》第 3 期。

何伟,2009,《韩国国民年金制度一瞥》,《中国劳动保障报》2 月 24 日。

何泱泱、周钦,2016,《新农保对农村居民主观福利的影响研究》,《保险研究》第 3 期。

贺立龙、姜召花,2015,《新农保的消费增进效应——基于 CHARLS 数据的分析》,《人口与经济》第 1 期。

扈映、米红,2012,《新农保经办管理模式及改进方案研究》,《调研世界》第 8 期。

华黎、李中付,2011,《新农保改进探析》,《江淮论坛》第 3 期。

黄睿,2016,《新型农村社会养老保险对高龄农民家庭消费的影响——基于 2011~2013 年 CHARLS 数据的研究》,《经济体制改革》第 6 期。

黄文杰,1988,《法国政府的农业政策及其作用》,《西欧研究》第 3 期。

姬便便、王忠贤、赵丽娟,2003,《中国城镇养老保险可持续性问题探讨》,《西北农林科技大学学报》(社会科学版) 第 4 期。

蒋云赟,2011,《我国新型农村养老保险对财政体系可持续性的影响研究——基于代际核算方法的模拟分析》,《财经研究》第 12 期。

焦克源、井亚琼,2013,《新农保对农民最优储蓄的挤出效应及其影响因素分析——基于两期代际扩展模型的应用》,《社会保障研究》第 5 期。

解垩,2015,《新农保对农村老年人劳动供给及福利的影响》,《财经研究》第 8 期。

寇铁军、苑梅,2011,《制度建设与财政支持——农村社会养老保险可持续发展研究》,《财经问题研究》第 1 期。

雷晓康、陈茜、常沁芮,2014,《我国养老保险制度可持续发展的内涵与实现路径》,《西北大学学报》(哲学社会科学版) 第

4 期。

李道滨，2006，《欧盟国家养老金改革：反思与借鉴》，《广东金融学院学报》第 5 期。

李冬妍，2011，《新农保制度：现状评析与政策建议》，《南京大学学报》（哲学·人文科学·社会科学）第 1 期。

李慧、孙东升，2014，《新型农村社会养老保险对我国农民消费的影响——基于 SEM 的实证研究》，《经济问题》第 9 期。

李琼、姚文龙，2013，《公共财政支持西部新型农村养老保险制度可续性研究》，《甘肃社会科学》第 2 期。

李绍光，2008，《建立可持续的养老保险制度》，《中国社会保障》第 3 期。

李水山，2006，《韩国新村运动及启示》，广西教育出版社。

李伟，2011，《关于新型农村社会养老保险试点情况的调查》，《经济纵横》第 6 期。

李祖平，2006，《经济结构转型进程中农村新型社会保障制度探析》，《农村经济》第 4 期。

廖煜娟、潘怀明，2006，《建立多支柱多层次的农村养老保障模式》，《贵阳市委党校学报》第 6 期。

林卡，2008，《东亚生产主义社会政策模式的产生和衰落》，《江苏社会科学》第 4 期。

林水波、张世贤，1997，《公共政策》，台北：五南图书出版公司。

林毓铭，2004，《中国社会保障制度可持续发展的分析与评估》，博士学位论文，武汉大学。

林毓铭，2005，《社会保障可持续发展论纲》，华龄出版社。

刘昌平，2008a，《中国新型农村社会养老保险制度研究》，《保险研究》第 10 期。

刘昌平，2008b，《中国新型农村社会养老保险制度研究》，中国社会科学出版社。

刘昌平、谢婷，2009a，《财政补贴型新型农村社会养老保险制度研究》，《东北大学学报》（社会科学版）第 5 期。

刘昌平、谢婷，2009b，《传统农村社会养老保险制度评估与反思》，《经济体制改革》第 4 期。

刘昌平、殷宝明，2010，《新型农村社会养老保险财政补贴机制的可行性研究——基于现收现付平衡模式的角度》，《江西财经大学学报》第 3 期。

刘昌平、殷宝明、谢婷，2008，《新型农村社会养老保险制度研究》，中国社会科学出版社。

刘翠霄，2001，《中国农民的社会保障问题》，《法学研究》第 6 期。

刘书鹤，2001，《农村社会保障的若干问题》，《人口研究》第 10 期。

刘万、庹国柱，2010，《基本养老金个人账户给付年金化问题研究》，《经济评论》第 4 期。

刘向红，2011，《影响新型农村社会养老保险可持续发展的若干制约因素》，《农业经济》第 8 期。

刘晓梅，2010，《中国农村社会养老保险理论与实务研究》，科学出版社。

刘学良，2014，《中国养老保险的收支缺口和可持续性研究》，《中国工业经济》第 9 期。

刘远风，2012，《新农保扩大内需的实证分析》，《中国人口·资源与环境》第 2 期。

刘子兰，2003，《中国农村养老社会保险制度反思与重构》，《管理世界》第 8 期。

刘子兰，2005，《养老金制度和养老基金管理》，经济科学出版社。

柳清瑞、闫琳琳，2012，《新农保的政策满意度及其影响因素分析——基于 20 省市农户的问卷调查》，《辽宁大学学报》（哲学社会科学版）第 3 期。

卢海元，2006，《创新与突破——北京市新型农村社会养老保险制度之探索》，《中国劳动保障》第 3 期。

卢海元，2008，《建立全覆盖的新型农村社会养老保险制度》，《农村工作通讯》第 2 期。

卢海元，2009，《新农保：一路走来》，《中国社会保障》第 9 期。

卢元，1998，《关于养老保险可持续发展的若干思考》，《市场与人口分析》第 6 期。

鲁仁喆，2006，《韩国国民年金制度的渐进改革》，《社会保障研究》（北京）第 1 期。

吕学静，2012，《东亚福利模式普遍整合的背景和基础探究》，《首都经济贸易大学学报》第 2 期。

罗遐，2012，《政府行为对农民参保选择影响的实证分析——基于新农保试点的调查》，《山东大学学报》（哲学社会科学版）第 2 期。

马光荣、周广肃，2014，《新型农村养老保险对家庭储蓄的影响：基于 CFPS 数据的研究》，《经济研究》第 11 期。

米红、贾宁、周伟，2016，《未来 70 年新农保收支预测与制度完善》，《西北农林科技大学学报》（社会科学版）第 4 期。

穆怀中、闫琳琳，2012，《新型农村养老保险参保决策影响因素研究》，《人口研究》第 1 期。

聂建亮、钟涨宝，2014，《新农保养老保障能力的可持续研究——基于农民参保缴费档次选择的视角》，《公共管理学报》第 3 期。

帕顿，卡尔、萨维奇，大卫，2002，《政策分析和规划的初步方法》（第 2 版），华夏出版社。

朴京玉，2009，《日本农民年金制度对农地流转的影响》，《农业经济》第 9 期。

钱振伟、卜一、张艳，2012，《新型农村社会养老保险可持续发展的仿真评估：基于人口老龄化视角》，《经济学家》第 8 期。

青连斌，2009，《建立新型农村养老保险制度的有益尝试——对陕西省宝鸡市"新农保"试点的调查》，《理论视野》第 6 期。

邱长溶、张立光、郭妍，2004，《中国可持续社会养老保险的综合评价体系和实证分析》，《中国人口·资源与环境》第3期。

邱伶例，2014，《我国城镇化进程中失地农民的社会保障问题研究》，硕士学位论文，湖南大学。

石绍宾、樊丽明、王媛，2009，《影响农民参加新型农村社会养老保险的因素——来自山东省入户调查的证据》，《财贸经济》第11期。

石美遐、王丹，2010，《推进我国新型农村养老保险试点工作的建议》，《国家行政学院学报》第3期。

史伯年，1999，《中国社会养老保险制度研究》，经济管理出版社。

苏东海、周庆，2010，《新农保试点中的问题及对策研究——基于宁夏新农保试点县的调查分析》，《社会科学》第9期。

S.S.那格尔，1990，《政策研究百科全书》，林明等译，科学技术文献出版社。

覃双凌、邓文勇，2012，《贺州市新型农村社会养老保险制度的调查研究》，《经济研究参考》第59期。

唐钧，2009，《新农保的"软肋"》，《中国社会保障》第11期。

田青、张盈华，2014，《关于完善新农保经办服务体系的思考——基于公私伙伴关系的视角》，《西北大学学报》（哲学社会科学版）第4期。

仝爱华、姜丽丽，2012，《宿迁市新农保试点情况调查》，《江苏农业科学》第8期。

庹国柱、朱俊生，2004，《国外农民社会养老保险制度的发展及其启示》，《人口与经济》第4期。

王翠琴、黄庆堂，2010，《日本农村养老保险制度及对我国新农保的借鉴》，《当代经济管理》第10期。

王翠琴、龙小红，2013，《新农保对城乡基本公共服务均等化的影响》，《当代经济管理》第6期。

王翠琴、田勇，2015，《城乡居民基本养老保险缩小了收入差距吗？——基于湖北省数据的实证检验》，《农村经济》第 12 期。

王翠琴、韦翠娜，2014，《农民工社会养老保险参保行为及影响因素分析——基于武汉市和南宁市的实地调查》，《统计与决策》第 19 期。

王翠琴、徐海峰，2016，《农村老年贫困的类型与成因探析——基于鄂东白村的考察》，《华中农业大学学报》（社会科学版）第 2 期。

王翠琴、薛惠元，2010，《新型农村社会养老保险替代率的实证研究》，《西北人口》第 5 期。

王翠琴、薛惠元，2011a，《新农保个人账户养老金计发系数评估》，《华中农业大学学报》（社会科学版）第 3 期。

王翠琴、薛惠元，2011b，《新型农村社会养老保险风险预警指标体系的构建》，《统计与决策》第 16 期。

王翠琴、薛惠元，2011c，《新型农村社会养老保险风险评估指标体系的设计与运用》，《江西财经大学学报》第 3 期。

王翠琴、薛惠元，2012，《新型农村社会养老保险收入再分配效应研究》，《中国人口·资源与环境》第 8 期。

王翠琴、薛惠元、龙小红，2014，《新型农村社会养老保险政策绩效的评估》，《统计与决策》第 19 期。

王国军，2000，《中国城乡社会保障制度衔接初探》，《战略与管理》第 2 期。

王国军，2002，《农村社会养老保险制度的经济可行性探讨》，《首都经济贸易大学学报》第 4 期。

王鹏、米红、张田田，2012，《中国新型农村社会养老保险制度优化与长期均衡发展研究——基于待遇调整的视角》，《统计与信息论坛》第 11 期。

王文静、王小春，2013，《关于新农保经办机构能力建设的研究》，《农村经济与科技》第 4 期。

王小春、苑帅民，2013，《新型农村社会养老保险制度可持续性评价指标体系研究》,《社会福利》(理论版)第 3 期。

王晓军,2002,《对我国养老保险制度财务可持续性的分析》,《市场与人口分析》第 2 期。

王晓军、任文东,2013,《我国养老保险的财务可持续性研究》,《保险研究》第 4 期。

王章华,2009,《关于新型农村社会养老保险模式的思考》,《南昌大学学报》(人文社会科学版)第 2 期。

吴永求、冉光和,2012,《基本养老保险参保行为分析:精算模型与政策模拟》,《数量经济技术经济研究》第 1 期。

吴永兴、卜一,2012,《新农保基金收支动态平衡约束条件分析》,《商业研究》第 7 期。

武萍、沈毅,2013,《农村社会养老保险试点中存在的六大问题及应对策略》,《马克思主义与现实》第 7 期。

席恒、翟绍果,2014,《更加公平可持续的养老保险制度的实现路径探析》,《中国行政管理》第 3 期。

徐延君,2010,《社会保险法"给力"社保经办》,《中国社会保障》第 12 期。

许建苏,2012,《新型农村社会养老保险制度建设研究》,《河北法学》第 1 期。

许明、刘长庚、陈华帅,2014,《是否参加"新农保"对中国农村老人的影响——基于中国老年健康影响因素跟踪调查数据的实证分析》,《山西财经大学学报》第 11 期。

薛惠元,2011,《被征地农民养老保障问题探析——以湖北省为例》,《当代经济管理》第 1 期。

薛惠元,2012a,《对我国城乡居民社会养老保险制度的几点认识》,《广西经济管理干部学院学报》第 2 期。

薛惠元,2012b,《对我国新型农村社会养老保险制度的反思》,《当代经济管理》第 2 期。

薛惠元,2012c,《新农保个人筹资能力可持续性分析》,《西南民族大学学报》（人文社会科学版）第 2 期。

薛惠元，2012d，《新农保能否满足农民的基本生活需要》，《中国
　　人口·资源与环境》第 10 期。

薛惠元，2012e，《新型农村社会养老保险财政保障能力可持续性
　　评估——基于政策仿真学的视角》，《中国软科学》第 5 期。

薛惠元，2012f，《新型农村社会养老保险财政支持能力——基于长
　　期动态视角的研究》，《经济管理》第 4 期。

薛惠元，2012g，《新型农村社会养老保险操作风险评估及处理》，
　　《华中农业大学学报》（社会科学版）第 1 期。

薛惠元，2012h，《新型农村社会养老保险风险的识别》，《现代经
　　济探讨》第 1 期。

薛惠元，2013a，《基本公共服务均等化视角下的城乡养老保险制
　　度比较分析》，《农村金融研究》第 4 期。

薛惠元，2013b，《新型农村社会养老保险风险管理研究》，中国社
　　会科学出版社。

薛惠元，2013c，《新型农村社会养老保险减贫效应评估——基于
　　对广西和湖北的抽样调研》，《现代经济探讨》第 3 期。

薛惠元，2014a，《基于整体法的新农保个人账户基金收支平衡模
　　拟与预测》，《保险研究》第 2 期。

薛惠元，2014b，《新型农村社会养老保险农民缴费意愿的可持续
　　性分析》，《西北人口》第 2 期。

薛惠元、曹立前，2012，《农户视角下的新农保政策效果及其影响
　　因素分析——基于湖北省 605 份问卷的调查分析》，《保险研
　　究》第 6 期。

薛惠元、邓大松，2012，《新农保基金入市及资产配置比例模拟分
　　析》，《江西财经大学学报》第 4 期。

薛惠元、邓大松，2015，《我国养老保险制度改革的突出问题及对
　　策》，《经济纵横》第 5 期。

薛惠元、鲁欢、仙蜜花，2014，《城乡居民社会养老保险缴费激励

机制研究——以湖北省为例》,《广西经济管理干部学院学报》第4期。

薛惠元、王翠琴,2010,《"新农保"财政补助政策地区公平性研究——基于2008年数据的实证分析》,《农村经济》第7期。

薛惠元、王翠琴,2011,《新农保个人账户养老金计发系数评估》,《华中农业大学学报》(社会科学版)第3期。

薛惠元、仙蜜花,2014a,《城乡居民社会养老保险保障水平评估——基于湖北省6个县区的比较分析》,《当代经济管理》第6期。

薛惠元、仙蜜花,2014b,《新型农村社会养老保险地区差距研究——基于东中西部8个新农保试点县的比较分析》,《经济体制改革》第1期。

薛惠元、仙蜜花,2015a,《城乡居民基本养老保险个人账户基金收支平衡模拟与预测——基于个体法的一项研究》,《当代经济管理》第10期。

薛惠元、仙蜜花,2015b,《城乡居民基本养老保险基础养老金调整机制研究》,《统计与决策》第15期。

薛惠元、仙蜜花,2015c,《灵活就业人员参加养老保险的制度选择——基于职保与城乡居保制度比较的视角》,《保险研究》第2期。

薛惠元、张德明,2010,《新型农村社会养老保险筹资机制探析》,《现代经济探讨》第2期。

薛惠元、张微娜,2014,《建立城乡统一的社会养老保险制度——基本理念、基本路径与制度模式》,《税务与经济》第3期。

亚洲开发银行小型技术援助项目(PRC-3607),2001,《中国农村老年保障:从土改中的土地到全球化时的养老金》。

杨翠迎,2003,《中国农村社会保障制度研究》,中国农业出版社。

杨翠迎,2014,《国际社会保障动态——社会养老服务体系建设》,上海人民出版社。

杨潇、张思锋，2012，《新型农村社会养老保险制度试点的现状、经验与完善对策——基于江苏省高淳县的调查》，《农村经济》第 7 期。

杨勇刚、姜泽许，2010，《中国城镇基本养老保险支出水平测量模型分析——以城镇基本养老保险的可持续发展为视角》，《河北大学学报》（哲学社会科学版）第 4 期。

尹良春，2006，《再论建立农村社会养老保障制度的必要性》，《天府新论》增刊第 2 期。

游芸芸、高盛，2009，《全球首席经济学家吉姆·奥尼尔：2027 年中国将成为最大经济体》，《证券时报》11 月 3 日。

于建华、魏欣芝，2014，《新型农村社会养老保险对农民消费水平影响的实证分析》，《消费经济》第 4 期。

负杰，2003，《公共政策研究的理论与方法》，河南人民出版社。

负杰、杨诚虎，2006，《公共政策评估：理论与方法》，中国社会科学出版社。

岳爱、杨矗、常芳、田新、史耀疆、罗仁福、易红梅，2013，《新型农村社会养老保险对家庭日常费用支出的影响》，《管理世界》第 8 期。

张川川、John Giles、赵耀辉，2014，《新型农村社会养老保险政策效果评估——收入、贫困、消费、主观福利和劳动供给》，《经济学》（季刊）第 1 期。

张静，2009，《城镇职工基本养老保险制度可持续发展分析》，《人口与经济》增刊第 1 期。

张军、付君梅，2013，《西部经济发达县区新农保试点的实证考察与政策建议——基于四川省双流县试点的实地调研》，《农村经济》第 5 期。

张丽，2009，《晋陕新农保"实验"》，《中国社会保障》第 9 期。

张士斌、梁宏志，2012，《贵州民族地区新型农村社会养老保险制度研究》，《贵州民族研究》第 5 期。

张守玉，2009，《农村社会养老保险可持续发展研究》，硕士学位论文，山东农业大学。

张思锋、张文学，2012，《我国新农保试点的经验与问题——基于三省六县的调查》，《西安交通大学学报》（社会科学版）第3期。

张为民，2009，《我国建立新型农村社会养老保险的经济可行性分析》，《未来与发展》第11期。

张晓艳、喻琳，2014，《南充城乡居民养老保险制度的建立与完善》，《四川劳动保障》第11期。

张晔、程令国、刘志彪，2016，《新农保对农村居民养老质量的影响研究》，《经济学》（季刊）第2期。

赵殿国，2008，《积极推进新型农村社会养老保险制度建设》，《经济研究参考》第32期。

赵景柱，1991，《持续发展的理论分析》，《生态经济》第5期。

赵林、〔日〕多田罗浩三、桂世勋，2014，《日本如何应对超高龄社会——医疗保健·社会保障对策》，知识产权出版社。

赵庆国，2004，《我国农村社会养老保险的可持续性》，《农业经济》第1期。

赵勇、李敏，2005，《试析公共政策评估主体的多元性》，《上海行政学院学报》第6期。

郑秉文，2014，《中国社会保险经办服务体系的现状、问题及改革思路》，《中国人口科学》第2期。

郑功成，2002，《专家把脉未来就业和社保》，《中国劳动保障》第3期。

中国社会科学院"农村社会保障制度研究"课题组，2000，《积极稳妥地推进农村社会养老保险》，《人民论坛》第6期。

中华人民共和国民政部农村社会保险司，1995，《农村社会养老保险基本方案论证报告》，《民政部》12月。

周渭兵，2007，《我国养老金记账利率制度的风险精算分析和再设计》,《数量经济技术经济研究》第 12 期。

周志凯,2005,《试论养老保险制度的可持续发展》,《理论月刊》第 6 期。

朱志宏,1995,《公共政策》,台北:三民书局股份有限公司。

Aaron George Grech. 2010. "Assessing the Sustainability of Pension Re-forms in Europe," *Journal of International & Comparative Social Policy*(2).

Becker C. & Paltsev S. 2001. "Macro-experimental Economics in the Kyrgyz Republic: Social Security Sustainability and Pension Re-form," *Comparative Economic Studies Flushing* 43 (3): 1 – 34.

Charles L. 1989. *Fundamental Concepts of Actuarial Science*. Washing-ton: Actuarial Education and Research Fund.

Eehrentraut O., Heidler M., & Raffelhuschen B. 2005. "En Route to Sustainability: History, Status Quo and Future Reforms of the Ger-man Public Pension Scheme," *Inter-economics Hamburg* 40 (5): 254 – 257.

European Commission. 2010. *Green Paper: Towards Adequate, Sustainable and Safe European Pension Systems*. Brussels: European Commission.

James E. Anderson. 2003. *Public Policy Making: An Introduction*. Bos-ton: Houghton Mifflin Company.

Lee R. & Yamagata H. 2003. "Sustainable Social Security: What Would It Cost?," *National Tax Journal* 56 (1): 27 – 43.

Robert Holzmann and Richard Hinz. 2005. *Old-age Income Support in the 21st Century: An International Perspective on Pension Systems and Reform*. Washington D. C.: The Word Bank.

Stacey Muller, Peter Daggett, & Christopher Stevens. 2003. *Actuarial Model Development for Defined Contribution Plans*. Discussion paper.

World Commission on Environment and Development. 1987. *Our Co-mmon Future*. Oxford: Oxford University Press.

后　记

　　本书是在本人主持的国家社会科学基金青年项目"新型农村社会养老保险制度的可持续性评估"（项目批准号：11CSH067）最终研究成果的基础上修改完成的。本课题于 2011 年 6 月立项，2018 年 2 月结项，历时近 7 年，在这 7 年间新型农村社会养老保险制度从最开始的部分地区试点扩展到全国，实现了制度全覆盖，2014 年更是与城镇居民社会养老保险制度合并实施，统称为城乡居民基本养老保险制度，制度日臻走向稳定和完善，然而在制度实施过程中，会不断有新的问题出现，因而有必要随时关注农村居民养老保险制度的运行状况及其所产生的社会经济效益，并对该制度的可持续性进行评估。出于此目的，本书设计了新农保制度可持续性评估的指标体系，并对该制度的可持续性进行短期静态评估和长期动态评估，在此基础上提出促进农村养老保险制度可持续发展的对策建议，以期为政府相关部门完善农村居民养老保险制度提供决策参考。

　　本书的写作分工如下：本书的写作思路和框架由本人拟定，各章核心内容由本人主笔完成，并负责了全书的统稿、修改和审定；武汉大学社会保障研究中心薛惠元副教授，华中农业大学文法学院田勇、张进、王雅等硕士研究生参与了本书部分章节的撰写。

　　另外，武汉大学社会保障研究中心博士研究生仙蜜花，华中农业大学文法学院硕士研究生龙小红、韦翠娜、许海峰等也参与了本课题的研究，他们在项目阶段性研究成果撰写和课题调研等方面做了大量的工作。

在课题结题的过程中，五位匿名评审专家提出了宝贵的修改意见，在此一一表示感谢！

在课题研究以及本书的撰写和出版期间，华中农业大学文法学院的领导和同事给予了大力的支持，在此表示衷心的感谢！

本书的出版，得益于湖北省人文社会科学重点研究基地"华中农业大学农村社会建设与管理研究中心"建设经费的资助，在此一并表示感谢！

因作者水平有限，书中难免有失误、不妥之处，望广大读者批评指正。

王翠琴

2019 年 2 月于武汉狮子山

图书在版编目（CIP）数据

新型农村社会养老保险制度的可持续性评估／王翠
琴著. -- 北京：社会科学文献出版社，2019.8
（社会政策丛书）
ISBN 978 - 7 - 5201 - 4798 - 9

Ⅰ.①新… Ⅱ.①王… Ⅲ.①农村 - 社会养老保险 -
养老保险制度 - 可持续性发展 - 评估 - 研究 - 中国 Ⅳ.
①F842.612

中国版本图书馆 CIP 数据核字（2019）第 088903 号

社会政策丛书
新型农村社会养老保险制度的可持续性评估

著　　者／王翠琴

出 版 人／谢寿光
责任编辑／胡庆英
文稿编辑／张真真

出　　　版／社会科学文献出版社·群学出版分社（010）59366453
　　　　　　地址：北京市北三环中路甲 29 号院华龙大厦　邮编：100029
　　　　　　网址：www.ssap.com.cn
发　　　行／市场营销中心（010）59367081　59367083
印　　　装／三河市尚艺印装有限公司

规　　　格／开　本：787mm×1092mm　1/16
　　　　　　印　张：17.5　字　数：236 千字
版　　　次／2019 年 8 月第 1 版　2019 年 8 月第 1 次印刷
书　　　号／ISBN 978 - 7 - 5201 - 4798 - 9
定　　　价／89.00 元